चिदंबरा

चिदंबरा

सुमित्रानंदन पंत

राजकमल प्रकाशन

ISBN : 978-81-267-0491-0

मूल्य : ₹1195

पहला संस्करण : 1958
सोलहवाँ संस्करण : 2024

प्रकाशक : राजकमल प्रकाशन प्रा.लि.
1-बी, नेताजी सुभाष मार्ग, दरियागंज
नई दिल्ली-110 002

शाखाएँ : अशोक राजपथ, साइंस कॉलेज के सामने, पटना-800 006
पहली मंजिल, दरबारी बिल्डिंग, महात्मा गांधी मार्ग, प्रयागराज-211 001
1, अनमोल सोराबजी संतुक लेन, धोबी तलाव, मरीन लाइंस, मुम्बई-400 002

वेबसाइट : www.rajkamalprakashan.com
ई-मेल : info@rajkamalprakashan.com

मुद्रक : बी.के. ऑफसेट
नवीन शाहदरा, दिल्ली-110 032

CHIDAMBARA
Poems by Sumitra Nandan Pant

ग्रन्थ-क्रम

नए भुवन का जन्म हुआ अब
जो अंतश्चैतन्य अगोचर,
विश्व ध्वंस बल से रखता जो
अंतः रचना शक्ति महत्तर !
अशुभ असुर से अतिशय शुभ वह,
विजयी होगी ज्योति तमस पर,
मर्त्यलोक को नव जीवन का
पिला स्वर्ण संजीवन निर्जर !

चरण चिह्न

'चिदंबरा' को पाठकों के सम्मुख रखने से पहले उस पर एक विहंगम दृष्टि डाल लेने की इच्छा होती है। इस परिदर्शन में, अपने विगत कृतित्व को, आलोचक की दृष्टि से देखने की अनधिकार चेष्टा नहीं करना चाहता; युग की मुख्य प्रवृत्तियों से मेरा काव्य किस प्रकार संबद्ध रहा, उस ओर, संक्षेप में, ध्यान भर आकृष्ट कर देना पर्याप्त समझता हूँ।

'पल्लविनी' मेरी प्रथम उत्थान की रचनाओं की चयनिका थी, जिसमें 'वीणा', 'ग्रंथि', 'पल्लव', 'गुंजन', 'ज्योत्स्ना' तथा 'युगांत' की विशिष्ट कविताएँ संकलित हैं। इस संचरण के कृतित्व के प्रति मेरे आलोचक प्रायः कृपालु और उदार रहे हैं, संभवतः, इसलिए कि इस उत्थान के कृतित्व ने छायावाद के बहिरंग को सँवारने तथा उसे कोमल कांत कलेवर की शोभा प्रदान करने के प्रयत्न में हाथ बँटाया है।

छायावाद की सार्थकता, मेरी दृष्टि में, उस युग के विशिष्ट भावनात्मक दृष्टिकोण तक ही सीमित है, जो भारतीय जागरण की चेतना का सर्वात्मवाद-मूलक कैशोर समारंभ भर था; उस युग की कविता में और भी अनेक प्रकार के अभिव्यंजना के तत्त्व, तथा रूप-शिल्प की विशेषताओं के व्यापक उपकरण हैं, जो खड़ी बोली के गद्य-पद्य के लिए स्थायी देन के रूप में रहेंगे। मेरी रचनाओं में वह भावनात्मक दृष्टिकोण, अधिकतर, 'वीणा' में तथा 'पल्लव' की कुछ रचनाओं में मिलता है; मेरा तब का काव्य मुख्यतः प्रकृति काव्य है। 'ग्रंथि', 'गुंजन' और 'ज्योत्स्ना' में छायावादी दृष्टिकोण प्रायः उनके रूपविधान तक ही सीमित है; 'युगांत' में विधान-शिल्प में भी मौलिक रूपांतर के चिह्न प्रकट होते हैं। कुछ आलोचकों का कहना है कि 'युगवाणी-ग्राम्या' के बाद, 'स्वर्ण-किरण', 'उत्तरा' की रचनाओं में, मैं फिर छायावादी शैली में लौट आया हूँ, जिससे मैं सहमत नहीं। छायावादी शैली में भाव और रूप अन्योन्याश्रित होकर शब्द की चित्रात्मकता में प्रस्फुटित होते हैं। मेरे उत्तर काव्य में स्वतः चेतना या प्रेरणा अपनी अतिशयता में रूपविधान को अतिक्रम करती रही है, जो मेरा व्यक्तिगत अनुभव है। 'स्वर्ण किरण', 'उत्तरा' तथा 'अतिमा' की शब्द-योजना में प्रस्फुटन से अधिक परिणति है।

'चिदंबरा' मेरी काव्य-चेतना के द्वितीय उत्थान की परिचायिका है, उसमें 'युगवाणी' से लेकर 'अतिमा' तक की रचनाओं का संचयन है, जिसमें 'युगवाणी',

'ग्राम्या' तथा 'स्वर्ण किरण', 'स्वर्ण धूलि', 'युग पथ' के अंतर्गत 'युगांतर', 'उत्तरा', 'रजत शिखर', 'शिल्पी', 'सौवर्ण' अथच 'अतिमा' की चुनी हुई कृतियों के साथ 'वाणी' की अंतिम रचना 'आत्मिका' भी सम्मिलित है। 'पल्लविनी' में, सन्' १८ से लेकर' ३६ तक, मेरे उन्नीस वर्षों के कृतित्व के पदचिह्न हैं, और 'चिदंबरा' में, सन्' ३७ से' ५७ तक, प्रायः बीस वर्षों की विकासश्रेणी का विस्तार। मेरी द्वितीय उत्थान की रचनाएँ, जिनमें युग की, भौतिक आध्यात्मिक दोनों चरणों की, प्रगति की चापें ध्वनित हैं, समय-समय पर विशेष रूप से, कटु आलोचनाओं एवं आक्षेपों की लक्ष्य रही हैं। ये आलोचनाएँ, प्रकारांतर से, उस युग के साहित्यिक मूल्यों तथा रूप-शिल्प संबंधी संघर्षों तथा द्वन्द्वों की निदर्शन हैं, और स्वयं अपने में एक मनोरंजक अध्ययन भी। आने वाली पीढ़ियाँ निश्चयपूर्वक देख सकेंगी कि उस युग का साहित्य, विशेषकर, आलोचना क्षेत्र, किस प्रकार संकीर्ण, एकांगी, पक्षधर तथा वादग्रस्त रहा है और उसमें तब की राजनीतिक दलबंदियों के प्रतिफल स्वरूप किस प्रकार मान्यताओं तथा कला-रुचि संबंधी साहित्यिक गुटबंदियाँ रही हैं। भविष्य, निश्चय ही, इस युग के कृतित्व पर अधिक निष्पक्ष निर्णय दे सकेगा, काल ही वह राज-मराल है जो नीर-क्षीर विवेक की क्षमता रखता है।

मुझे स्मरण है, 'पल्लव' की प्रमुख रचना "परिवर्तन" लिखने के बाद मेरा काव्य-बोध का क्षितिज बदलने लगा था, जिसका आभास "छायाकाल" शीर्षक 'पल्लव' की अंतिम रचना में मिलता है, जिसमें मैंने अपने किशोर मन से प्रकट रूप से बिदा ली है।

स्वस्ति, जीवन के छाया काल,
मूक मानस के मुखर मराल,
स्वस्ति, मेरे कवि बाल!
... ...
दिव्य हो भोला बालापन,
नव्य जीवन, पर, परिवर्तन!
स्वस्ति, मेरे अनंग नूतन,
पुरातन मदन दहन!

इसके अतिरिक्त कि "बालापन", "परिवर्तन" तथा "अनंग" 'पल्लव' की रचनाओं के शीर्षक हैं, इस प्रगीत में अन्य बातों की ओर भी संकेत है। मैंने अपने मानस को मूक कहा है; मेरा विचारों का मन तब जाग्रत् नहीं था, केवल भावों का मराल मुखर था। मैंने अनंग नूतन के रूप में अनागत अरूप नूतन का स्वागत किया है साथ ही पुरातन-रूढ़ि-रीतियों में बद्ध जीवन का मदन-दहन करने की इच्छा प्रकट की है, जो युगांत में मुखरित हो सकी है। यह संपूर्ण कविता मेरी उस काल की मनोवृत्ति की सच्ची दर्पण है; उसे मैंने 'पल्लव' के अंत में विशेष रूप से स्थान दिया है।

"परिवर्तन" में अंकित मानव-जीवन के दुःख-दैन्य के कारण-बीज अधिकतर

हमारी पुरातन रूढ़ि-रीतियों तथा मध्ययुगीन सामाजिक व्यवस्था में हैं, इसका बोध मुझे तब होने लगा था। 'पल्लव' सन्' २६ में प्रकाशित हुआ है, तब से सन्' ३२ तक—जब 'गुंजन' प्रकाशित हुआ—मेरे मानस मंथन का युग रहा है, जिसमें मुझे एक सूक्ष्म दृष्टि भी प्राप्त हुई है, जिसके प्रारम्भिक स्फुरण "जग के उर्वर आँगन में" तथा "लाई हूँ फूलों का हास" आदि सन्' ३० की रचनाओं में, और व्यापक स्वरूप के दर्शन 'ज्योत्स्ना' के नवीन युग प्रभात में मिलते हैं, जो सन्' ३४ में प्रकाशित हुई है। 'गुंजन' में मेरी नवीन साधना के प्रगीत हैं। अवश्य ही 'पल्लव' कालीन किशोर मानस तब अपना सहज संतुलन खो चुका था, जो प्रकृतिगत जीवन-सिद्ध संस्कारों तथा संसार के प्रति जन्मजात विश्वासों का बना होता है। 'गुंजन' काल में मुझे अपने प्रति पुनः नवीन आत्म-विश्वास जाग्रत करने की आवश्यकता थी। पारिवारिक अवलंब छूट जाने के कारण, जिसकी चर्चा 'आत्मिका' में है, व्यक्तिगत सुख-दुःखों एवं मानसिक ऊहापोहों को नवीन बोध के धरातल पर उठाने के साथ ही जग जीवन से भी नवीन रूप से सम्बन्ध स्थापित करने की जीवनाकांक्षा मुझे प्रेरित करने लगी थी। "जग जीवन में है सुख दुख" अथवा "स्थापित कर जग में अपनापन" आदि, अनेक रचनाएँ इस इच्छा की द्योतक हैं। "तप रे मधुर मधुर मन" में—जो 'गुंजन' की प्रथम रचना है—मैं अनुभवों की आँच में तपकर अपने मन को नवीन रूप से नवीन विश्वासों में ढालना चाहता हूँ। "सुन्दर विश्वासों से ही बनता रे सुखमय जीवन" भी इसी मानस-रचना के प्रयत्न का परिचायक है। वह जिज्ञासाओं के संघर्ष का युग था; 'गुंजन' की "अप्सरा" जब पीछे 'ज्योत्स्ना' के रूप में प्रस्फुटित होकर मेरे मन में अवतीर्ण हुई तब तक मुझे अनेक नवीन विश्वासों, आदर्शों तथा विचारों की उपलब्धियाँ हो चुकी थीं।

मानव समाज के रूपान्तर की भावना का उदय मेरे मन में 'ज्योत्स्ना' काल ही में हो गया था। 'ज्योत्स्ना' में मनः स्वर्ग से अनेक नवीन सृजन शक्तियाँ भू-मानस पर अवतरित होती हैं। उनका गीत इस प्रकार है :

हम मन:स्वर्ग के अधिवासी,
जग जीवन के शुभ अभिलाषी,
नित विकसित, नित वर्धित अर्चित,
युग युग के सुरगण अविनाशी!
हम नामहीन, अस्फुट नवीन,
नव युग अधिनायक, उद्भासी!

इस गीत में नित विकसित, नित वर्धित तथा हम नामहीन, अस्फुट नवीन, नवयुग अधिनायक—विशेषण विशेष ध्यान देने योग्य हैं। स्वप्न और कल्पना ज्योत्स्ना से कहते हैं : "इन मानवीय भावनाओं के वस्त्र पहनाकर एवं मानवीय रूप रंग आकार ग्रहण कराकर हमें आपने उन्मुक्त निःसीम से किस दिव्य प्रयोजन के लिए अवतीर्ण करवाया, सम्राज्ञि।" उसी दृश्य में वेदव्रत कहता है : "जिस

प्रकार पूर्व की प्राचीन सभ्यता अपने एकांगी तत्वावलोचन के दुष्परिणामस्वरूप काल्पनिक मुक्ति के फेर में पड़कर···जन समाज की ऐहिक उन्नति के लिए बाधक हुई उसी प्रकार पश्चिमी सभ्यता एकांगी जड़वाद के दुष्परिणामस्वरूप··· विनाश के दलदल में डूब गई।" और भी, "पाश्चात्य जड़वाद की मांसल प्रतिभा में पूर्व के अध्यात्म प्रकाश की आत्मा भर एवं अध्यात्मवाद के अस्थि-पंजर में जड़विज्ञान के रूप रंग भरकर हमने नव युग की सापेक्षतः परिपूर्ण मूर्ति का निर्माण किया है। उसी पूर्ण मूर्ति के विविध अंग स्वरूप पिछले युगों के अनेक वादविवाद यथोचित रूप ग्रहण कर सके हैं।" भौतिक आध्यात्मिक समन्वय तथा रूपांतरित भू-जीवन के मूल्यों की नींव—जिन्हें मेरी आगे की रचनाओं में अधिक पूर्ण अभिव्यक्ति मिल सकी है--मेरे मन में इसी काल में पड़ गई थी। 'ज्योत्स्ना' की सूक्ष्म दृष्टि मेरी आँखों के सामने एक गहरी वर्णमैत्री के विराट् इन्द्रधनुष की तरह खुली थी। मेरे मन को एक सूक्ष्म आनन्द—जो आस्था भी था--स्पर्श कर चुका था। 'ज्योत्स्ना' का ज्योति अंधकार का युद्ध मेरे ही मन का युद्ध था, जिसकी चर्चा मैंने 'आत्मिका' में की है :

मानस तल में ऊपर नीचे चलता तब संघर्षण अविरत,
तम पर्वत, सागर प्रकाश का मंथित रहते शिखरों में शत!

... ...

करवट लेता भावी नव युग, गत भू मन को कर क्षत विक्षत,

... ...

मुँह तक तम से भर जाता मन उपचेतन आवेशों से श्लथ!

... ...

अविदित भय से कँपता अंतर स्वर्गिक संकेतों से पोषित,

... ...

तम प्रकाश की युग संध्या में होता मन में मौन अवतरित,
'ज्योत्स्ना' का जीवन प्रभात नव, भू पर श्री सुख शोभा कल्पित!

'युगांत' तक मेरी भावना में नवीन के प्रति एक आग्रह उत्पन्न हो चुका था, जिसे "द्रुत झरो जगत के जीर्ण पत्र" अथवा "गा, कोकिल, बरसा पावक कण"-"रच मानव के हित नूतन मन"--आदि रचनाओं में मैंने वाणी दी है। इस नवीन भाव-बोध के सम्मुख मेरा 'पल्लव' युग का कलात्मक रूप मोह ('पल्लव' की भूमिका जिसका निदर्शन है) पीछे हटने लगा। मेरा मन युग के आन्दोलनों, विचारों, भावों तथा मूल्यों के नवीन प्रकाश से ऐसा आंदोलित रहा कि 'पल्लव' 'गुंजन' की सूक्ष्म कला-रुचि को मैं अपनी रचनाओं में बहुत बाद को, परिवर्तित एवं परिणत रूप में, संभवतः 'अतिभा-वाणी' के छंदों में, पुनः प्रतिष्ठित कर सका हूँ, जिनमें उसका विकास तथा परिष्कार भी हुआ है और उसमें कला वैभव के साथ भाव वैभव भी उसी अनुपात में अनुस्यूत हो सका है, जो 'पल्लव-गुंजन' काल की रचनाओं में संभव न था।

कुछ आलोचकों को 'युगवाणी' से 'उत्तरा' तक की मेरी रचनाओं में कला-

ह्रास के चिह्न दृष्टिगोचर होते हैं, जिसे मैं दृष्टि-भेद की विडंबना कहूँगा। 'उत्तरा' को सौंदर्यबोध तथा भाव ऐश्वर्य की दृष्टि से, मैं अब तक की अपनी सर्वोत्कृष्ट कृति मानता हूँ। उसके अनेक गीत, जो 'चिदंबरा' में सम्मिलित हैं, अपने काव्यतत्त्व तथा भाव चैतन्य की ओर, समय आने पर, पाठकों का ध्यान आकर्षित कर सकेंगे। 'उत्तरा' के पद नव मानवता के मानसिक आरोहण की सक्रिय चेतन आकांक्षा से झंकृत हैं। चेतना की ऐसी क्रियाशीलता मेरी अन्य रचनाओं में नहीं मिलती है।

स्वप्नज्वाल धरणी का अंचल,
अंधकार उर आज रहा जल!
... ...

तुम रजत वाष्प के अम्बर से,
बरसाती शुभ्र सुनहली झर!
... ...

स्वप्नों की शोभा बरस रही,
रिम झिम झिम अंबर से गोपन!
... ...

लो, आज झरोखों से उड़ कर
फिर देवदूत आते भीतर!
... ...

कैसी दी स्वर्ग विभा उडेल
तुमने भू मानस में मोहन! इत्यादि।

ऐसे अनेक उदाहरण 'उत्तरा' से दिए जा सकते हैं जो युग मानव के भीतर नवीन जीवन आकांक्षा के उदय की सूचना देते हैं, जिस नवीन भावबोध की पृष्ठ-भूमि (मनोभूमि) के कारण ही आज बहिर्जीवन का दैन्य मनुष्य को इतना कुत्सित तथा कुरूप प्रतीत होने लगा है। 'उत्तरा' में मैंने पृथ्वी पर स्वर्गिक शिखरों का वैभव लुटाने का दावा किया है :

मैं स्वर्गिक शिखरों का वैभव,
हूँ लुटा रहा जन धरणी पर!
... ...

देवों को पहना रहा पुनः
मैं स्वप्न-मांस के मर्त्य वसन!

'ग्राम्या' में भी, मेरी दृष्टि में, ग्राम जीवन के भाव क्षेत्र के अनुरूप कला शिल्प वर्तमान है। 'ग्राम्या' की भाषा गाँवों के वातावरण की उपज है :

गंजी को मार गया पाला
अरहर के फूलों को झुलसा,

हाँका करती दिन भर बंदर
अब मालिन की लड़की तुलसा !
... ...
बैठी छाती की हड्डी अब
झुकी पीठ कमठा सी टेढ़ी,
पिचका पेट, गढ़े कंधों पर,
फटी बिवाई से हैं एड़ी !
... ...
खैर, पैर की जूती, जोरू
एक न सही, दूसरी आती,
पर जवान लड़के की सुध कर
साँप लोटते, फटती छाती। इत्यादि।

'ग्राम्या' के भाव पक्ष में—जिसे मैंने कोरी भावुकता से बचा कर, सहानुभूतिपूर्वक, मान्यताओं के प्रकाश में सँवारा है—लोक जीवन के कलुष पंक को धोने के लिए, नये मानव की अंतर-पुकार है। 'युगवाणी' और 'स्वर्ण धूलि' में भाव ऐश्वर्य की तुलना में, कलापक्ष, संभवतः गौण हो गया है, जो मेरी दृष्टि में स्वाभाविक है। इनमें मेरी कल्पना ने अनुद्घाटित नवीन भूमियों तथा क्षितिजों में प्रवेश किया है। वह केवल मेरे भाव प्रवण हृदय का आवेग ज्वार था, जो विगत युगों की भौतिक, सामाजिक, नैतिक, आध्यात्मिक मान्यताओं से ऊब-खीझकर अपनी अबाध जिज्ञासा के प्रवाह में, अंध-रूढ़ियों के बंधनों तथा निषेध-वर्जनों के अवरोधों को लाँघता हुआ, पार्थिव-अपार्थिव नवीन चैतन्य के धरातलों तथा शिखरों की ओर बढ़ता एवं आरोहण करता गया। वास्तव में वह आरोहण मेरे लिए स्वयं एक कलात्मक अनुभव एवं सांस्कृतिक अनुष्ठान रहा है। कविता और कला-शिल्प मेरी दृष्टि में फूल और उसके रूप मार्दव की तरह अभिन्न हैं। रूप-मार्दव ?--हाँ, किन्तु रंग गंध मधु फल ही फूल का वास्तविक दान है। अन्न भरी सुनहली बाल, नाल पर खड़ी रहने के बदले, यदि अपने ऐश्वर्य भार से झुक जाती है, तो इसे विधाता की कला की परिणति ही समझना चाहिए। कुछ ऐसा ही कलात्मक संबंध मेरे मन का, 'युगवाणी', 'स्वर्णकिरण' तथा 'स्वर्णधूलि' की रचनाओं से रहा है। 'स्वर्णधूलि' में आर्षवाणी के अन्तर्गत वैदिक साहित्य के अध्ययन से प्रभावित जो मेरी रचनाएँ हैं, वे अक्षरशः वैदिक छंदों के अनुवाद नहीं हैं। मेरे भाव-बोध ने उन मंत्रों को जिस प्रकार ग्रहण किया है वही उनका मुख्य तत्त्व और स्वर है। कहीं-कहीं तो मैंने उन मंत्रों की व्याख्या कर दी है।

'पल्लव' के सौंदर्यबोध के क्षितिज से बाहर निकलते-निकलते जब मैं अपने तथा बाहर के जगत् के प्रति प्रबुद्ध हुआ तो मुझे जीवन की भीतरी बाहरी परिस्थितियों का बोध पीड़ित करने लगा। 'पल्लव' काल में मैं परमहंस देव के वचनामृत

तथा स्वामी विवेकानंद और रामतीर्थ के विचारों के संपर्क में आ गया था। अपने देश में स्वतंत्रता-युद्ध के स्वरूप तथा गांधीजी के व्यक्तित्व ने मेरा ध्यान भारत के मानस-महत्व तथा जीवन-दैन्य की ओर आकृष्ट किया। सन् '२१ के असहयोग में मैं अपने छात्र-जीवन से बिदा ले चुका था। गांधीजी का तपःपूत, कर्मठ व्यक्तित्व, जो धीरे-धीरे गांधीवाद का रूप ग्रहण करने लगा था, मन को अधिकाधिक आकर्षित करता था। 'गुंजन' के आत्म संस्कार के स्वर में, अप्रत्यक्ष रूप से, गांधीजी का भी प्रभाव हो सकता है। उनके सांस्कृतिक चैतन्य को, मैंने, उस युग की अनेकानेक छोटी बड़ी रचनाओं में, श्रद्धांजलि अर्पित की है।

देश के जीवन-दर्शन से बाहर मेरा ध्यान सर्वाधिक तब जिन वस्तुओं की ओर आकृष्ट हुआ था वे थे मार्क्सवाद तथा रूसी क्रांति। गांधीवाद के साथ तब प्रायः समाजवाद-साम्यवाद के विचारों, आदर्शों तथा कार्यप्रणालियों की प्रतिध्वनियाँ कानों में पड़ती थीं। मेरे किशोर सखा पूरन (जो पी० सी० जोशी के नाम से प्रसिद्ध हैं) तब प्रयाग विश्वविद्यालय में इतिहास के छात्र थे। उनसे प्रायः ही नये राजनीतिक आर्थिक सिद्धान्तों की चर्चा और उन पर वाद-विवाद होता था। उनका व्यक्तित्व एवं मानस, उन तीन-चार वर्षों के भीतर, मेरी आँखों के सामने ही, धीरे-धीरे डल्हिया के भरे-पुरे फूल की तरह, पूर्ण साम्यवादी के रूप में प्रस्फुटित हुआ था। ऐतिहासिक चेतना से प्रभावित होने के कारण उनको जीवन के समस्त क्रिया-कलापों, अभावों तथा दैन्यों का निदान और समाधान बाह्य जगत् में ही दिखाई देता था। उनकी मानसिक परिणति ने मार्क्सवाद तथा साम्यवाद के अनेक दुर्बल-सशक्त पक्षों को मेरी आँखों के सामने अपने-आप खोल दिया और उनकी निष्कपट मैत्री के स्पर्श ने उन उग्र सिद्धान्तों को ममता तथा सहानुभूति की दृष्टि से देखना सिखला दिया। मार्क्सवाद का जटिल आर्थिक पक्ष मुझे मेरे भाई स्व० देवीदत्त पंत ने समझाया था। वह तब प्रयाग विश्वविद्यालय से अर्थशास्त्र में एम० ए० कर चुके थे और कुशाग्र बुद्धि होने के कारण अपने विषय के मर्मज्ञ थे। अपने मित्र तथा भाई के संपर्क में आकर मैं मार्क्सवाद के गहन कांतार को, अपने ढीठ कल्पना पंखों से, साहसपूर्वक, अत्यन्त उत्साह तथा हर्षानुभूति के साथ पार कर सका, (तब, जब हिन्दी में, संभवतः, इस प्रकार की कविता का जन्म भी नहीं हुआ था, जो पीछे प्रगतिशील कविता कहलाई) और कालाकाँकर के गाँवों का वातावरण पाकर 'युगवाणी' और 'ग्राम्या' की रचनाओं में अपनी उस नवीन जीवन-दृष्टि की प्रक्रियाओं को उन्मुक्त रूप से वाणी दे सका। 'युगवाणी' की रचनाएँ सन् '३७-'३८ में लिखी गई थीं। उनमें से अधिकांश सन् '३८ में 'रूपाभ' के अंकों में प्रकाशित हो चुकी थीं। 'युगवाणी' और 'ग्राम्या' में ('ग्राम्या' में सन्' ३९-'४० की रचनाएँ हैं) अनेक नवीन सामाजिक, सांस्कृतिक तथा आध्यात्मिक दृष्टिकोण मेरे मन में उदय हुए हैं। आज भी, जब नव मानवतावाद की दृष्टि से, मैं विश्व जीवन के बाह्य पक्ष की समस्याओं पर विचार करता हूँ तो मार्क्सवाद की उपयोगिता मुझे स्वयं-सिद्ध प्रतीत होती है।

आज की राजनीतिक दलबंदी में खोये हुए, पूर्वग्रह पीड़ित आलोचकों को जब छायावाद त्रयी या चतुष्टय में, केवल मैं ही अप्रगतिशील लगता हूँ और वे सब प्रगतिशील लगते हैं, जो संभवतः, तब युग-दायित्व के प्रति पूर्णतः प्रबुद्ध भी न थे, तो मैं उनका प्रतिवाद नहीं करता। मानव-जीवन के व्यापक सत्यों को, चाहे वे आर्थिक हों या आध्यात्मिक, पूर्वग्रह और विद्वेष की टेढ़ी-मेढ़ी सँकरी गलियों में भटकाकर झुठलाया नहीं जा सकता; समय पर वे लोक मानस में अपना अधिकार अवश्य स्थापित करेंगे। संभवतः जिस संकीर्ण अर्थ में अब प्रगतिवाद का प्रयोग किया जाता है, उस अर्थ में मैं प्रगतिवादी हूँ भी नहीं।

अपने-अपने 'हीरो' (नायक) के उपासक, ये पक्षधर आलोचक जब 'पल्लव' की कला का समर्थन करते हैं, तो मैं जानता हूँ, वे पाठकों का ध्यान मेरी उन कृतियों से विरत करने का बहाना खोजते हैं जिनमें उन्हें अपनी दलगत संकीर्णता तथा एकांगिता का समर्थन नहीं मिलता। काव्य-गुण तथा लोक-मांगल्य की दृष्टि से मेरी उत्तर कृतियों के चैतन्य तथा कला-बोध के सामने 'पल्लव' की कला अल्प-प्राण बालिका के समान तुतलाती प्रतीत होती है। वे पूछते हैं, प्रकृति तथा इंद्र-धनुष को देखकर मेरे मन में अब भी वैसी ही विस्मयकारी कैशोर प्रतिक्रियाएँ क्यों नहीं होतीं, जैसी 'पल्लव' काल में होती थीं। ऐसे अबोध प्रश्नों का क्या उत्तर हो सकता है?

कला के कोमल फेन का मूल्य मानवीय संवेदना के स्वस्थ सौन्दर्य से अधिक है, इसे मेरा मन नहीं मानता। फिर कला के अनेक रूप हैं, जिनसे वह मर्म को स्पर्श करती है। 'युगवाणी' की अनेक पंक्तियाँ 'पल्लव' की मांसल कल्पना एवं अलंकरणों से रहित होने पर भी अपनी कलात्मक क्षमता रखती हैं। "आज असुन्दर लगते सुंदर" इस आधे चरण से आज के युग जीवन की विपन्न रूप-रेखा आँखों के सामने आ जाती है, क्या यह कला की शक्ति नहीं? "बन गए कलात्मक भाव, जगत के रूप नाम" में समस्त मानव भविष्य के निर्माण का चित्र खिच जाता है। "कंकाल जाल जग में फैले फिर नवल रुधिर, पल्लव लाली" का गतिशील स्वस्थ सौंदर्य छिपा नहीं है। वनस्पति शास्त्री कहते हैं, जब वन में वसंत आता है तो वनस्पति जगत् के जीवन में इतनी अधिक गति का संचार होता है कि वन के जीव-जंतुओं का जीवन भी अपनी भागदौड़ में उससे होड़ नहीं ले पाता। उपर्युक्त चरण में भी उसी वेग से नवजीवन का रुधिर दौड़ता दिखाई देता है। "इस धरती के रोम रोम में भरी सहज सुंदरता" --'पल्लव' में ऐसी व्यापक अनुभूति की सरल कलात्मक अभिव्यक्ति कहीं नहीं मिलती। ऐसी सैकड़ों पंक्तियाँ पल्लवोत्तर काव्य ग्रंथों से चुनी जा सकती हैं। मैंने अधिकांश उदाहरण 'युगवाणी' से इसलिए दिए हैं कि उनमें कला का एकांत अभाव बताया जाता है। 'युगवाणी' और 'ग्राम्या' की कलात्मक अभिव्यक्ति वस्तुपरक है। 'युगवाणी' के तीसरे संस्करण की भूमिका में मैंने इस पर प्रकाश डाला है। वह हमारे युग की अदम्य कलात्मक न्याय की पुकार थी जिसने मुझे 'युगवाणी' और 'ग्राम्या' लिखने को बाध्य किया। 'स्वर्ण किरण' और बाद की रचनाओं का कला पक्ष

भी भाव सौन्दर्य मंडित, अंतर्दीप्ति एवं मांगल्य शक्ति संपन्न है; यह दूसरी बात है कि उनमें राजनीतिक दलबंदी की रिक्त पुकार तथा रूक्ष प्रचार न हो।

वास्तव में, हमारे साहित्य में जीवन-यथार्थ की धारणा इतनी एकांगी, खोखली तथा रुग्ण हो गई है कि हमें शोषित, जर्जर और लघु मानव के ऋण चित्रण में ही कलात्मक परितृप्ति मिलती है। हम स्वस्थ मानवता की दिशा की ओर दृष्टिपात नहीं करना चाहते, क्योंकि वहाँ हम अपनी मध्यवर्गीय कुंठाओं से ग्रस्त, आत्म-पराजित, क्षुद्र, संकीर्ण, द्वेषदग्ध, काममूढ़ जीवन के लिए सहानुभूति नहीं जगा पाते, जिसे युग जीवन तथा कला का परिधान पहनाकर दूसरों के करुणा कण प्राप्त करने के लिए हम आत्म विस्तार का माध्यम बनाना चाहते हैं,--जो नव लेखन का दृष्टिकोण है, जो सद्यः और क्षणिक की अँगुली पकड़े हुए है। अथवा, हम राजनीतिक आवेगों एवं शक्तिमद की आकांक्षा से प्रेरित होकर आलोचना के नाम में मतवाद तथा गाली-गलौज का अंधड़ उठाकर उसमें साहित्यिक मूल्यों को, आमूल, वृक्षों की तरह, उखाड़ फेंकना चाहते हैं, जो हमारा प्रगतिशील दृष्टिकोण रहा है। दोनों ही में धन यथार्थ की धारणा का अभाव है--ऐसा धन या भाव यथार्थ जो आज के विश्वव्यापी ह्रास से मानव जीवन को ऊपर उठाकर उसे शांति, प्रकाश तथा कल्याण के भुवनों की ओर ले जा सके।

प्रेमचंद जी का यथार्थ राजनीतिक दाँव-पेंचों का यथार्थ न होकर मानवीय तथा साहित्यिक यथार्थ था। वह लघु मानव की कुंठाओं से भरा, तुच्छ, आत्म-पीड़ित यथार्थ नहीं, जिसमें मनुष्य परिस्थितियों की निर्ममता को अपनी रीढ़ तोड़ने देता है और अपनी आगे न बढ़ सकने की लुंजपुंज क्षोभ भरी वास्तविकता का चित्रण कर आत्म-तृप्ति का अनुभव करता है। प्रेमचन्द का यथार्थ सामाजिक जीवन के साथ संघर्ष करता हुआ, विकासशील, आशा-क्षमतापूर्ण, मनुष्य को आगे बढ़ाने वाला, व्यापक यथार्थ था, जिसमें लोक मांगल्य के नव अंकुरित बीज मिलते हैं।

यदि प्रगतिशील विचारकों का ध्येय साहित्यिक नेतागीरी तथा यांत्रिक तार्किक मूल्यों का प्रचार करना रहा है, तो नव लेखन का ध्येय, अधिकतर, रूप-विधान का मोह तथा रीढ़हीन, आत्म सुख-दुख के कर्दम में रेंगने वाले लघु यथार्थ के कला-फेन की सृष्टि करना,—जिसमें भाव की समस्त शक्ति रूप की भूलभुलैयाँ में खो जाती है। लोक जीवन एवं विश्वजीवन प्रवाह की मुख्य मान्यताओं का परित्याग कर और व्यापक मानवीय मूल्यों की ओर आँख मूँदकर, अधिकांश नव लेखकों ने गौण, अतिवैयक्तिक, भावोच्छ्वासपरक तथा कुछ अंशों में प्रतिक्रियात्मक मान्यताओं को अपनाया है। उनमें से अनेक प्रतिभा संपन्न लेखक जनतंत्रवादी देशों से विभीत पश्चिम के कोमल अस्थि, अल्प संख्यक बौद्धिकों तथा अस्तित्ववादियों से प्रभावित हैं, जो समतल निराशा एवं विषाद के कारण, महत् के प्रति संदिग्ध तथा क्षणिक एवं अल्प के प्रति सुखवादियों की तरह मुग्ध होकर, संक्रांतिकालीन मध्य-वर्गीय तुच्छ दुख-दर्द के प्रति आस्था ममता रखने वाली अहंता, कुंठा एवं आत्म-रति भरी वास्तविकता को कला के ललित फेन में लपेटकर, कला को कला के लिए

सँवारकर, उसे साहित्य के रूप में प्रस्तुत कर रहे हैं। आज की नयी कविता अपनी प्रयोगवादी सीमाओं को अतिक्रमण करने के प्रयत्न में, नवीन मानव मूल्यों की खोज में, सामाजिक चेतना की वास्तविकता के घनत्व से हीन एक भयानक शून्य में भटक गई है और उपचेतन व्यक्तित्व के मोहक गर्त में फँसकर ऐसे अति वैयक्तिक छायाभासों तथा व्यक्तिगत रुचियों के भावना मूढ़ भेदोपभेदों, अति वास्तविक प्रतीकों तथा शशक शृंग बिम्बों को जन्म दे रही है जिनका मानवता तथा लोक-मांगल्य से दूर का भी सम्बन्ध नहीं,—मांगल्य, जो बहुमुखी मानव सत्य की एक मात्र कसौटी है। इस प्रकार वह एक कृत्रिम भाविक अलंकरण मात्र बनती जा रही है।

प्रयोगवादी कविता की भविष्य में क्या संभावना है यह अभी नहीं कहा जा सकता। अभी तक तो उसमें असंपृक्त खंडित बिम्बों तथा भग्न प्रतिमाओं के खँडहरों में इधर-उधर क्षण-सौन्दर्य की झाँकी के साथ चकाचौंध और कृत्रिम चमत्कार ही अधिक मिलता है। प्रकाश जो अंतस्तल एवं अंतर्गठन है, उसके बीज तथा अंकुर अभी नहीं दिखाई पड़ते हैं। किन्तु भविष्य की कविता अवश्य ही मानवता की सर्वश्रेष्ठ सिद्धि होगी, जिसमें सौन्दर्य, प्रेम, प्रकाश और आनंद अपने क्षितिजों के पार के ऐश्वर्य को रूप-बोध के सूक्ष्म सूत्रों में गूँथ सकेंगे, इसमें सन्देह नहीं। अपनी अनेक सीमाओं के रहते हुए भी जो भविष्य में मिटाई जा सकती हैं,—हिन्दी काव्य के राजपथ पर, अभी तक तो छायावाद ही, नवीन सौन्दर्य मंजरियों का मुकुट लगाए, नवीन प्रकाश दिशा की खोज में, मंद धीर गति से चरण बढ़ा रहा है, ऐसा मेरा अनुमान है।

नये लेखक-आलोचक, आत्म विज्ञापन की धुन में, छायावाद का परिचय अपने पाठकों को उसी प्रकार देते हैं जिस प्रकार कोई रामायण में तुलसी की नारीत्व के प्रति भावना को "ढोल गँवार शूद्र पशु नारी" का उदाहरण देकर उपस्थित करे। छायावाद तथा काव्य मूल्यों के संबंध में दोनों दलों के लेखकों के जो अधिकांश आलोचनात्मक ग्रंथ तथा लेख विगत वर्षों में निकले हैं, वे इस बात के प्रमाण हैं। मैं यह सब लिखकर सामान्य हिन्दी पाठकों के लिए—जो लेखक वर्ग में नहीं हैं—इधर की काव्य मान्यताओं तथा साहित्यिक आलोचनाओं की पृष्ठभूमि स्पष्ट किए दे रहा हूँ, जिससे उन्हें युग साहित्य को समझने में सहायता मिले।

'पल्लव' काल तक मेरा कवि आत्म प्रबुद्ध नहीं हुआ था; उसके बाद ही वह अपने बाहर भीतर के जीवन प्रवाह के प्रति सचेत हो सका और अपने बाहर के सामाजिक जीवन की सीमाओं से क्षुब्ध होकर उसने 'युगांत', 'युगवाणी' तथा 'ग्राम्या' में, पुरानी दुनिया की अंध रूढ़ि, रीति परम्पराओं तथा वैज्ञानिक युग से पहले की संकीर्ण आर्थिक राजनीतिक प्रणालियों तथा सामाजिक परिस्थितियों में पथराई हुई बाह्य जीवन की चेतना पर निर्मम आघात किए और अपने युग की संभावनाओं से नई दृष्टि प्राप्त कर नवीन परिस्थितियों के विकसित सत्य को वाणी देने का प्रयत्न किया। साथ ही, विगत युगों के नैतिक धार्मिक विचारों एवं आदर्शों की सीमाओं से परिचित होने

पर मानव जीवन तथा मन को व्यापक धरातल पर उठाने के अभिप्राय से युग का ध्यान नवीन चैतन्य तथा अध्यात्म के शिखरों की ओर आकृष्ट किया और शतियों के पुंजीभूत निष्क्रिय मानस अंधकार को नवीन स्वप्नों की सुनहली लपटों में जगाने की चेष्टा की। इसमें मेरी निर्मम सीमाएँ परिलक्षित होती हों, पर ये वे सीमाएँ नहीं, जिनकी कि पक्षधर आलोचक घोषणा करते हैं।

मेरा भावप्रवण हृदय बचपन से ही सौन्दर्य के प्रेरणाप्रद स्पर्शों के प्रति संवेदनशील रहा है, वह सौंदर्य चाहे नैसर्गिक हो या सामाजिक, मानसिक हो या आध्यात्मिक। मैं हिमालय तथा कूर्मांचल के प्राकृतिक ऐश्वर्य से उसी प्रकार किशोरावस्था में प्रभावित हुआ हूँ, जिस प्रकार युवावस्था में गांधीजी तथा मार्क्स से अथवा मध्य वयस में श्री अरविंद के दर्शन तथा व्यक्तित्व से। हिमालय पर मेरी सबसे बड़ी रचना मद्रास में लिखी गई, जहाँ विशाल समुद्र के तट पर हिमालय के विराट् सौन्दर्य की शुभ्र स्मृति मनश्चक्षुओं के सामने निखर उठी और किशोर जीवन की अनेक मधुर स्मृतियों एवं अनुभवों में पुंजीभूत प्रवासी मन में "हिमाद्रि" तथा "हिमाद्रि और समुद्र" शीर्षक रचनाएँ मूर्त हो उठीं। युवावस्था के आरंभ में रवीद्रनाथ तथा अंग्रेजी कवियों ने भी मेरी कला-रुचि का संस्कार किया है; किन्तु कला-रुचि एवं सौंदर्यबोध से भी अधिक मूल्यवान जो इस युग के लिए नवीन भाव-चैतन्य, नवीन सामाजिकता तथा नवीन मानवता का बोध है वह मुझ में गांधी, मार्क्स तथा श्री अरविंद के संपर्क से विकसित हुआ। निस्संदेह, मेरे भीतर अपने विशिष्ट संस्कार रहे हैं। प्रबुद्ध होने पर अपने युग तथा समाज से मुझे घोर असंतोष रहा है। धरती के जीवन को नवीन मानवीय ऐश्वर्य एवं सौंदर्य से मंडित देखने की दुर्निवार आकांक्षा मुझमें, अधिक कल्पनाशील होने के कारण, युवावस्था ही में उत्पन्न हो गई थी। साथ ही, मेरे भीतर अनेक प्रकार की बौद्धिक, भाविक सूक्ष्म प्रक्रियाएँ भी निरंतर चलती रही हैं, जिनसे ग्रहणशीलता की वृद्धि के अतिरिक्त, मुझे अनेक उपलब्धियाँ भी होती रही हैं। मैंने बाहर के प्रभावों को सदैव अपने ही अंतर के प्रकाश में ग्रहण किया है, और वे प्रभाव मेरे भीतर प्रवेश कर नवीन दृष्टिकोणों तथा उपकरणों से मंडित होकर निखरे हैं, जिन्हें मैं समय-समय पर अपनी रचनाओं में वाणी दे सका हूँ। जब मानव-मन की सूक्ष्म अनुभूतियों के प्रति, आधुनिकता का दावा करने वाले, आज के कोरे बौद्धिक संदेह प्रकट करते हैं, तो यह समझने में देर नहीं लगती कि उनकी बौद्धिकता तथा आधुनिकता कितने गहरे पानी में है। 'चिदंबरा' की पृथु-आकृति में मेरी भौतिक, सामाजिक, मानसिक, आध्यात्मिक संचरणों से प्रेरित कृतियों को एक स्थान पर एकत्रित देखकर पाठकों को उनके भीतर व्याप्त एकता के सूत्रों को समझने में अधिक सहायता मिल सकेगी। इनमें, मैंने अपनी सीमाओं के भीतर, अपने युग के बहिरंतर के जीवन तथा चैतन्य को, नवीन मानवता की कल्पना से मंडित कर, वाणी देने का प्रयत्न किया है। मेरी दृष्टि में 'युगवाणी' से लेकर 'वाणी' तक मेरी काव्य-चेतना का एक ही संचरण है, जिसके भीतर भौतिक और आध्यात्मिक चरणों की सार्थकता द्विपद मानव की प्रकृति के लिए सदैव ही, अनिवार्य रूप से रहेगी।

'युगवाणी' और 'ग्राम्या' में भी मेरा दृष्टिकोण मानव जीवन के सत्य के प्रति समन्वयात्मक ही रहा है, जैसा कि मैं 'आधुनिक कवि भाग दो' की भूमिका में कह चुका हूँ। मैंने मानव जीवन के विकास के लिए भौतिक आध्यात्मिक दोनों मूल्यों की अनिवार्य आवश्यकता बतलाई है :

भूतवाद उस धरा स्वर्ग के लिए मात्र सोपान,
जहाँ आत्मदर्शन अनादि से समासीन अम्लान!
... ...
अंतर्मुख अद्वैत पड़ा था युग युग से निष्क्रिय, निष्प्राण,
जग में उसे प्रतिष्ठित करने दिया साम्य ने वस्तु विधान!
... ...
मनुष्यत्व का तत्त्व सिखाता निश्चय हमको गांधीवाद,
सामूहिक जीवन विकास की साम्य योजना है अविवाद!

इसी प्रकार 'ग्राम्या' में मैंने युग-संघर्ष को राजनीति-अर्थनीति तक ही सीमित नहीं रखा है :

राजनीति का प्रश्न नहीं रे आज जगत् के सम्मुख,
आज बृहत् सांस्कृतिक समस्या जग के निकट उपस्थित!
... ...
नव प्रकाश में तमस युगों का होगा शनैः निमज्जित!

मध्ययुगीन नैतिकता के प्रति मेरे मन की प्रतिक्रिया 'युगवाणी' और 'ग्राम्या' में इस प्रकार व्यक्त हुई है :

स्वर्ण पींजरे में बंदी है मानव आत्मा निश्चित!
... ...
विविध जाति वर्गों धर्मों को होना सहज समन्वित,
मध्ययुगों की नैतिकता को मानवता में विकसित!

यंत्रों के लिए 'ग्राम्या' में मैंने कहा है :

जड़ नहीं यंत्र, वे भावरूप, संस्कृति द्योतक!
... ...
दार्शनिक सत्य यह नहीं यंत्र जड़, मानव कृत,
वे हैं अमूर्त, जीवन विकास की स्थिति निश्चित!

ऐसे और भी बीसियों उद्धरण दिए जा सकते हैं जिनमें मानव जीवन की समस्याओं एवं उनके समाधान के रूप में मेरा निश्चित दृष्टिकोण प्रकट होता है, जो आगे चलकर 'स्वर्ण किरण' से 'वाणी' तक की रचनाओं में विकसित होकर अधिक

पूर्ण अभिव्यक्ति पा सका है। अपनी उत्तरकालीन रचनाओं में मैंने इस समन्वयात्मक दृष्टिकोण को अतिक्रम कर और भी अधिक व्यापक क्षितिजों का उद्घाटन किया है। भूतवाद अथवा अध्यात्मवाद दोनों ही मुझे अपने में अधूरे लगे हैं। कोरे भूतवादियों से मैंने 'युगवाणी' में कहा है :

हाड़ मांस का आज बनाओगे तुम मनुज समाज?
हाथ पाँव संगठित चलाएँगे जग जीवन काज?
दया दरिद्र हो गए देख दारिद्र्य असंख्य तनों का?
अब दुहरा दारिद्र्य उन्हें दोगे असहाय मनों का?

'उत्तरा' में मैंने भूतवाद तथा अध्यात्मवाद के एकांगी समर्थकों की भर्त्सना की है :

तुम भाप उन्हें कहते हँसकर, वे तुमको मिट्टी का ढेला,
वे उड़ सकते, तुम अड़ सकते, जीवन तुम दोनों का मेला!
फिर भी यदि जड़ता तुमको प्रिय, उनको चेतनता—दुख नितांत,
है सत्य एक,—जो जड़ चेतन, क्षर अक्षर, परम, अनंत शांत।

आध्यात्मिकता के पैर मैंने सदैव पृथ्वी पर स्थिर रखे हैं। मानवता के स्वर्ग को मैंने भौतिकता के ही हृदय कमल में स्थापित किया है। आध्यात्मिकता के निष्क्रिय, निषेधात्मक तथा ऋण-पक्ष की अवहेलना कर मैंने उसे भू-जीवन विकास तथा जनमंगल का साधन बनाने का प्रयत्न किया है, जिसका सर्वप्रथम उदाहरण 'ज्योत्स्ना' का रूपक है। 'स्वर्ण किरण' में "द्वा सुपर्णा" शीर्षक रचना में मैंने वैदिक ऋषि के द्रष्टा तथा भोक्तारूपी पक्षियों (जीवों) को पृथक् रूप में स्वीकार न कर ऋषि से प्रश्न किया है :

कहीं नहीं क्या पक्षी? जो चखता जीवन फल
विश्व वृक्ष पर वास, देखता भी है निश्चल?
परम अहम् औ' द्रष्टा भोक्ता जिसमें सँग सँग?

और इसका उत्तर भी दिया है :

ऐसा पक्षी जिसमें हो संपूर्ण संतुलतन
मानव बन सकता है निर्मित कर तरु जीवन।

मैंने कहा है शांति, आनंद अथवा ईश्वर-प्राप्ति के लिए भू-जीवन का त्याग करने की आवश्यकता नहीं, उसके लिए नवीन रूप से लोक-जीवन निर्माण करने की आवश्यकता है। 'स्वर्ण किरण' में अपनी 'इंद्रधनुष' तथा 'स्वर्णोदय' नामक रचनाओं में मैंने जीवन मूल्यों पर विस्तारपूर्वक प्रकाश डालने की चेष्टा की है :

हमें विश्व संस्कृति पृथ्वी पर करनी आज प्रतिष्ठित,
मनुष्यत्व के नव द्रव्यों से मानव उर कर निर्मित।
... ...

नव मूल्यों से हो जो कल्पित पुनः लोक संस्कृति पट ज्योतित,
हो कृतकाम नियति मानव की, स्वर्ग धरा पर विचरे जीवित।
... ...

भू रचना का भूतिपाद युग हुआ विश्व इतिहास में उदित,
सहिष्णुता, सद्भाव, शांति से हों गत संस्कृति धर्म समन्वित!
वृथा पूर्व पश्चिम का दिग् भ्रम मानवता को करे न खंडित,
बहिर्नयन विज्ञान हो महत् अंतर्दृष्टि ज्ञान से योजित।
... ...

एक निखिल धरणी का जीवन एक मनुजता का संघर्षण,
अर्थ ज्ञान संग्रह भव पथ का विश्व क्षेम का करे उन्नयन!

मानवता के भविष्य पर अपनी अमिट आस्था प्रकट करते हुए मैंने कहा है :

सस्मित होगा धरती का मुख, जीवन के गृह प्रांगण शोभन,
जगती की कुत्सित कुरूपता सुषमित होगी, कुसुमित दिशि क्षण!
विस्तृत होगा जन जन का पथ, शेष जठर का कटु संघर्षण,
संस्कृति के सोपान पर अमर सतत बढ़ेंगे मनुज के चरण।

इस प्रकार पाठक देखेंगे कि मैंने भौतिक आध्यात्मिक, दोनों दर्शनों से जीवनोपयोगी तत्त्वों को लेकर, जड़ चेतन संबंधी एकांगी दृष्टिकोण का परित्याग कर व्यापक सक्रिय सामंजस्य के धरातल पर, नवीन लोक-जीवन के रूप में, भरे-पुरे मनुष्यत्व अथवा मानवता का निर्माण करने का प्रयत्न किया है, जो इस युग की सर्वोपरि आवश्यक समस्या है। 'वाणी' में, जिसे आप मंच-काव्य या प्रवचन-काव्य भी कह सकते हैं, मेरा मानव-भविष्य का दर्शन अधिक महत्त्वपूर्ण स्तर पर "आत्मिका" में अवतीर्ण हुआ है :

सत्य तथ्य विज्ञान ज्ञान, दो पक्ष एक बहु के पोषक नित,
लोकश्रेय, जीवन उद्भव हित रहें विषम सम चरम समन्वित!
... ...

वैयक्तिक सामूहिक गति के दुस्तर द्वन्द्वों में जग खंडित,
जो अणुमृत जन, भीतर देखो, समाधान भीतर, यह निश्चित!
... ...

देश खंड से भू मानव का परिचय देने का क्या क्षण यह,
मानवता में देश जाति हों लीन, नए युग का सत्याग्रह।

आज विशेषीकरण समाजीकरण साथ चल रहे धरा पर
महत् धैर्य से गढ़ने सबको मन के मंदिर, जीवन के घर !
... ...

मनुज धरा को छोड़ कहीं भी स्वर्ग नहीं संभव, यह निश्चित !
... ...

ईश्वर से इन्द्रिय जीवन तक एक संचरण रे भू पावन !

ऐसे अनेक उदाहरण 'वाणी' से प्रस्तुत किए जा सकते हैं।

सामाजिक सांस्कृतिक मान्यताओं का विकास इस युग में बहिरंतर संयोजित मानवता की रचना के रूप में होना चाहिए, जिस पर अनेक दृष्टिकोणों से प्रकाश डालने की आवश्यकता है, और जिसका सर्वाधिक दायित्व हमारी नवीन पीढ़ियों की प्रतिभाओं के कंधों पर है। कवीन्द्र रवीन्द्र के युग से हमारे युग की जीवन मान्यताओं का संघर्ष अत्यधिक प्रबल तथा जटिल हो गया है। 'वाणी' में मैंने कवीन्द्र रवीन्द्र शीर्षक रचना में नवीन युग-बोध की समस्या को प्रस्तुत किया है :

मग्न अचेतन कर्दम में भू जीवन शतदल,
उसे उठा, कर सके कलुष का मुख तुम उज्वल ?
... ...

विश्व कवे, तुम जिस मानवता के प्रतिनिधि बन
आए, वह खो चुकी हाय, मानुष्य परम धन !
... ...

क्या सोचा था ? नरक स्वर्ग ही का लघु उपक्रम,
जागेगा सोया प्रकाश, धरती का जो तम ?
... ...

महाकवे, युग पलकों पर झूला नव सावन,
दिग् विराट् नव मनुष्यत्व का दिव्य स्वप्न बन।

कवि या द्रष्टा, तंतुवाय की तरह, अपने ही भीतर से किसी काल्पनिक सत्य का जाल नहीं बुनता। उसकी अंतर्दृष्टि काल के अभ्यंतर या विश्व-मानस में चल रही सूक्ष्म शक्तियों की क्रीड़ा के प्रति सजग रहती है, वह उसी सत्य को अपने अनुभव की वाणी में गूँथ कर लोक-मानस के सम्मुख रख देता है।

युग-संघर्ष के अनेक रूपों को मैंने अपने काव्य-रूपकों द्वारा भी प्रस्तुत करने का प्रयत्न किया है। "फूलों का देश" में मैंने संस्कृति और विज्ञान के समन्वय के प्रश्न को उठाया है। "ध्वंसशेष" में अणुयुद्ध के बाद नवीन मानवता के निर्माण की समस्या प्रस्तुत की है। 'विद्युत वसना' में मैंने मानव-स्वतंत्रता के सिद्धांत को मानव-एकता के अधीन रखने की उपयोगिता पर प्रकाश डाला है। 'शिल्पी' में कला मूल्यों तथा 'रजतशिखर' में उपचेतन की समस्याओं तथा जीवन मान्यताओं के संघर्ष का

समाधान प्रस्तुत करने का प्रयत्न किया है। "ध्वंसशेष" के तृतीय दृश्य में, जो इस संकलन में जा रहा है, मैंने वर्तमान सभ्यता के विविध तत्त्वों का मूल्यांकन किया है और उसके अंतिम दृश्य में नवीन मानवता के सांस्कृतिक मूल्यों को विकसित लोकतंत्र के रूप में प्रतिष्ठित कर ध्वंस के बाद नवीन मानव संस्कृति के उद्भव तथा निर्माण की दिशा की ओर संकेत किया है। अपने "सौवर्ण" नामक काव्य रूपक में मैंने प्राचीन निष्क्रिय अध्यात्म को सक्रिय बनाने की आवश्यकता पर बल दिया है। उसका क्रांत-द्रष्टा कहता है :

देख रहा मैं, बरफ बन गया, बरफ बन गया,
मानव का चैतन्य शिखर, नीरव, एकाकी,
निष्क्रिय, नीरस, जीवन-मृत, सब बरफ बन गया!
... ...
आह, उसे प्राणों का स्पंदित ताप चाहिए,
जीने को जन मन का भावोच्छ्वास चाहिए।

सौवर्ण के व्यक्तित्व में जिसका बाह्य रूप वर्तमान जनयुग के संघर्ष की झंझा का द्योतक है—सौवर्ण झंझा के रथ पर चढ़कर आता है—मैंने जीवनोपयोगी धन आध्यात्मिकता का मानवीकरण कर भावी मानवता का स्वरूप उपस्थित किया है। अपने काव्य रूपकों को मैं नाटक न कहकर कथोपकथन प्रधान श्रव्य काव्य ही की संज्ञा दूँगा।

"आत्मिका" शीर्षक इस संग्रह की अंतिम रचना में मैंने विगत युगों की आध्यात्मिकता का विश्लेषण प्रस्तुत किया है। 'वाणी' की "बुद्ध के प्रति" नामक रचना में भी नवीन मूल्यों का प्रतिपादन मिलता है :

जड़ से चेतन, जीवन से मन, जग से ईश्वर को वियुक्त कर,
जिस चिन्तक ने भी युग दर्शन दिया भ्रांति वश जन मन दुस्तर
किया अमंगल उसने भू का, अर्ध सत्य का कर प्रतिपादन,
जड़ चेतन जीवन मन आत्मा एक, अखंड, अभेद्य, संचरण!
... ...
भू पर संस्कृत इंद्रिय जीवन मानव आत्मा को रे अभिमत,
ईश्वर को प्रिय नहीं विरागी, संन्यासी, जीवन से उपरत!
आत्मा को प्राणों से बिलगा अधिदर्शन ने की जग की क्षति,
ईश्वर के सँग विचरे मानव भू पर, अन्य न जीवन परिणति!

इस प्रकार अपनी अनेक रचनाओं में मैंने धार्मिक, सांप्रदायिक, दार्शनिक विचारों के आवर्तों से जीवनोपयोगी सिद्धांतों को उबारकर पाठकों के मन-क्षितिज में नवीन आध्यात्मिक शिखरों का सौन्दर्य चित्रित करने का प्रयत्न किया है, जो आने वाली मानवता की ऊँचाई, गहराई एवं व्यापकता का द्योतक है। मैंने

अपना जीवन दर्शन, युग की आवश्यकताओं एवं मानवता के विकास की संभावनाओं को सम्मुख रखकर, अनेक महान् ग्रंथों तथा महापुरुषों से प्रेरणा ग्रहण कर, उनके उपयोगी तत्त्वों को आत्मसात् कर, लोक-कल्याण एवं भू-मंगल की भावना के उद्देश्य से, अपने काव्य-पट में गुंफित करने का साहस किया है।

'स्वर्ण किरण' और 'उत्तरा' में कहीं-कहीं दीप्त लावण्य के स्थल आए हैं, जिनसे मेरे कुछ मित्रों तथा आलोचकों को आपत्ति है। विशेषतः, इसलिए कि उनकी संगति मेरे आध्यात्मिक काव्य के साथ नहीं बैठती। कवि दृष्टि निर्वैयक्तिक होती है, वह स्त्री-सौंदर्य को उपभोग के गुंठन में सुरक्षित रखने के बदले उसे व्यापक आनन्द के लिए वितरित कर देती है। यह आदि कवि वाल्मीकि काल से प्रचलित व्यास, कालिदास की परम्परा है, जिसके गवाक्ष से स्त्री-सौंदर्य पर मधुर प्रखर भावोष्ण प्रकाश पड़ता रहा है। स्त्री की शोभा पृथ्वी पर कला की पीठिका है, उसका शील--सदाचार और अध्यात्म का द्वार। मेरी दृष्टि में इसमें युग्म जीवन तथा सहजीवन के मूल्यों का प्रश्न भी निहित है, जिस पर नवीन युग की भूमिका पर अधिक व्यापक दृष्टि से विचार करना उचित होगा। भौतिक आध्यात्मिक मान्यताओं के अतिरिक्त मेरी इस काल की रचनाओं में रागात्मक मूल्यों का भी एक विशिष्ट तथा महत्त्वपूर्ण स्तर है। आने वाली संस्कृति के धरातल पर नारी-सौन्दर्य मानव जीवन के उन्नयन में बाधक न होकर सहायक ही होगा। तब नर-नारी का एक-दूसरे के प्रति सहज अनुराग का चंद्र यतियों की कृच्छ्र, जीवन विरत कल्पना के राहु से मुक्त हो सकेगा। भावी की प्रबुद्ध भावना के सम्मुख स्त्री देह को "चाम की तुच्छ थैली" के रूप में चित्रित करना लज्जाजनक प्रतीत होता है। कला देह-सौष्ठव के साथ कामना की अग्नि को भी सौन्दर्य-बोध तथा राग की लय में वेष्टित कर उज्ज्वल बना देती है, उससे उद्दीपन से अधिक आह्लाद और तृप्ति का ही अनुभव होना चाहिए।

वास्तव में सौन्दर्य-चित्रण से अधिक, राग भावना के प्रति जो मौलिक दृष्टि-कोण का प्रश्न है, उसी पर मैंने इस उत्थान की रचनाओं में अधिक प्रकाश डाला है। इस विषय पर, समय आने पर, अधिक गंभीर तथा रूढ़ि ग्रह मुक्त विवेचना हो सकेगी। राग भावना को, स्वस्थ मानवता के स्तर पर, उन्मुक्त, परिणत तथा संस्कृत होना ही पड़ेगा। वैराग्यवाद तथा निषेध वर्जनाओं के आधार पर मानवता अथवा सामाजिकता से उसका उन्मूलन नहीं किया जा सकता। भावी पीढ़ियों को, मैं पिछले युगों का देह-बोध का भार वहन करते हुए, धूप और छाँह की तरह, दो अनमेल इकाइयों में विच्छिन्न नहीं देखना चाहता। यह मात्र मध्ययुगीन नैतिक दृष्टिकोण है जो स्त्री-संपर्क को आध्यात्मिकता का विरोधी मानता है। सच तो यह है कि पिछली आध्यात्मिकता तथा नैतिकता की धारणा ही खोखली, एकांगी तथा अवास्तविक रही है, जिसे स्त्री-स्पर्श तथा संपर्क उन्नत करने के बदले कलुषित, कर सका है। निश्चय ही, वह जीवनोन्मुखी अध्यात्म न होकर रिक्त, जीवन विरत तथा अप्राकृतिक अध्यात्म रहा है जिसका दूसरा छोर हमारा वाममार्गी, वज्रयानी,

साधना पथ, तथा पंडों, पुरोहितों और महंतों का धार्मिक जीवन रहा है। स्त्री-संसर्ग तथा उच्च धर्म संबंधी दृष्टिकोण में संभवतः अति प्राचीन काल में इसलिए विरोध रहा हो कि तब मनुष्य पहली बार पाशविकता तथा बर्बरता के जंगल से बाहर निकला था। अब भी, संभवतः, विशिष्ट परिस्थितियों में, धर्म और काम को विच्छिन्न करने की आवश्यकता पड़ सकती है, किन्तु विकसित सामाजिकता के लिए स्त्री-पुरुष का संतुलित संस्कृत रागात्मक सहजीवन अनिवार्य सत्य है, और बहुत संभव है, कभी वह विभिन्न इकाइयों में विभक्त गृहों की संकीर्ण देहलियों एवं प्रांगणों को लाँघकर एक अधिक व्यापक विकसित धरातल पर आत्म संयमित स्वतः निर्देशित, शील-सौम्य मानवता में परिणत हो सकेगा।

क्षुधा काम के सामंजस्य का प्रश्न मानवता के सम्मुख महत्त्वपूर्ण तथा जटिल प्रश्न है। उदर क्षुधा के समाधान का प्रश्न यदि आज की राजनीति एवं अर्थनीति का प्रश्न है, तो युग्म भावना एवं रागात्मकता का प्रश्न कल की संस्कृति का प्रश्न है। क्षुधा काम तब देह और व्यक्ति के मूल्य न रहकर सामाजिकता तथा संस्कृति के मूल्यों, आत्मा तथा लोक-मंगल के मूल्यों में बदल जाएँगे। इंद्रिय विषयक मूल्य मनुष्य की पिछली बहिरंतर की सीमाओं से निर्धारित हैं; नैतिक मूल्यों तथा लोकाचार को बदलने से पहले हमें अपनी चेतना तथा मानस के अंचल को, जिसमें पिछले मूल्यों की छाप है, व्यापक, परिष्कृत रागभावना में डुबोकर प्रक्षालित कर लेना होगा। लोककर्म से संयमित रागात्मकता वैसे भी अंतः शुद्ध होगी, जब स्त्री-पुरुष तटस्थ, आत्मस्थ, मोह मुक्त, दो समांतर रेखाओं-से होंगे, और लोकमंगल के विकासशील लक्ष्य से प्रेरित होकर परस्पर संयुक्त रहेंगे।

यदि हम प्राण भावना के धरातल से अंतश्चैतन्य के शिखर की ओर देखें तो रति काम की अंतः शुद्ध स्थिति ही पार्वती परमेश्वर का रूप है, जो अंतः प्रेम में संपृक्त है; और उन्हीं का बहिरंतर संतुलित सांस्कृतिक रूप कृषियुग की परिस्थितियों के अनुरूप, श्री सीताराम तथा राधाकृष्ण का युगल रूप अपने यहाँ है। स्त्री-पुरुषों के बीच रागात्मक सामंजस्य संस्कृति का मूल उपादान है। वैरागियों के दमन से युग्मेच्छा का संतुलित उन्नयन, संस्कृति की दृष्टि से, अधिक लोकोपयोगी एवं सौन्दर्य उर्वर है। ऐसे समाज की प्रतिष्ठा अवश्य ही अत्यन्त धैर्य, शील, सहिष्णुता तथा जागरूकता से ही पृथ्वी पर संभव है। आध्यात्मिक-लौकिक मूल्यों को परस्पर विरोधी पृथक् मूल्यों में विच्छिन्न करने का यही कारण है कि मानव राग भावना का अभी विकास या परिष्कार नहीं हो सका है। इसीलिए न हमारा गृह जीवन और सामाजिक जीवन ही संस्कृति की दृष्टि से पूर्ण बन सका है, न हमारे आश्रमों, तपोवनों तथा तीर्थस्थानों का जीवन ही वास्तविक अर्थ में भगवत् जीवन बन सका है; दोनों ही एकांगी, स्वर्ग (पुण्य) भीरु तथा धरा (पाप) भीत होकर पंगु, निष्क्रिय या अर्ध-सक्रिय, अपूर्ण तथा अक्षम ही रह गए हैं। न हमारे दिव्य जीवन की ही धारणा पूर्णता प्राप्त कर सकी है, न लौकिक जीवन की ही। पूर्णता प्राप्त करने के लिए हमें समग्र लोक-जीवन को ही रागात्मक विकास की उपयुक्त पीठिका

बनाना होगा। ये विचार मैं केवल भावी सामाजिक-सांस्कृतिक मूल्यों के रूप में ही यहाँ दे रहा हूँ, जिन पर आधारित मानव जीवन आसक्ति मुक्त, राग शुद्ध, अंतः स्थित होकर, घृणा, उपेक्षा तथा कामद्वेष से रहित, व्यापक प्रेम में संगठित हो सकेगा। वास्तव में जिस भगवत् प्रेम को आज हम अंतःशुद्धि तथा यम नियमों के आधार पर मानसिक भावना के स्तर पर प्राप्त करना चाहते हैं वह हमें संस्कृत लोक जीवन के धरातल पर उपलब्ध होना चाहिए। श्रीकृष्ण की रासलीला तथा चैतन्य की भावलीला में हमें परिष्कृत भावना की आंशिक झाँकियाँ मिलती हैं।

'युगवाणी' की "राग साधना" कविता से लेकर 'वाणी' की "पुनर्मूल्यांकन" रचना तक मैंने अपनी अनेकानेक कृतियों में नव युग की इस अभीप्सा को वाणी दी है। "मानसी" नामक गीत रूपक में भी मैंने इसी भावना का विकास दिखाया है। और "स्वर्णोदय" में इस सत्य को इस प्रकार व्यक्त किया है :

क्यों मानव यौवन वसंत सा हो न लोक जीवन में कुसुमित
मधुर प्रीति हो सामाजिक सुख, प्राण भावना आत्म संयमित !
करें मुक्त उपभोग हृदय का नर नारी निज रुचि से प्रेरित,
आदर प्रीति विनय हो उर में, अंग लालसा का मुख संस्कृत !
हृदय तमस आलोक स्रोत पा हो जीवन सौन्दर्य में द्रवित,
प्राण कामना सृजन शील बन, धरा-स्वर्ग रचना में योजित !

रागात्मिका वृत्ति के परिष्कार को मैंने नव मानवता के निर्माण के लिए अनिवार्य मूल्य माना है। स्त्री-पुरुष संबंधी और समस्त मान्यताएँ तथा नैतिक सामाजिक दृष्टिकोण मुझे अपूर्ण, कृत्रिम, अव्यावहारिक, अस्वाभाविक तथा मानवता के अंतर्विकास के लिए घातक प्रतीत हुए हैं। यह प्रवृत्ति पथ नहीं, निवृत्ति पथ नहीं; निवृत्ति संतुलित, प्रीति संयमित प्रवृत्ति पथ है। इंद्रिय पथ कहीं, इंद्रिय मूल्यों पर आधारित शीलपथ है। मैं साधु संतों के तपोमय जीवन का प्रेमी हूँ, पर जीवन के अंतरतम वारियों में जो मुक्त अबाध व्यापक अनुराग की धारा बहती है उसी को मैं उपर्युक्त शील पथ के रूप में स्वस्थ लोक-जीवन-निर्माण के लिए प्रस्तुत कर रहा हूँ, जिसका लक्ष्य भू-रचना तथा जनमंगल है।

यहाँ यह भी स्पष्ट कर दूँ कि मेरा काव्य मुख्यतः आध्यात्मिक काव्य नहीं है, और, यदि है भी, तो प्राचीन रूढ़ अर्थ में नहीं, जिसमें अध्यातम वैराग्य के सोपान पर, अन्न, प्राण मन की श्रेणियों को पार कर, केवल ऊर्ध्व मुख चिदाकाश की ओर आरोहण करता है। मेरे द्वितीय उत्थान के काव्य के लिए उपयुक्त संज्ञा होगी, नवीन चेतना काव्य, जिसके अंतर्गत मानव जीवन मन के उच्च एवं समदिक् दोनों स्तरों की संस्कृत, संतुलित, व्यापक सामाजिकता तथा नव मानवता के तत्त्व वर्तमान हैं। मेरी काव्य चेतना मुख्यतः नवीन संस्कृति की चेतना है, जिसमें आध्यात्मिकता तथा भौतिकता का नवीन मनुष्यत्व के धरातल पर संयोजन है। मेरा काव्य प्रथमतः इस युग के महान् संघर्ष का काव्य है। जो लोग युग संघर्ष को वर्ग संघर्ष तक ही

सीमित रखकर उसे केवल बाहरी आर्थिक राजनीतिक स्तरों पर ही देख सकते हैं, उनकी बात मैं नहीं करता, अन्यथा 'युगवाणी' से 'वाणी' तक मेरा समस्त काव्य युग मानस एवं नव मानव के अंतरतम संघर्ष का काव्य है। मेरी काव्य चेतना केवल मध्ययुगीन नैतिक बौद्धिक अंधकार तथा जीवन के प्रति तद्-जनित सीमित दृष्टिकोण से ही नहीं संघर्ष करती रही, वह भावी मानवता के पथ के बहिरंतर के दुर्गम अवरोधों से भी निरंतर जूझती रही है। आज के विराट् मानवीय संघर्ष को वर्ग संघर्ष तक ही सीमित करना विगत युगों की खर्व चेतना तथा ऐतिहासिक अंधकार की एक हिंस्र प्रतिक्रिया मात्र है। दूसरे शब्दों में, मेरा काव्य भू-जीवन, लोक-मंगल तथा मानव मूल्यों का काव्य है, जिसमें मनुष्यत्व और लोक-मंगल दो भिन्न तत्त्व नहीं, एक-दूसरे के गुण राशि वाचक पर्याय हैं। वैसे तुलसी रामायण भी लोक-मंगल का काव्य है, पर वह मुख्यतः आध्यात्मिक काव्य और धर्मग्रंथ है; जिसमें लोक जीवन सत्ता और भगवत् सत्ता दो पृथक् मूल्यों में विभक्त है। उसमें श्रद्धा भक्ति से मानस अजिर उज्वल रखने तथा नाम कीर्तन, आराधना द्वारा अपवर्ग तथा मोक्ष-प्राप्ति का संदेश निहित है। मेरे चेतना काव्य में नवीन भू-जीवन तथा भगवत् जीवन "सियाराम मय सब जग जानी" के भावनात्मक अर्थ में ही नहीं, इससे भी व्यापक अर्थ में, अभिन्न सत्ता है। उसमें भगवत्-प्रेम जीवन-मुक्ति का नहीं, जीवन-रचना-मंगल का उपादान है। तपःपूत व्यक्ति का मन ईश्वर का मंदिर है, इस पर अधिक बल न देकर मैंने संयुक्त, संस्कृत, बहिरंतर, संयोजित सामाजिक जीवन ही भगवत् चेतना की मूर्त पीठ है और उन्नत लोक-जीवन-रचना ही भगवत् सान्निध्य प्राप्ति का साधन है, इसको अधिक महत्त्व दिया है। भू-जीवन तथा भगवत् जीवन के मध्य मुझे किसी प्रकार का ज्ञान वैराग्य जनित आध्यात्मिक व्यवधान अभिप्रेत नहीं है, तथा संस्कृत मानव-जीवन एवं उन्नत भू-रचना के अतिरिक्त मुझे आध्यात्मिकता के लिए अन्य उपकरण उतने मूल्यवान नहीं प्रतीत होते। आध्यात्मिक दृष्टिकोण के प्रति यह मौलिक अंतर मेरी रचनाओं में ध्यान देने योग्य है। विकसित, परिपूर्ण, लोक जीवन ही भगवत् पूजन का प्रतीक हो, मुझे यह अधिक स्वाभाविक लगता है। इस संबंध में मुझे 'उत्तरा' की कुछ पंक्तियाँ स्मरण आ रही हैं :

आज व्यक्ति के उतरो भीतर, निखिल विश्व में विचरो बाहर
कर्म वचन मन जन के उठकर बनें युक्त आराधन !
... ...
जगतीं मानव में देवोत्तर मिट्टी की प्रतिमाएँ नश्वर,
युग प्रभात छवि स्नात निखरते भू जनपद, पुर, प्रांतर।

धरती के जीवन से भगवत् सत्ता को पृथक् कर, लोक मानवता के बदले किसी कल्पना या सिद्धि के मनःस्वर्ग में, ध्यान धारणा के शिखर पर, ईश्वर साक्षात्कार की भावना को सीमित करना, भविष्य की दृष्टि से, मुझे कृत्रिम और अस्वाभाविक

लगता है। इससे मानव जीवन का हित होने के बदले उसकी उपेक्षा एवं अहित ही हुआ है। एक ही अखंड सत्य की सत्ता पारलौकिक ऐहिक रूपों में विभक्त हो गई है। मध्ययुग की समस्त नैतिकता और सदाचार के मानदंड तथा भगवत् संबंधी ज्ञान, आध्यात्मिक मान्यताएँ और विचारधाराएँ इसका उदाहरण हैं। भौतिक आध्यात्मिक संचरणों का परस्पर विरोधी समझे जाने का भी यही कारण है, क्योंकि समतल जीवन की उपेक्षा के कारण ऊर्ध्व के साथ उसका संयोजन नहीं किया जा सका। यह सच होने पर भी, हमें मध्ययुगीन विचारकों, दार्शनिकों, संतों तथा कवियों के प्रति कृतज्ञ रहना चाहिए, जिन्होंने उस घोर सांस्कृतिक विघटन, ह्रास की कुहू में, जीवन नैराश्य तथा धरती के अंधकार से निरंतर संघर्ष कर, हमारे भीतर किसी-न-किसी रूप में, सत्य की ज्योति को प्रज्वलित रखा है। किन्तु नवीन युग को इस जड़ धरती के जीवन को ही उच्च विकास की उपयुक्त पीठिका बनाना है। विज्ञान और धर्म को भविष्य में नव मानवता के रूप में संयोजित होना है।

ईश्वर के संग विचरे मानव भू पर,
अन्य न जीवन परिणति।

हमारी अनेक ऊर्ध्व (आध्यात्मिक) मान्यताएँ इसलिए भी रहस्य में खोई हुई आकाश कुसुम-सी लगती हैं कि वे समदिक् लौकिक जीवन से विच्छिन्न तथा असंयोजित रहने के कारण उच्च सिद्धांतों के सूक्ष्म धरातल पर भी ठीक से ग्रहण नहीं की जा सकी हैं। इसलिए, एक दृष्टि से, पुरानी दुनिया का अध्यात्म तथा ईश्वर बोध, अधिकतर कल्पना में ही लिपटा हुआ रह गया है। मेरी दृष्टि में भू-जीवन को भगवत् जीवन बनाने के लिए हमें कहीं ऊपर नहीं खो जाना है, प्रत्युत् जीवन आकांक्षाओं का पुनर्मूल्यांकन कर विगत मूल्यों को अधिक व्यापक बनाना है। निश्चय ही जो आध्यात्मिकता मानव जीवन के रक्तमांस के उपादानों का बहिष्कार या अवहेलना कर किसी उच्च जीवन की कल्पना करती है वह जीवन-मंगल की द्योतक नहीं हो सकती। मुझे यह अनुभूति 'युगवाणी-ग्राम्या' काल ही में हो चुकी थी। 'युगवाणी' की "मानव पशु", "जीवन तम", "राग", "रागसाधना" तथा "जीवन मांस" आदि रचनाएँ मेरी इसी अनुभव की द्योतक हैं, "ईश्वर है यह मांस, पूर्ण यह!" या "रूपमांस है अमर प्रकाश!" कहकर मैंने 'युगवाणी' में रूप-मांस अर्थात् संस्कृति शुद्ध जीवन ही को भगवत् प्रकाश का मूर्त उपादान बतलाया है।

जैसा कि ऊपर कह चुका हूँ, मैं आध्यात्मिकता के विकास को सामाजिक जीवन से पृथक्, वैराग्य के स्फटिक शीत मंदिर में रहकर, संभव नहीं मानता। वह तो पुरानी आध्यात्मिकता है जिसने भगवत् चेतना को जीवन में प्रतिष्ठित करने के बदले "भूतेषु भूतेषु विचिन्त्य धीराः" कहकर, अंतरतम से उसके अमृत प्रकाश का स्पर्श पाकर, संतोष कर लिया। जगत् या सृष्टि के मूल में जो ईश्वर या भागवत चेतना है, उसे विकास क्रम में मनुष्य के सामाजिक जीवन एवं विश्व जीवन में मूर्त होना ही चाहिए; यही मेरी दृष्टि में मात्र भागवत

साक्षात्कार है,—ईश्वरत्व को जीवन की वास्तविकता प्रदान करना; और सब चाहे भले ही ईश्वर बोध हो। भागवत् साक्षात्कार मेरे चेतना काव्य में एक लंबी विकासशील सामाजिक प्रणाली है। दूसरा यह कि इंद्रिय जीवन तथा भागवत जीवन में विरोध मानना, मेरी दृष्टि में, भ्रम है; संस्कृत संतुलित इंद्रिय जीवन में ही—जो अंततः सामूहिक या सामाजिक स्तर पर ही पूर्णतः संभव हो सकता है—केवल भागवत जीवन का साक्षात्कार किया जा सकता है। उपनिषदों का "स प्रत्यागाच्छुक्रमकायमव्रणं" ब्रह्म सत्य है; वह जीवन चेतना का अंतरतम या ऊर्ध्वतम, सूक्ष्मात्पर, शाश्वत, अतिचेतन स्तर है। किन्तु पदार्थ, प्राण और मन की भूमिका का परित्याग कर उसे प्राप्त करने या आत्ममुक्ति के अनुसंधान में उसकी ओर जाने का प्रश्न मध्ययुगीन ध्येय या आदर्श का प्रश्न रहा है। हमारा युग-सत्य है जगत् जीवन और भू-क्षेत्र को ही ब्रह्म की मूर्तिमान वास्तविकता में परिणत करना। ऐसे अंतःसंगठित जीवन में निःसंदेह राग द्वेष, लोभ मोह, क्रोध अहंकार आदि की उपयोगिता नहीं रहेगी—जोकि विकास पथ के स्थूल और क्रूर साधन रहे हैं,—और रागवृत्ति भी परिष्कृत होकर आनन्द, सौन्दर्य, प्रेम, शांति तथा सहज व्यापक पवित्रता में परिणत हो जाएगी। जिस सीमित नैतिक या धार्मिक अर्थ में पवित्रता का प्रयोग होता है, उस अर्थ में नहीं,—जीवन का व्यापक सचरण ही अपनी समग्रता में अंतः संतुलित होकर मन में पवित्रता का उद्रेक करेगा; पवित्रता के अर्थ में अधिक घनत्व या वास्तविकता आ जाएगी। जैसा मैंने 'ज्योत्स्ना' में भी प्रतिपादित किया है, आनंद, सौन्दर्य, प्रेम, शांति आदि उस सृजन चेतना के मौलिक मूलभूत गुण हैं जो सृष्टितत्व में अभिव्यक्त हुई है, और मानव जगत को उसी सत्य का दर्पण बनाना है। यही एकमात्र सभ्यता, संस्कृति तथा धर्मों का अनादिकाल से प्रश्न और लक्ष्य रहा है। इतिहास के उत्थान-पतन तो मानव-समाज के अपने अंतःसत्य के अपरिचय तथा ब्रह्मांड के अंतःस्वरूप के अज्ञान तथा उन्नत जीवन साधना के अभाव के कारण, विकास क्रम की श्रांति, क्लांति उद्वेग-जनित, अश्रुस्वेद-रक्तमय, बाहरी वास्तविकता के छिलके भर हैं।

मेरी प्रेरणा के स्रोत, निस्संदेह मेरे ही भीतर रहे हैं, जिन्हें युग की वास्तविकता ने सींचकर समृद्ध बनाया है। मैंने अपने अंतर के प्रकाश में ही बाह्य प्रभावों को ग्रहण कर आत्मसात् किया है। मैं अत्यन्त विनम्रतापूर्वक अपने समस्त प्रेरकों, शिक्षकों तथा अभिभावकों के प्रति अनन्य हृदय से कृतज्ञता प्रकट करता हूँ, जिनके संपर्क में आकर मैं कुछ सीख सका हूँ। मैं न दार्शनिक हूँ, न दर्शनज्ञ ही; न मेरा अपना ही कोई दर्शन है, और न मुझे यही लगता है कि दर्शन द्वारा मनुष्य को सत्य की उपलब्धि हो सकती है। ये केवल मेरे कवि मन के प्रकाश स्फुरण अथवा भाव प्ररोह हैं जिन्हें मैंने अपनी रचनाओं में शब्द-मूर्त करने का प्रयत्न किया है। अपनी भावना तथा कल्पना के पंखों से मैं जिन सौन्दर्य क्षितिजों को छू सका हूँ वे मुझे दार्शनिक सत्यों से अधिक प्रकाशवान एवं सजीव लगते हैं। दर्शन ग्रन्थों तथा महापुरुषों के वचनों में अपनी भावात्मक उपलब्धियों का समर्थन पाकर मैं आश्वस्त हुआ हूँ

ग्रौर मुझे उससे मनोबल भी प्राप्त हुग्रा है। मेरे काव्य दर्शन की कुंजी निश्चय ही 'ज्योत्स्ना' में है। उसी के भौतिक संचरण का विकास मेरे मन में मार्क्सवाद के ज्ञान से हुग्रा, जिससे मैं ग्रपनी भौतिक जीवन संबंधी धारणा को व्यापकता, शब्दार्थ संगति तथा वैज्ञानिक रूप दे सका। 'ज्योत्स्ना' का चेतनात्मक संचरण मेरी उत्तर रचनाग्रों में पूर्व-पश्चिम के दर्शनों तथा विचारधाराग्रों के ग्रध्ययन मनन तथा गांधीजी ग्रौर श्री ग्ररविंद के महत् संपर्क में ग्राने से प्रस्फुटित तथा विकसित हुग्रा है। सामूहिक जीवन निर्माण के लिए गांधीजी का सक्रिय ग्रहिंसा का सांस्कृतिक राजस दान नव मानवता के ग्रमूल्य उपादानों में रहेगा। 'युगांतर' में मैंने गांधीजी को इन शब्दों में स्मरण किया है :

ग्रात्म दान से लोक सत्य को दे नव जीवन
नव संस्कृति की शिला रख नए भू पर चेतन !
... ...
ग्राग्रो, उसकी ग्रक्षय स्मृति को नींव बनाएँ
उस पर संस्कृति का लोकोत्तर भवन उठाएँ।
स्वर्ण शुभ्र धर सत्य कलश स्वर्गोच्च शिखर पर
विश्व प्रेम में खोल ग्रहिंसा के गवाक्ष वर !

'वाणी' में श्री ग्ररविंद को नव युग सारथि के रूप में मैंने इस प्रकार श्रद्धांजलि दी है :

सारथि श्री ग्ररविन्द रहे तब ऐसे भगवत् द्रष्टा भू पर
विश्व ग्लानि कर गए विलय जो ग्रति मानस से धर्म हानि भर !
प्रातः रवि सा स्फुरत् रश्मि स्मित था भगवत् चैतन्य तपोज्वल
भू मानस में पूर्ण प्रस्फुटित ग्रंतः स्वर्णिम हो सहस्रदल !

मैंने ग्रपनी काव्य चेतना में ग्रन्न प्राण मन के विकसित, संस्कृत जीवन से विच्छिन्न किसी उच्च जीवन की कल्पना को स्वीकार नहीं किया है। एक तो वह लोक जीवन एवं सामाजिकता की दृष्टि से संभव नहीं, दूसरा वह इंद्रिय संस्कारों की परिणति, उनकी मौलिक चेतनाग्रों की क्रियाग्रों को ग्रग्राह्य कर, संभव बतलाती है। मुझे उन्नत इंद्रिय जीवन ग्रदिव्य तथा ग्रपावन नहीं लगता है, भागवत चेतना ही इंद्रियों में प्ररोहित प्रतीत होती है। इस भावना को मैंने ग्रनेक रूप से व्यक्त किया है :

मैं उपकृत इंद्रियों, रूप रस गंध स्पर्श स्वर,
लीला द्वार खुले ग्रनंत के बाहर भीतर :
ग्रप्सरियों से दीपित सुरधनुग्रों के ग्रंबर,
निज ग्रसीम शोभाग्रों में तुम पर न्योछावर !

आत्म मुक्ति के लिए क्या अमित यह ग्रह ग्रथित रंग भव सर्जित
प्रकृति इंद्रियों का दे वैभव, मानव तप कर मुक्त बने नित !
नहीं संत कुल हुआ संत रे, जीव प्रकृति के सब जन निश्चित,
लोक मुक्ति ही ध्येय प्रकृति का, मनुज करे जग जीवन निर्मित !

मैं पूर्ण विकसित लोक जीवन के ही रूप में, मुख्यत:, भगवत् सत्ता या चेतना का मूर्त विकास संभव मानता हूँ। महापुरुषों, सिद्धों, योगियों तथा विशिष्ट व्यक्तियों में भी भगवत् चेतना के विशेष रूपों तथा गुणों की पूर्ण या आंशिक अभिव्यक्ति हो सकती है, और वह सामूहिक उपलब्धि के स्तर से, एक प्रकार से, अधिक सूक्ष्म, उच्च और पूर्ण भी हो सकती है। पर मैंने इस युग में अधिक महत्त्व भू-जीवन की उन्नत मंगल रचना को ही देना उचित समझा है, जिसमें व्यापक से व्यापक अर्थ में भागवत गुणों का अवतरण एवं भागवत वास्तविकता का साक्षात्कार संभव हो सकता है। 'ज्योत्स्ना' के अंतिम दृश्य में, नव युग प्रभात के रूप में, मैंने, भू-जीवन के स्तर पर नवीन, चेतना के इसी सत्य की परिणति दिखलाई है। मैं अब भी यही सोचता हूँ कि समस्त ज्ञान विज्ञान, अर्थ तंत्र आदि का संचय एवं उपयोग नव मानवता के लिए धरा-स्वर्ग की शुभ रचना करने ही में सार्थकता प्राप्त कर सकता है। मात्र सैद्धांतिक शुभ से रचना-शुभ अधिक वास्तविक तथा संपूर्ण है; उसी में एक मात्र अनंत पीढ़ियों में व्याप्त मानव जीवन के अमरत्व की चरितार्थता है। यह जैसे आँख खोलकर ईश्वर का ध्यान अथवा भगवत् सत्ता का साक्षात्कार करना है। निश्चय ही, इंद्रियगोचर होने से परात्पर या इंद्रियातीत सीमित नहीं हो जाता, न उसमें अंतर या भेद ही आता है। सूक्ष्म और स्थूल दोनों ही आंशिक सत्य हैं, उनसे पूर्ण सत्य है सूक्ष्म-स्थूल का सामंजस्य। आज जो अंतर्दृष्टि या ऊर्ध्व स्तर का सत्य है वह कल बहिर्दृष्टि के समतल पर भी सुलभ हो सकेगा।

ऐसा अवश्य है कि वर्तमान विकास की स्थिति में, विशेष ज्ञान संस्थानों तथा आश्रमों में, हमें विशिष्ट उच्चतम मान्यताओं के आधार पर, अंतर्मन तथा अंतर्जीवन के संगठन-संयोजन के लिए, ऊर्ध्वतम आध्यात्मिक साधना की आवश्यकता पड़ेगी, जहाँ हम भागवत करुणा के संपर्क में आकर अंतश्चेतन के आलोक तथा अंतर्वैज्ञानिक सिद्धियों के द्वारा लोक जीवन के विकास पक्ष की बाधाओं तथा व्यवधानों को हटाने, मानस ग्रंथियों को सुलझाने, एवं विश्व जीवन का उन्नयन करने में सफल हो सकेंगे। ऐसे तपोवन तथा साधना द्वार हमारे देश की विशेषता रहे हैं। वे सदैव हमारी श्रद्धा भक्ति के पवित्र पथ-प्रदर्शक केन्द्र और हमारी चेतना विषयक उच्च प्रयोगशालाएँ रहेंगे, जहाँ से हमें शांति, पवित्रता, आनंद, भगवत् प्रेम, आलोक, कल्याण, सद्भावनाओं तथा सद्विचारों का अक्षय दान प्राप्त होता रहेगा। जैसा मैंने 'उत्तरा' की भूमिका में भी लिखा है हमारा देश अंतर्जगत का सिद्ध वैज्ञानिक है। मुझे गंगा तट पर, जो भस्म रमाए हुए, जटाधारी साधु, एक हाथ ऊपर उठाए, या लोहे की प्रखर शलाकाओं पर लेटे मिलते हैं, उन्हें भी मेरा मन अपने देश के देह-मन के सत्य संबंधी प्रयोक्ताओं के ही

रूप में देखता है, जिसकी उपलब्धि हम अब अधिक श्रेष्ठ साधनों से कर सकते हैं। ऐसे अनेक प्रकार के साधुओं के संप्रदाय आज प्राचीन प्रारंभिक पद्धतियों के अवशिष्ट स्मृति चिह्न तथा "उदर निमित्तं बहुकृत वेशः," आदिम पाखंड-मात्र रह गए हैं।

आज के संघर्ष और संहार के युग में मेरे उपर्युक्त विचार तथा मान्यताएँ आधुनिक यथार्थवादियों को स्वप्न-कल्पित अतिरंजनाएँ मात्र प्रतीत हो सकती हैं। किन्तु आज के पक्षधर आलोचक की यथार्थवाद की धारणाओं पर तथा पूर्वग्रहों में खंडित और विभक्त पाठकों की रुचियों के निर्णयों पर निर्भर रहकर मेरा जैसा "तितीर्षुर्दुस्तरं मोहादुडुपेनास्मि सागरं" अल्पमति कवि सृजन कर्म नहीं कर सकता। उसे नवीन मानवता के प्रति श्रद्धा तथा भगवत् करुणा पर विश्वास रखकर अपनी अंतरतम अनुभूतियों, प्रेरणाओं एवं प्रकाश पर ही अवलंबित रहना पड़ेगा। वर्तमान के संघर्ष और संहार की विभीषिका से भी अधिक महत् तथा शक्तिमय जो अमृतत्व का सागर आज संवेदनशील हृदयों के भीतर नवीन चेतना ज्वारों में उठकर मानव अंतर के नव जीवन बोध के स्तरों को स्पर्श कर रहा है, उसका मंगल संदेश कैसे भुलाया जा सकता है? आज के भू-व्यापी संघर्ष, विरोध, अनास्था, निराशा, विषाद तथा संहार की यही वास्तविकता है कि वह मानव समाज को नवीन मान्यताओं के क्षितिजों, नवीन जीवन-बोध के धरातलों तथा महत्तर सामंजस्य की भूमिकाओं की ओर अग्रसर कर रहा है। निस्संदेह, अकल्पनीय सिद्धियों तथा महान् विनिमयों का है हमारा युग। आज के विज्ञान, दर्शन और सृजन प्रेरणा का श्रेय उसी को है।

इस युग के विक्षोभ का मुख्य कारण है मानव जीवन के ऊर्ध्व तथा समतल संचरणों में सामंजस्य अथवा संतुलन का अभाव। आज हमें भूत-अध्यात्म, यथार्थ-आदर्श संबंधी अपनी पिछली धारणाओं को अधिक व्यापक बनाकर उन्हें एक-दूसरे के निकट लाना है। यथार्थ अथवा आदर्श के व्यापक सत्य के बारे में या तो हम मध्ययुगीन अभावों एवं निषेधों के कुहासों के पार न देख पाने के कारण उदासीन हैं, या पश्चिम के अंध अनुकरण के कारण बाह्य युग-जीवन के अंधकार में भटक गए हैं। आज के बड़े राष्ट्रों को, जो भू जीवन के विकास तथा उन्नयन को अवरुद्ध किए हुए हैं, वैज्ञानिक चेतना या मानवीय जीवन यथार्थ का प्रतिभू मानना हमारा भ्रम है। वे अभी धरती की प्राचीन ऐतिहासिक बर्बरता ही का प्रतिनिधित्व कर रहे हैं और विज्ञान को जीवन-निर्माण या मनोविकास का माध्यम बनाने के बदले, उसके पंखों के ताप में आणविक डिम्बों एवं विनाश के विस्फोटकों को लेकर, अपनी ऋण-सामर्थ्य का नग्न प्रदर्शन कर रहे हैं। जिस प्रकार कभी भारतवर्ष अपनी आध्यात्मिक शक्ति के सम्मोहन से दिग्भ्रांत हो गया था, उसी प्रकार आज के शिखर-राष्ट्र भौतिक क्षमता से मदोन्मत्त हो विश्व जीवन एवं मानवता को विनाश की ओर ले जाने की स्पर्धा कर रहे हैं। मुझे मानव चेतना पर विश्वास है; वह इस अणु संहार के नृशंस हिंस्र नाटक को अवश्य ही नवीन निर्माण तथा रचना मंगल की दिशा एवं भूमिका देकर मानवता की प्रगति का द्वार उन्मुक्त कर सकेगी।

जो नवीन प्रकाश मनुष्य के मन:क्षितिज में उदय हो रहा है उसी के आलोक में नवीन मानवता का निर्माण भविष्य में संभव है। आज की बौनी, खंडित, अपर्याप्त मान्यताओं से सचमुच ही आने वाले मनुष्य का काम नहीं चल सकेगा, चाहे वह चंद्रलोक में रहे या मंगललोक में। 'वाणी' में मैंने प्रश्न किया है :

चंद्रकलश प्रासाद रचोगे तुम दिग्विस्तृत ?
कैसा होगा वहाँ भाव ऐश्वर्य अखंडित ?
कैसा नव चैतन्य ? मानसी भूति अपरिमित ?
कैसा संस्कृत जन जीवन सौन्दर्य अकल्पित ?
अणु बम वहाँ बनाएँगे क्या सभ्य शिष्ट नर ?
शीत युद्ध से कंपित कर शंकित भू पंजर ? इत्यादि

आज के युग का संदेह, अविश्वास, जीवन संघर्ष, विनाश के साधन, बाहरी भीतरी क्रांतियाँ—अर्थ शक्ति संचय, ज्ञान-विज्ञान की उपलब्धियाँ तथा अप्रतिहत साहस इसी महत् निर्माण, विकास तथा मानवता के आमूल रूपांतरों के अग्रदूत हैं--इनका कोई दूसरा अर्थ नहीं हो सकता। मनुष्य के अंत:करण में जो अपापविद्ध, स्वयंशुद्ध, शाश्वत अमृतत्त्व है उसकी अन्य क्या सार्थकता या परिणति हो सकती है ? मानव जीवन की, युगों के अंधकार एवं नैतिक संकीर्णता की कलंक कालिमा में सनी चेतना की चादर को--जिसे कबीर जतन से ओढ़कर ज्यों-की-त्यों रख गए थे--नवीन प्रकाश के जल में डुबोकर, उसे संस्कृति के व्यापक मूल्यों की स्वच्छ शोभा प्रदान कर, हमें सब के ओढ़ने योग्य बनाना होगा। नहीं तो अंतरिक्ष के दीप्त ग्रहों में मन के इस अंधकार को ले जाने से क्या लाभ हो सकता है ? आज के युग का प्रश्न केवल भारतीय या एकदेशीय आध्यात्मिकता या संस्कृति का नया संस्करण प्रस्तुत करना नहीं है, जैसा मध्ययुगों में रहा है, आज समस्त मानवता तथा विश्व-जीवन को एक सक्रिय, जीवनोपयोगी, आध्यात्मिक चेतना तथा सांस्कृतिक पीठिका प्रदान करना है। आने वाला मानव निश्चय ही न पूर्व का होगा, न पश्चिम का। वह देशों (दिशा) की सीमाओं एवं विभेदों को अतिक्रम कर काल के शिखर की ओर आरोहण करने को उत्सुक होगा। आज की बाह्य वास्तविकता की बौनी विकृतियों से मुक्त, उसके भीतर, एक अंतर-वास्तविकता एवं अंतश्चेतना का उदय तथा विकास होगा। वह विज्ञान को अपना उपयुक्त बाहन बना सकेगा। वही, काल के हृदय कमल में स्थित, कालविद्, अत्याधुनिक मानव होगा--जिसे धारण कर धरती सूर्य की परिक्रमा करने में गौरव का अनुभव करेगी। इस मानव को संबोधित कर, "बुद्ध के प्रति" रचना की अंतिम प्रार्थना उद्धृत करता हूँ :

आओ, शांत, कांत, वर, सुंदर, धरो धरा पर स्वर्ण युग चरण !
विचरो नव युग पांथ, बुद्ध बन, जन भू मन करता अभिवादन !
अणु रचना के भूति-मंच पर हो सुखांत मानव युग का रण,
तुमसे नव मानुष्य स्पर्श पा विष हो अमृत, मृत्यु नव जीवन !

अंत में, इस भूमिका के रूप में प्रस्तुत अपने विचारों, विश्वासों तथा जीवन मान्यताओं की त्रुटियों एवं कमियों के संबंध में पाठकों से क्षमा प्रार्थना करते हुए, अपनी द्वितीय उत्थान की सृजन चेतना के चरण-चिह्नों को यहीं समय के बालू पर छोड़कर, नवीन रचना भूमिका में प्रवेश करने के उत्साह में, मैं अपने अतीत के इन स्वप्न भार नत संस्मरणों से विदा लेता हूँ :

स्वस्ति, चेतना काव्य के काल,
रजत मानस के स्वर्ण मराल,
रश्मि दीपित कवि भाल !

श्रीकृष्ण जन्माष्टमी
६ सितम्बर, १६५८

सुमित्रानंदन पंत

बापू

किन तत्त्वों से गढ़ जाओगे तुम भावी मानव को ?
किस प्रकाश से भर जाओगे इस समरोन्मुख भव को ?
सत्य अहिंसा से आलोकित होगा मानव का मन ?
अमर प्रेम का मधुर स्वर्ग बन जाएगा जग जीवन ?
आत्मा कीं महिमा से मंडित होगी नव मानवता ?
प्रेम शक्ति से चिर निरस्त हो जाएगी पाशवता ?

बापू ! तुमसे सुन आत्मा का तेजराशि आह्वान
हँस उठते हैं रोम हर्ष से, पुलकित होते प्राण !
भूतवाद उस धरा स्वर्ग के लिए मात्र सोपान,
जहाँ आत्म दर्शन अनादि से समासीन अम्लान !
नहीं जानता, युग विवर्त में होगा कितना जन क्षय,
पर, मनुष्य को सत्य अहिंसा इष्ट रहेंगे निश्चय !
नव संस्कृति के दूत ! देवताओं का करने कार्य
मानव आत्मा को उबारने आए तुम अनिवार्य !

नव दृष्टि

खुल गए छंद के बंध,
प्रास के रजत पाश,
अब गीत मुक्त,
औ' युग वाणी बहती अयास !
बन गए कलात्मक भाव
जगत के रूप नाम,
जीवन संघर्षण देता सुख,
लगता ललाम !

सुन्दर, शिव, सत्य
कला के कल्पित माप-मान
बन गए स्थूल,
जग जीवन से हो एकप्राण !

मानव स्वभाव ही
बन मानव-आदर्श सुकर
करता अपूर्ण को पूर्ण,
असुंदर को सुंदर !

युग उपकरण

वह जीवित संगीत, लीन हो जिसमें जग जीवन संघर्ष,
वह आदर्श, मनुज स्वभाव ही जिसका दोष-शुद्ध निष्कर्ष !
वह अन्तःसौन्दर्य, सहन कर सके बाह्य वैरूप्य विरोध,
सक्रिय अनुकंपा, न घृणा का करे घृणा से जो परिशोध !

नम्र शक्ति वह, जो सहिष्णु हो, निर्बल को बल करे प्रदान,
मूर्त प्रेम, मानव मानव हों जिसके लिए अभिन्न, समान,
वह पवित्रता, जगती के कलुषों से जो न रहे संत्रस्त,
वह सुख, जो सर्वत्र सभी के सुख के लिए रहे संन्यस्त !

ललित कला, कुत्सित कुरूप जग का जो रूप करे निर्माण,
वह दर्शन-विज्ञान, मनुजता का हो जिससे चिर कल्याण !
वह संस्कृति, नव मानवता का जिसमें विकसित भव्य स्वरूप,
वह विश्वास, सुदुस्तर भव सागर में जो चिर ज्योति स्तूप !

रीति नीति, जो विश्व प्रगति में बनें नहीं जड़ बंधन पाश,
—ऐसे उपकरणों से हो भव मानवता का पूर्ण विकास !

नव संस्कृति

भाव कर्म में जहाँ साम्य हो संतत,
जग जीवन में हों विचार जन के रत !
ज्ञान-वृद्ध, निष्क्रिय न जहाँ मानव मन,
मृत आदर्श न बंधन, सक्रिय जीवन !
रूढ़ि रीतियाँ जहाँ न हों आराधित,
श्रेणि वर्ग में मानव नहीं विभाजित !
धन बल से हो जहाँ न जन श्रम शोषण,
पूरित भव जीवन के निखिल प्रयोजन !

जहाँ दैन्य जर्जर, अभाव ज्वर पीड़ित
जीवन यापन हो न मनुज को गर्हित !

युग युग के छाया भावों से त्रासित,
मानव मन प्रति मानव हो न सशंकित!
मुक्त जहाँ मन की गति, जीवन में रति,
भव मानवता में जन जीवन परिणति!
संस्कृत वाणी, भाव, कर्म, संस्कृत मन,
सुंदर हों जन वास, वसन, सुंदर तन!
—ऐसा स्वर्ग धरा में हो समुपस्थित,
नव मानव संस्कृति किरणों से ज्योतित!

पुण्य प्रसू

ताक रहे हो गगन?
मृत्यु - नीलिमा - गहन गगन?
अनिमेष, अचितवन, काल-नयन—
निःस्पंद, शून्य, निर्जन, निःस्वन!

देखो भू को!
जीव प्रसू को!
हरित भरित
पल्लवित मर्मरित
कुंजित गुंजित
कुसुमित
भू को!

कोमल
चंचल
शाद्वल
अंचल,—
कल कल
छल छल
चल-जल-निर्मल,—

कुसुम खचित
मारुत सुरभित
खग कुल कूजित
प्रिय पशु मुखरित—
जिस पर अंकित

सुर मुनि वंदित
मानव पद तल !
देखो भू को
स्वर्गिक भू को,
मानव पुण्य-प्रसू को !

चींटी

चींटी को देखा ?
वह सरल, विरल, काली रेखा
तम के तागे सी जो हिल डुल
चलती लघुपद पल पल मिल जुल
वह है पिपीलिका पाँति !
देखो ना, किस भाँति
काम करती वह संतत !
कन-कन कनके चुनती अविरत !

गाय चराती,
धूप खिलाती,
बच्चों की निगरानी करती,
लड़ती, अरि से तनिक न डरती,
दल के दल सेना सँवारती,
घर आँगन, जनपथ बुहारती !

देखो वह वल्मीकि सुघर,
उसके भीतर हैं दुर्ग, नगर !
अद्भुत उसकी निर्माण कला,
कोई शिल्पी क्या कहे भला !
उसमें हैं सौध, धाम, जनपथ,
आँगन, गो-गृह, भंडार अकथ,
हैं डिम्ब-सद्म, वर शिविर रचित,
ड्योढ़ी बहु, राजमार्ग विस्तृत !
चींटी है प्राणी सामाजिक,
वह श्रमजीवी, वह सुनागरिक !

देखा चींटी को ?
उसके जी को ?

भूरे बालों की सी कतरन,
छिपा नहीं जिसका छोटापन,
वह समस्त पृथ्वी पर निर्भय
विचरण करती, श्रम में तन्मय,
वह जीवन की चिनगी अक्षय !

वह भी क्या देही है, तिल सी ?
प्राणों की रिलमिल भिलमिल सी !
दिन भर में वह मीलों चलती ,
अथक, कार्य से कभी न टलती,
वह भी क्या शरीर से रहती ?
वह कण, अणु, परमाणु ?
चिर सक्रिय, वह नहीं स्थाणु !

हा मानव !
देह तुम्हारे ही है, रे शव !
तन की चिन्ता में घुल निशिदिन
देह मात्र रह गए, दबा तिन !
प्राणि प्रवर
हो गए निछावर
अचिर धूलि पर ! !
निद्रा, भय, मैथुनाहार
—ये पशु लिप्साएँ चार—
हुई तुम्हें सर्वस्व - सार ?

धिक् मैथुन आहार यंत्र !
क्या इन्हीं बालुका भीतों पर
रचने जाते हो भव्य, अमर
तुम जन समाज का नव्य तंत्र ?
मिली यही मानव में क्षमता ?
पशु, पक्षी, पुष्पों से समता ?
मानवता पशुता समान है ?
प्राणिशास्त्र देता प्रमाण है ?

बाह्य नहीं आंतरिक साम्य
जीवों से मानव को प्रकाम्य !
मानव को आदर्श चाहिए ,
संस्कृति, आत्मोत्कर्ष चाहिए ,

बाह्य विधान उसे हैं बधन,
यदि न साम्य उनमें अंतरतम—
मूल्य न उनका चींटी के सम,
वे हैं जड़, चींटी है चेतन!
जीवित चींटी, जीवन वाहक,
मानव जीवन का वर नायक,
वह स्व-तंत्र, वह आत्म विधायक!

पूर्ण तंत्र मानव, वह ईश्वर,
मानव का विधि उसके भीतर!

पतझर

रिक्त हो रहीं आज डालियाँ,—डरो न किंचित्
रक्त पूर्ण, मांसल होंगी फिर, जीवन रंजित!
जन्मशील है मरण, : अमर मर मर कर जीवन,
झरता नित प्राचीन, पल्लवित होता नूतन!
पतझर यह, मानव जीवन में आया पतझर,
आज युगों के बाद हो रहा नया युगांतर!
बीत गए बहु हिम, वर्षातप, विभव पराभव,
जग जीवन में फिर वसंत आने को अभिनव!
झरते हों, झरने दो पत्ते,—डरो न किंचित्
नवल मुकुल मंजरियों से भव होगा शोभित!
सदियों में आया मानव जग में यह पतझर,
सदियों तक भोगोगे नव मधु का वैभव वर!

दो लड़के

मेरे आँगन में, (टीले पर है मेरा घर)
दो छोटे - से लड़के आ जाते हैं अकसर!
नंगे तन, गदबदे, साँवले, सहज छबीले,
मिट्टी के मटमैले पुतले,—पर फुर्तीले!
जल्दी से, टीले के नीचे, उधर, उतर कर
वे चुन ले जाते कूड़े से निधियाँ सुंदर,—

सिगरेट के खाली डिब्बे, पन्नी चमकीली,
फ़ीतों के टुकड़े, तस्वीरें नीली पीली
मासिक पत्रों के कवरों की; औ' बंदर-से
किलकारी भरते हैं, खुश हो-हो अन्दर से!
दौड़ पार आँगन के फिर हो जाते ओझल
वे नाटे छः सात साल के लड़के मांसल!

सुंदर लगती नग्न देह, मोहती नयन-मन,
मानव के नाते उर में भरता अपनापन!
मानव के बालक हैं ये पासी के बच्चे,
रोम रोम मानव, साँचे में ढाले सच्चे!
अस्थि मांस के इन जीवों ही का यह जग घर,
आत्मा का अधिवास न यह,--वह सूक्ष्म, अनश्वर!
न्योछावर है आत्मा नश्वर रक्त मांस पर,
जग का अधिकारी है वह, जो है दुर्बलतर!

वह्नि, बाढ़, उल्का, झंझा की भीषण भू पर
कैसे रह सकता है कोमल मनुज कलेवर?
निष्ठुर है जड़ प्रकृति, सहज भंगुर जीवित जन,
मानव को चाहिए यहाँ मनुजोचित साधन!
क्यों न एक हो मानव मानव सभी परस्पर
मानवता निर्माण करें जग में लोकोत्तर?
जीवन का प्रासाद उठे भू पर गौरवमय,
मानव का साम्राज्य बने,—मानव हित निश्चय!

जीवन की क्षण-धूलि रह सके जहाँ सुरक्षित,
रक्त मांस की इच्छाएँ जन की हों पूरित!
—मनुज प्रेम से जहाँ रह सकें,--मानव ईश्वर!
और कौन सा स्वर्ग चाहिए तुझे धरा पर?

मानवपन

इस धरती के रोम रोम में
भरी सहज सुंदरता,
इसकी रज को छू प्रकाश
बन मधुर विनम्र निखरता!

पीले पत्ते, टूटी टहनी,
छिलके, कंकर, पत्थर,

कूड़ा करकट सब कुछ भू पर
लगता सार्थक सुंदर।

प्रणत सदा से धरणी : इसका
चिर उदार वक्षस्थल
ज्योति तमस, हिम आतप का
मधु पतझर का रंगस्थल !

जीवों की यह धात्री : इसकी
मिट्टी का उनका तन,
इस संस्कृत रज का ही प्रतिनिधि
हो सकता मानवपन !

जीव जनित जो सहज भावना,
संस्कृति उससे निर्मित,
चिर ममत्व की मधुर ज्योति—
जिससे मानव उर ज्योतित !

रीति नीति वाणी विचार
केवल हैं उसकी प्रतिकृति
जीवों के प्रति आत्म बोध ही
मनुष्यत्व की परिणति !

विद्या, वैभव, गुण विशिष्टता
भूषण हों मानव के,
जीव प्रेम के बिना किन्तु ये
दूषण हैं दानव के !

रक्त मांस का जीव, विविध
दुर्बलताओं से शोभित,
मनुष्यत्व दुर्लभ सुरत्व से,—
निष्कलंकता पीड़ित !

व्याधि सभ्यता की है निश्चित
पूर्ण सत्य का पूजन,
प्राण हीन वह कला, नहीं
जिसमें अपूर्णता शोभन !
... ...

सीमाएँ आदर्श सकल,
सीमा विहीन यह जीवन,
दोषों से ही दोष शुद्ध हैं
मिट्टी का मानवपन !

गंगा की साँझ

अभी गिरा रवि, ताम्र कलश सा,
गंगा के उस पार,
क्लांत पांथ, जिह्वा विलोल
जल में रक्ताभ प्रसार;
भूरे जलदों से धूमिल नभ,
विहग छदों-से बिखरे—
धेनु त्वचा-से सिहर रहे
जल में रोम्रों-से छितरे!

दूर, क्षितिज में चित्रित सी
उस तरु माला के ऊपर
उड़ती काली विहंग पाँति
रेखा सी लहरा सुन्दर!
उड़ी आ रही हल्की खेवा
दो आरोही लेकर,
नीचे ठीक, तिर रहा जल में
छाया चित्र मनोहर!

शांत, स्निग्ध संध्या सलज्ज मुख
देख रही जल तल में,
नीलारुण अंगों की आभा
छहरी लहरी दल में!
झलक रहे जल के अंचल से
कंचु जलद स्वर्ण प्रभ,
चूर्ण कुंतलों सा लहरों पर
तिरता घन ऊर्मिल नभ!

द्वाभा का ईषत् उज्ज्वल
कोमल तम धीरे घिर कर
दृश्य पटी को बना रहा
गंभीर, गाढ़ रँग भर भर!
मधुर प्राकृतिक सुषमा यह
भरती विषाद है मन में,
मानव की जीवित सुन्दरता
नहीं प्रकृति दर्शन में!

पूर्ण हुई मानव अंगों में
सुन्दरता नैसर्गिक,

शत ऊषा संध्या से निर्मित
नारी प्रतिमा स्वर्गिक !
भिन्न भिन्न बह रही आज
नर नारी जीवन धारा,
युग के युग सैकत कर्दम से
रुद्ध,—छिन्न सुख सारा !

गंगा का प्रभात

गलित ताम्र भव : भृकुटि मात्र रवि
रहा क्षितिज से देख,
गंगा के नभ नील निकष पर
पड़ी स्वर्ण की रेख !
आर पार फैले जल में
घुल कर कोमल आलोक,
कोमलतम बन निखर रहा,
लगता जग अखिल अशोक !

नव किरणों ने विश्वप्राण में
किया पुलक संचार,
ज्योति जड़ित बालुका पुलिन,
हो उठा सजीव अपार !
सिहर अमर जीवन कंपन से
खिल खिल अपने आप,
केवल लहराने को लहराता
लघु लहर कलाप !

सृजन तत्त्व की सृजन शीलता से
हो अवश, अकाम—
निरुद्देश्य जीवन धारा
बहती जाती अविराम !
देख रहा अनिमेष, हो गया
स्थिर, निश्चल सरिता जल,
बहता हूँ मैं, बहते तट,
बहते तरु, क्षितिज, अवनि तल !

यह विराट् भूतों का भव
चिर जीवन से अनुप्राणित,

विविध विरोधी तत्त्वों के
संघर्षण से संचालित !
निज जीवन के हित अगणित
प्राणी हैं इसके आश्रित,
मानव इसका शासक,—आतप,
अनिल, अग्नि, जलशासित !

मानव जीवन, प्रकृति-सरणि में
जड़ विरोध कुछ निश्चित,
विजित प्रकृति को कर, नर ने की
विश्व सभ्यता स्थापित!
देश काल स्थिति से मानवता
रही सदा ही बाधित,
देश काल स्थिति को वश में कर
करना है परिचालित !

क्षुद्र व्यक्ति को विकसित होकर
बनना अब जन-मानव,
सामूहिक मानव को निर्मित
करनी भव-संस्कृति नव !
मानवता के युग प्रभात में
मानव जीवन धारा
मुक्त अबाध बहे, मानव जग
सुख स्वर्णिम हो सारा !

मूल्यांकन

आज सत्य, शिव, सुन्दर करता
नहीं हृदय आकर्षित,
सभ्य, शिष्ट औ' संस्कृत लगते
मन को केवल कुत्सित !
संस्कृति, कला, सदाचारों से
भव मानवता पीड़ित,
स्वर्ण पींजड़े में बंदी है
मानव आत्मा निश्चित !

आज असुन्दर लगते सुन्दर,
प्रिय पीड़ित, शोषित जन,

जीवन के दैन्यों से जर्जर
मानव मुख हरता मन !
मूढ़, असभ्य, उपेक्षित, दूषित ही
भू के उपकारक,
धार्मिक, उपदेशक, पंडित,
दानी हैं लोक प्रतारक !
धर्म, नीति औ' सदाचार का
मूल्यांकन है जन-हित,
सत्य नहीं वह, जनता से जो
नहीं प्राण-संबंधित !
आज सत्य, शिव, सुन्दर केवल
वर्गों में हैं सीमित,
ऊर्ध्वमूल संस्कृति को होना
अधोमूल रे निश्चित !

मार्क्स के प्रति

दंतकथा, वीरों की गाथा, सत्य, नहीं इतिहास,
सम्राटों की विजय लालसा, ललना भृकुटि विलास,
दैव नियति का निर्मम क्रीड़ा चक्र न वह उच्छृंखल,—
धर्मान्धता, नीति, संस्कृति का ही न मात्र समर स्थल !
साक्षी है इतिहास, किया तुमने दुन्दुभि से घोषित,—
प्रकृति विजित कर, मानव ने की विश्व सभ्यता स्थापित !
विकसित हो, बदले जब जब जीवनोपाय के साधन,
युग बदले, शासन बदले, कर गत सभ्यता समापन !
सामाजिक संबंध बने नव, अर्थ भित्ति पर नूतन
नव विचार, नव रीति नीति, नव नियम, भाव, नव दर्शन!
साक्षी है इतिहास, आज होने को पुनः युगान्तर ;
जनगण का अब शासन होगा उत्पादन यंत्रों पर !
वर्गहीन सामाजिकता देगी सबको सम साधन ;
पूरित होंगे जन के भव जीवन के निखिल प्रयोजन !
दिग् दिगंत में व्याप्त, निखिल युग युग का चिर गौरव हर ;
जन संस्कृति का नव विराट् प्रासाद उठेगा भू पर !
धन्य मार्क्स ! चिर तमच्छन्न पृथ्वी के उदय शिखर पर
तुम त्रिनेत्र के ज्ञान चक्षु-से प्रकट हुए प्रलयंकर !

भूत दर्शन

कहता भौतिकवाद, वस्तु जग का कर तत्वान्वेषण :—
भौतिक भव ही एक मात्र मानव का अंतर दर्पण !
स्थूल सत्य आधार, सूक्ष्म आधेय, हमारा जो मन,
बाह्य विवर्तन से होता युगपत् अंतर परिवर्तन !

राष्ट्र, वर्ग, आदर्श, धर्म, गत रीति नीति औ' दर्शन
स्वर्ण पाश हैं : मुक्ति योजना सामूहिक जन जीवन !
दर्शन युग का अंत, अंत विज्ञानों का संघर्षण,
अब दर्शन-विज्ञान सत्य का करता नव्य निरूपण !

नवोद्भूत इतिहास-भूत सक्रिय, सकरण, जड़ चेतन
द्वन्द्व तर्क से अभिव्यक्ति पाता युग युग में नूतन,
अन्त आज साम्राज्यवाद, धनपति वर्गों का शासन,
प्रस्तर युग की जीर्ण सभ्यता मरणासन्न, समापन !

साम्यवाद के साथ स्वर्ण युग करता मधुर पदार्पण,
मुक्त निखिल मानवता करती मानव का अभिवादन !

साम्राज्यवाद

परिवर्तन ही जग जीवन का नियम चिरंतन, दुर्जय,
साक्षी है इतिहास : युगों का प्रत्यावर्तन अभिनय !
मुखियों के, कुलपति, सामंत, महंतों के वैभव क्षण,
बिला गए बहु राजतंत्र,—सागर में ज्यों बुद्बुद कण !

रजत स्वप्न साम्राज्यवाद का ले नयनों में शोभन
पूंजीवाद निशा भी है होने को आज समापन !
विविध ज्ञान, विज्ञान, कला, यंत्रों का अद्भुत कौशल,
जग को दे बहु जीवन साधन, वाष्प, रश्मि, विद्युत् बल,

मरणोन्मुख साम्राज्यवाद, कर वह्नि और विष वर्षण
अंतिम रण को है सचेष्ट, रच निज विनाश आयोजन !
विश्व क्षितिज में घिरे पराभव के भय-मेघ भयंकर,
नव युग का सूचक है निश्चय यह तांडव प्रलयंकर !

जन युग की स्वर्णिम किरणों से होगी भू आलोकित,
नव संस्कृति के नव प्ररोह होंगे शोणित से सिंचित !!

समाजवाद-गांधीवाद

साम्यवाद ने दिया विश्व को नव भौतिक दर्शन का ज्ञान,
अर्थशास्त्र - औ' - राजनीति - गत विशद ऐतिहासिक विज्ञान !
साम्यवाद ने दिया जगत को सामूहिक जनतंत्र महान,
भव जीवन के दैन्य दुःख से किया मनुजता का परित्राण !

अंतर्मुख अद्वैत पड़ा था युग युग से निष्क्रिय, निष्प्राण,
जग में उसे प्रतिष्ठित करने दिया साम्य ने वस्तु विधान !
गांधीवाद जगत में आया ले मानवता का नव मान,
सत्य अहिंसा से मनुजोचित नव संस्कृति करने निर्माण !

गांधीवाद हमें देता जीवन पर अंतर्गत विश्वास,
मानव की निःसीम शक्ति का मिलता उससे चिर आभास !
व्यक्ति पूर्ण बन, जग जीवन में भर सकता है नूतन प्राण,
विकसित मनुष्यत्व कर सकता पशुता से जन का कल्याण !

मनुष्यत्व का तत्त्व सिखाता निश्चय हमको गांधीवाद,
सामूहिक जीवन विकास की साम्य योजना है अविवाद !

धनपति

वे नृशंस हैं : वे जन के श्रमबल से पोषित,
दुहरे धनी, जोंक जग के, भू जिनसे शोषित !
नहीं जिन्हें करनी श्रम से जीविका उपार्जित,
नैतिकता से भी रहते जो अतः अपरिचित !

शय्या की क्रीड़ा कंदुक है उनको नारी,
अहंमन्य वे, मूढ़, अर्थबल के व्यभिचारी !
सुरांगना, संपदा, सुराओं से संसेवित,
नर पशु वे : भू भार : मनुजता जिनसे लज्जित !

दर्पी, हठी, निरंकुश, निर्मम, कलुषित, कुत्सित,
गत संस्कृति के गरल, लोक जीवन जिनसे मृत !
जग जीवन का दुरुपयोग है उनका जीवन,
अब न प्रयोजन उनका, अंतिम हैं उनके क्षण !

मध्यवर्ग

संस्कृति का वह दास : विविध विश्वास विधायक,
निखिल ज्ञान, विज्ञान, नीतियों का उन्नायक !
उच्च वर्ग की सुविधा का शास्त्रोक्त प्रचारक,
प्रभु सेवक, जन वंचक वह, निज वर्ग प्रतारक !

भोग शील, धनिकों का स्पर्धी, जीवन-प्रिय अति,
आत्म बृद्ध, संकीर्ण हृदय, तार्किक, व्यापक मति !
पाप पुण्य संत्रस्त, अस्थियों का बहु कोमल,
वाक् कुशल, धी दर्पी, अति विवेक से निर्बल !

मध्यवर्ग का मानव, वह परिजन पत्नी प्रिय,
यशकामी, व्यक्तित्व प्रसारक, पर हित निष्क्रिय !
श्रमजीवी वह, यदि श्रमिकों का हो अभिभावक,
नवयुग का वाहक हो, नेता, लोक प्रभावक !

कृषक

युग युग का वह भारवाह, आकटि नत मस्तक,
निखिल सभ्य संसार पीठ का उसके स्फोटक !
वज्र मूढ़, जड़ भूत, हठी, वृष बांधव कर्षक,
ध्रुव, ममत्व की मूर्ति, रूढ़ियों का चिर रक्षक !
कर जर्जर, ऋण ग्रस्त, स्वल्प पैत्रिक स्मृति भू-धन,
निखिल दैन्य, दुर्भाग्य, दुरित, दुख का जो कारण;—
वह कुबेर निधि उसे,—स्वेद सिंचित जिसके कण,
हर्ष शोक की स्मृति के बीते जहाँ वर्ष क्षण !

विश्व विवर्तनशील, अपरिवर्तित वह निश्चल,
वही खेत, गृह-द्वार, वही वृष, हँसिया औ' हल !
स्थावर स्थितियों का शिशु, स्थावर, स्थाणु कृषीबल,
दीर्घसूत्र, अति दुराग्रही, साशंक औ' वृषल !
है पुनीत संपत्ति उसे दैवी निधि निश्चित,
संततिवत् गो वृषभ, गुल्म, तृण, तरु चिर परिचित !
वह संकीर्ण, समूह कृपण, स्वाश्रित, पर पीड़ित,
अति निजस्व प्रिय, शोषित, लुंठित, दलित, क्षुधार्दित !

युग युग से निःसंग, स्वीय श्रमबल से जीवित
विश्व प्रगति अनभिज्ञ, कूप तम में निज सीमित

कर्षक का उद्धार पुण्य इच्छा है कल्पित ;
सामूहिक कृषि काय - कल्प, अन्यथा कृषक मत !

श्रमजीवी

वह पवित्र है : वह, जग के कर्दम से पोषित,
वह निर्माता—श्रेणि, वर्ग, धन, बल से शोषित !
मूढ़, अशिक्षित,—सभ्य शिक्षितों से वह शिक्षित,
विश्व उपेक्षित,—शिष्ट संस्कृतों से मनुजोचित !
दैन्य कष्ट कुंठित,—सुंदर है उसका आनन,
गंदे गात वसन हों, पावन श्रम का जीवन !
स्नेह साम्य सौहार्द्रपूर्ण तप से उसका मन,
वह संगठित करेगा भावी भव का शासन !
भूख प्यास से पीड़ित उसकी भद्दी आकृति,
स्पष्ट कथा कहती,—कैसी इस युग की संस्कृति !
वह पशु से भी घृणित मनुज—मानव की है कृति !
जिसके श्रम से सिंची समृद्धों की पृथु संपति !
मोह संपदा अधिकारों का उसे न किंचित,
कार्य कुशल यंत्री वह, श्रम पटुता से जीवित !
शीत ताप, औ' क्षुधा तृषा में सदा संयमित,
दृढ़ चरित्र वह, दुख सहिष्णु, ध्रुव धीर, अभय चित !
लोक क्रान्ति का अग्रदूत, वर वीर, जनादृत,
नव्य सभ्यता का उन्नायक, शासक, शासित,—
चिर पवित्र वह : भय, अन्याय, घृणा से पालित,
जीवन का शिल्पी,—पावन श्रम से प्रक्षालित !

घन नाद

ठङ् ठङ् ठन !
लौह नाद से ठोंक पीट घन
निर्मित करता श्रमिकों का मन,
ठङ् ठङ् ठन !
'कर्म क्लिष्ट मानव भव जीवन,
श्रम ही जग का शिल्पि चिरंतन',—

कठिन सत्य जीवन का क्षण क्षण
घोषित करता घन वज्र स्वन ,—
'व्यर्थ विचारों का संघर्षण ,
अविरत श्रम ही जीवन साधन ,
लौह काष्ठ मय, रक्त मांस मय ,
वस्तु रूप ही सत्य चिरंतन' !
ठङ् ठङ् ठन !
अग्नि स्फुलिंगों का कर चुंबन
जाग्रत करता दिग् दिगंत घन ,—
'जागो, श्रमिकों, बनो सचेतन ,
भू के अधिकारी हैं श्रमजन' !
'मांस पेशियाँ हृष्ट पुष्ट, घन ,
बटी शिराएँ, श्रम बलिष्ठ तन ,
भू का भव्य करेंगे शासन ,
चिर लावण्यपूर्ण श्रम के कण' !
ठङ् ठङ् ठन !

कर्म का मन

भव का जीवन मन का जीवन ,
कार्यार्थी को है मन बंधन !
अवचेतन मन से होता रे ,
चेतन मन संतत संचालित ,
मन के दर्पण में भव की छवि
रंजित होकर होती बिम्बित !
रूप जगत की प्रतिछाया यह
भाव जगत मानस का निश्चित ,
गत युग का मृत सगुण आज
मानव मन की गति करता कुंठित !
अतः कर्म को प्रथम स्थान दो ,
भाव जगत कर्मों से निर्मित ,
निखिल विचार, विवेक, तर्क
भव-रूप-कर्म को करो समर्पित !
प्रथम कर्म, कहता जन दर्शन ,
पीछे रे सिद्धांत, मन, वचन !

मानव पशु

मानव के पशु के प्रति
हो उदार नव संस्कृति !
युग युग से रच शत शत नैतिक बंधन
बाँध दिया मानव ने पीड़ित पशु तन !
विद्रोही हो उठा आज पशु दर्पित,
वह न रहेगा अब नव युग में गर्हित !
नहीं सहेगा रे वह अनुचित ताड़न,
रीति नीतियों का गत निर्मम शासन !
वह भी क्या मानव जीवन का लांछन ?
वह, मानव के देव भाव का वाहन !
नहीं रहे जीवनोपाय तब विकसित !
जीवन यापन कर न सके सब इच्छित !
नैतिक सीमाएँ बहु कर निर्धारित,
जीवन इच्छा की जन ने मर्यादित !
भू मानव के श्रेयस् के हित निश्चित
पशु ने अपनी बलि दी, देवों के हित !
जीवन के उपकरण अखिल कर अधिकृत
गत युग का पशु हुआ आज मनुजोचित !
देव और पशु, भावों में जो सीमित,
युग युग में होते परिवर्तित, अवसित !
मानव पशु ने किया आज भव अर्जित,
मानव देव हुआ अब वह सम्मानित !
मानव के पशु के प्रति
मध्यवर्ग की हो रति !

नर की छाया

पुरुषों ही की आँखों से
नित देख देख अपना तन,
पुरुषों ही के भावों से
अपने प्रति भर अपना मन,—
लो, अपनी ही चितवन से
वह हो उठती है लज्जित,

अपने ही भीतर छिप छिप
जग से हो गई तिरोहित !

वह नर की छाया नारी !
चिर नमित नयन, पद विजड़ित,
वह चकित, भीत हिरनी सी
निज चरण चाप से शंकित !
मानव की चिर सहधर्मिणि,
युग युग से मुख अवगुंठित,
स्थापित घर के कोने में
वह दीप शिखा सी कंपित !

करती वह जीवन यापन
युग युग से पशु सी पालित,
बंदिनी काम कारा की,
आदर्श नीति परिचालित !!

बंद तुम्हारे द्वार !

बंद तुम्हारे द्वार ?
मुसकाती प्राची में ऊषा
ले किरणों का हार,
जागी सरसी में सरोजिनी,
सोई तुम इस बार ?
बंद तुम्हारे द्वार ?

नव मधु में,—अस्थिर मलयानिल,
भौरों में गुंजार,
विहग कंठ में गान,
मौन पुष्पों में सौरभ भार,
बंद तुम्हारे द्वार ?

प्राण ! प्रतीक्षा में प्रकाश
औ' प्रेम बने प्रतिहार !
पथ दिखलाने को प्रकाश,
तुमसे मिलने को प्यार !
बंद तुम्हारे द्वार ?

गीत हर्ष के पंख मार
आकाश कर रहे पार,

भेद सकेंगी नहीं हृदय
प्राणों की मर्म पुकार!
बंद तुम्हारे द्वार?

आज निछावर सुरभि,
खुला जग में मधु का भंडार,
दबा सकोगी तुम्हीं आज
उर में मधु जीवन ज्वार?
बंद तुम्हारे द्वार!

उन्मेष

मौन रहेगा ज्ञान,
स्तब्ध निखिल विज्ञान!
क्रांति पालतू पशु सी होगी शांत,
तर्क बुद्धि के वाद लगेंगे भ्रांत!
राजनीति औ' अर्थशास्त्र,
होंगे संघर्ष परास्त, :
धर्म, नीति, आचार—
रुँधेगी सबकी क्षीण पुकार!

जीवन के स्वर में हो प्रकट महान
फूटेगा जीवन रहस्य का गान!
क्षुधा, तृपा औ' स्पृहा, काम से ऊपर,
जाति, वर्ग औ' देश, राष्ट्र से उठकर,
जीवित स्वर में, व्यापक जीवन गान
सद्य करेगा मानव का कल्याण!

राग

राग, केवल राग!
छिपी चराचर के अंतर में
अनिर्वाप्य चिर आग,—
राग, केवल राग!

गूढ़ राग का संवेदन ही
जीवन का इतिहास,

राग शक्ति का विपुल समन्वय
जन समाज, संवास !

निखिल ज्ञान, विज्ञानों में
वह पाता नव अभिव्यक्ति,
राग तत्त्व ही मूल धातु,
संस्कृतियाँ रूप, विभक्ति !

दुर्निवार यह राग, राग का
रूप करो निर्माण,
वेष्टित करो राग से भव ,—
हो जन जीवन कल्याण !

रूप सत्य

मुझे रूप ही भाता !
प्राण ! रूप ही मेरे उर में
मधुर भाव बन जाता !
मुझे रूप ही भाता !

जीवन का चिर सत्य
नहीं दे सका मुझे परितोष,
मुझे ज्ञान से वस्तु सुहाती,
सूक्ष्म बीज से कोष !

सच है, जीवन के वसंत में
रहता है पतझार,
वर्ण गंधमय कलि कुसुमों का
पर, ऐश्वर्य अपार !

राशि राशि सौन्दर्य, प्रेम,
आनंद, गुणों का द्वार,
मुझे लुभाता रूप रंग
रेखाओं का संसार !

मुझे रूप ही भाता !
प्राण ! रूप का सत्य,
रूप के भीतर नहीं समाता !
मुझे रूप ही भाता !

मुझे स्वप्न दो

मुझे स्वप्न दो, मुझे स्वप्न दो !
हे जीवन के जागरूक !
जीवन के नव नव मुझे स्वप्न दो !
स्वप्न जागरण हो यह जीवन,
स्वप्न पुलक स्मित तन, मन, यौवन,
मेरे स्वप्नों के प्रकाश में
जग का अंधकार जाए सो !
वस्तु - ज्ञान से ऊब गया मैं,
सूखे मरु में डूब गया मैं,
मेरे स्वप्नों की छाया में
जग का वस्तु सत्य जाए खो !
शिशिर शयित जग जीवन वन में
हों पल्लवित स्वप्न नव, क्षण में
मेरे कार्यों में, वाणी में
नव नव स्वप्नों का गुंजन हो !
हे जीवन के जागरूक !
भव जीवन के नव मुझे स्वप्न दो !

जीवन स्पर्श

क्यों चंचल, व्याकुल जन ?
फूट रहा मधुवन में जो सौन्दर्योल्लास,
कलि कुसुमों में राग रंगमय शक्ति विकास ,—
आकुल इसीलिए जन-जन-मन !
दौड़ रही रक्तिम पलाश में जीवन ज्वाल ,
आम्र मौर में मदिर गंध, तरुओं में तरुण प्रवाल !
विहग युग्म हो विह्वल सुख से आप
पंखों से प्रिय पंख मिला करते मृदु प्रेमालाप—
अखिल विघ्न, भय, बाधाएँ कर पार
शीत, ताप, झंझा के सह बहु वार ,
कौन शक्ति सजती जीवन का वासंती शृंगार ?
सभी उसी के हेतु विकल मन,
उसी शक्ति का पाने जीवन स्पर्श,

रोम रोम में भरने विद्युत् हर्ष,
चिर चंचल, व्याकुल जन!

पलाश!

मरकत वन में आज तुम्हारी नव प्रवाल की डाल
जगा रही उर में आकुल आकांक्षाओं की ज्वाल!
पीपल, चिलबिल, आम्र, नीम की पल्लव श्री सुकुमार—
तुम्हीं उठाए हो, पर, वसुधा का मधु यौवन भार!
वर्ण वर्ण की हरीतिमा का वन में भरा विकास,
तुम नव मधु की निखिल कामनाओं के प्रिय उच्छ्वास!
शत शत पुष्पों की, रंगों की रत्नच्छटा, पलाश,
प्रकट नहीं कर सकती यह वैभव पुष्कल उल्लास!

स्वर्ण मंजरित आम्र आज, औ' रजत ताम्र कचनार
नील कोकिला की पुकार नव, पीत भृंग गुंजार,—
वर्ण स्वरों से मुखर तुम्हारे मौन पुष्प अंगार
यौवन के नव रक्त तेज का जिनमें मदिर उभार!
हृदय रुधिर ही अर्पित कर मधु को, अर्पण श्री शाल!
तुमने जग में आज जला दी दिशि दिशि जीवन ज्वाल!

पलाश के प्रति

प्राप्त नहीं मानव जग को यह मर्मोज्वल उल्लास
जो कि तुम्हारी डाल डाल पर करता सहज विलास!
आज प्रलय ज्वाला में ज्यों गल गए विश्व के पाश,
जीवन की हिल्लोल लोल उमड़ी छूने आकाश!
आकांक्षाएँ अखिल अवनि की हुईं पूर्ण उन्मुक्त,
यह रक्तोज्वल तेज धरा के जीवन के उपयुक्त!
उद्भिज के जीवन विकास में हुआ नवीन प्रभात,
तरुओं का हरितांधकार हो उठा ज्योति अवदात!

नव जीवन का रुधिर शिराओं में कर वहन, पलाश,
तृण तरु जग से मानव जग में तुमने भरा प्रकाश!
यह शोभा, यह शक्ति, दीप्ति यह यौवन की उद्दाम,
भरती मन में ओज, दृगों को लगती प्रिय, अभिराम!

जीवन की आकांक्षाओं को यह सौन्दर्य अमंद,
मानव भी उपभोग कर सके, मुक्त, स्वस्थ आनंद !

बदली का प्रभात

निशि के तम में झर झर
हलकी जल की फुही
धरती को कर गई सजल !

अँधियाली में छन कर
निर्मल जल की फुही
तृण तरु को कर उज्ज्वल !...

बीती रात,—
धूमिल सजल प्रभात
वृष्टि शून्य, नव स्नात !
अलस, उनींदा सा जग,
कोमलाभ, दृग सुभग !

कहाँ मनुज को अवसर
देखे मधुर प्रकृति मुख ?
भव अभाव से जर्जर,
प्रकृति उसे देगी सुख ?

दो मित्र

उस निर्जन टीले पर
दोनों चिलबिल
एक दूसरे से मिल,
मित्रों-से हैं खड़े,
मौन, मनोहर !

दोनों पादप
सह वर्षातप,
हुए साथ ही बड़े,
दीर्घ, सुदृढ़तर !

पतझर में सब पत्र गए झर,
नग्न, धवल डालों पर

पतली, टेढ़ी टहनी अगणित
शिरा जाल सी फैलीं अविरल,—
तरुओं की रेखा छवि अविकल
भू पर कर छायांकित !

नील, निरभ्र गगन पर
चित्रित-से दो तरुवर
आँखों को लगते हैं सुंदर,
मन को सुखकर !

झंझा में नीम

सर् सर् मर् मर्
रेशम के-से स्वर भर,
घने नीम दल
लंबे, पतले, चंचल,
श्वसन स्पर्श से
रोम हर्ष से
हिल हिल उठते प्रतिपल !

वृक्ष शिखर से भू पर
शत शत मिश्रित ध्वनि कर
फूट पड़ा, लो, निर्झर,—
मरुत,-कम्प्र, अर...
झूम झूम, झुक झुक कर,
भीम नीम तरु निर्भर
सिहर सिहर थर् थर् थर्
करता सर् मर्
चर् मर् !

लिप पुत गए निखिल दल
हरित गुंज में ओझल,—
वायु वेग से अविरल
धातु पत्र-से बज कल !
खिसक, सिसक, साँसें भर,
भीत, पीत, कृश, निर्बल,
नीम दल सकल
झर झर पड़ते पल पल !

कृष्ण घन !

मुसकाओ हे भीम कृष्ण घन !
गहन भयावह अंधकार को
ज्योति मुग्ध कर चमको कुछ क्षण !

दिग् विदीर्ण कर, भर गुरु गर्जन,
चीर तड़ित् से अन्ध आवरण,
उमड़ घुमड़, घिर रूम झूम, हे,
बरसाओ नव जीवन के कण !
घूम घूम छा निर्भर अंबर,
झूल झूल झंझा झोकों पर,
हे दुर्दम उद्दाम, हरो
भव ताप, दाप, अभिमत कर सिंचन !

इंद्रचाप से कर दिशि चित्रित
बर्हभार से केकी पुलकित,
हरित भरित हे करो धरणि को
हो करुणार्द्र, घोर वज्र स्वन !

आवेश

ज्यों मधुवन में गूंजते भ्रमर,
ज्यों आम्र कुंज में पिकी मुखर,
मेरी उर तंत्री से रह रह
फूटते मधुर गीतों के स्वर !

ज्यों झरते हरसिंगार झर झर
ज्यों हिम फुहार कण फहर फहर,
मेरे मानस से सुंदरता
निःसृत होती त्यों निखर निखर !

गिरि उर से ज्यों बहते निर्झर,
रवि शशि से तिग्म मधुरतम कर,
मेरे मन की आवेश शांति
गीतों में पड़ती बिखर बिखर !

तुम ईश्वर

सीमाओं में ही तुम असीम,
बंधन नियमों में मुक्ति सतत,
बहु रूपों में नित एक रूप,
संघर्षों में ही शांति महत्!
कलुषित दूषित में चिर पवित्र,
कुत्सित कुरूप में तुम सुंदर,
खंडित कुंठित में पूर्ण सदा
क्षणभंगुर में तुम नित्य अमर!
तुम पतित क्षुद्र में चिर महान्,
परित्यक्तों के जीवन सहचर,
तुम विपथ गामियों के चिर पथ,
जीवन-मृत के नव जीवन वर!
तुम बाधा विघ्नों में हो बल,
जीवन के तम में चिर भास्वर,
असफलताओं में इष्ट सिद्धि,
तुम जीवों ही में हो ईश्वर!

वाणी

वाणी, वाणी,
जीवन की वाणी दो मुझको भास्वर!
मौन गगन को भेद
बोलते जिस वाणी में उडुचर,
जिसमें नीरव गिरि से निःसृत
होते मुखरित निर्झर!
जिस वाणी में मेघ गरजते,
लहरा उठते सागर,
जिसमें नित दामिनी दमकती,
मोर नाचते सुंदर!
वाणी वाणी,
मुझे वस्तु वाणी दो पूर्ण चिरंतन!
जिस वाणी में छू मलयानिल
पुलकों से भरता तन,

जिसमें मृदु मुख कुसुम खोलते,
अणु अणु करते नर्तन !
जिस वाणी में क्षुधा, तृषा
औ' काम दीप्त करते तन,
जिसमें इच्छा, सुख दुख उठते,
आते शैशव, यौवन !
वाणी, वाणी,
मुझे सृष्टि की वाणी दो अविनश्वर !
जो बहु वर्ण, गंध, रूपों में
करती सृजन निरंतर,
जिस वाणी में अनुभव करते
चुपके निखिल चराचर !
जो वाणी चिर जन्म मरण,
तम औ' प्रकाश से है पर,
जो वाणी जीवन की जीवन,
शाश्वत, सुंदर, अक्षर !
वाणी, वाणी
मुझको दो घट घट की वाणी के स्वर !

ग्राम कवि

यहाँ न पल्लव वन में मर्मर,
यहाँ न मधु विहगों में गुंजन,
जीवन का संगीत बन रहा
यहाँ अतृप्त हृदय का रोदन!

यहाँ नहीं शब्दों में बँधती
आदर्शों की प्रतिमा जीवित,
यहाँ व्यर्थ है चित्र गीत में
सुंदरता को करना संचित!

यहाँ धरा का मुख कुरूप है,
कुत्सित गर्हित जन का जीवन,
सुदरता का मूल्य वहाँ क्या
जहाँ उदर है क्षुब्ध, नग्न तन ?—

जहाँ दैन्य जर्जर असंख्य जन
पशु - जघन्य क्षण करते यापन,
कीड़ों - से रेंगते मनुज शिशु,
जहाँ अकाल वृद्ध है यौवन!

सुलभ यहाँ रे कवि को जग में
युग का नहीं सत्य शिव सुंदर,
कँप कँप उठते उसके उर की
व्यथा विमूर्छित वीणा के स्वर!

ग्राम

बृहद ग्रंथ मानव जीवन का, काल ध्वंस से कवलित,
ग्राम आज है पृष्ठ जनों की करुण कथा का जीवित!
युग युग का इतिहास सभ्यताओं का इसमें संचित,
संस्कृतियों की ह्रास वृद्धि जन शोषण से रेखांकित!

हिंस्र, विजेताओं, भूपों के आक्रमणों की निर्दय,
जीर्ण हस्तलिपि यह नृशंस गृह संघर्षों की निश्चय !
धर्मों का उत्पात जातियों वर्गों का उत्पीड़न,
इसमें चिर संकलित रूढ़ि, विश्वास, विचार सनातन !
घर घर के बिखरे पन्नों में नग्न, क्षुधार्त कहानी,
जन मन के दयनीय भाव कर सकती प्रकट न वाणी !
मानव दुर्गति की गाथा से ओत प्रोत मर्मांतक
सदियों के अत्याचारों की सूची यह रोमांचक !
मनुष्यत्व के मूलतत्त्व ग्रामों ही में अंतर्हित,
उपादान भावी संस्कृति के भरे यहाँ हैं अविकृत !
शिक्षा के सत्याभासों से ग्राम नहीं हैं पीड़ित,
जीवन के संस्कार अविद्या-तम में जन के रक्षित !

ग्राम चित्र

यहाँ नहीं है चहल पहल वैभव विस्मित जीवन की,
यहाँ डोलती वायु, म्लान सौरभ मर्मर ले वन की !
आता मौन प्रभात अकेला, संध्या भरी उदासी,
यहाँ घूमती दोपहरी में स्वप्नों की छाया सी !
यहाँ नहीं विद्युत् दीपों का दिवस निशा में निर्मित,
अँधियाली में रहती गहरी अँधियाली भय कल्पित !
यहाँ खर्व नर (बानर ?) रहते, युग युग से अभिशापित,
अन्न वस्त्र पीड़ित असभ्य, निर्बुद्धि, पंक में पालित !
यह तो मानव लोक नहीं है, यह रे नरक अपरिचित,
यह भारत का ग्राम,—सभ्यता, संस्कृति से निर्वासित !
झाड़ फूँस के विवर,—यही क्या जीवन शिल्पी के घर ?
कीड़ों - से रेंगते कौन ये ? बुद्धिप्राण नारी नर ?
अकथनीय क्षुद्रता, विवशता भरी यहाँ के जग में,
गृह गृह में है कलह, खेत में कलह, कलह है मग में !
यह रवि शशि का लोक,—जहाँ हँसते समूह में उडगण,
जहाँ चहकते विहग, बदलते क्षण क्षण विद्युत् प्रभ घन !
यहाँ वनस्पति रहते, रहती खेतों की हरियाली,
यहाँ फूल हैं, यहाँ ओस, कोकिला, आम की डाली !
ये रहते हैं यहाँ,—और नीला नभ, बोई धरती,
सूरज का चौड़ा प्रकाश, ज्योत्स्ना चुपचाप विचरती !

प्रकृति धाम यह : तृण तृण, कण कण जहाँ प्रफुल्लित जीवित,
यहाँ अकेला मानव ही रे चिर विषण्ण जीवन-मृत !

ग्राम युवती

उन्मद यौवन से उभर
घटा सी नव असाढ़ की सुंदर,
अति श्याम वरण,
श्लथ, मंद चरण,
इठलाती आती ग्राम युवति
वह गज गति
सर्प डगर पर !

सरकाती पट,
खिसकाती लट,—
शरमाती झट
वह नमित दृष्टि से देख उरोजों के युग घट !
हँसती खलखल
अबला चंचल
ज्यों फूट पड़ा हो स्रोत सरल
भर फेनोज्वल दशनों से अधरों के तट !

वह मग में रुक,
मानो कुछ झुक,
आँचल सँभालती, फेर नयन मुख,
पा प्रिय पद की आहट !
आ ग्राम युवक,
प्रेमी याचक,
जब उसे ताकता है इकटक,
उल्लसित
चकित,
वह लेती मूँद पलक पट !

पनघट पर
मोहित नारी नर !—
जब जल से भर
भारी गागर

खींचती उबहनी वह, बरबस
चोली से उभर उभर कसमस
खिंचते सँग युग रस भरे कलश--
जल छलकाती
रस बरसाती,
बलखाती वह घर को जाती,
सिर पर घट,
उर पर धर पट!

कानों में गुड़हल
खोंस, —धवल
या कुई, कनेर, लोध पाटल,
वह हरसिंगार से कच सँवार,
मृदु मौलसिरी के गूँथ हार,
गउग्रों सँग करती वन विहार,
पिक चातक के सँग दे पुकार,-
वह कुंद, काँस से,
अमलतास से,
आम्र मौर, सहजन, पलाश से,
निर्जन में सज ऋतु सिंगार!

तन पर यौवन सुषमाशाली,
मुख पर श्रमकण, रवि की लाली,
सिर पर धर स्वर्ण शस्य डाली,
वह मेंड़ों पर आती जाती,
उरु मटकाती,
कटि लचकाती,
चिर वर्षातप हिम की पाली
धनि श्याम वरण,
अति क्षिप्र चरण,
अधरों से धरे पकी बाली!

रे दो दिन का
उसका यौवन!
सपना छिन का
रहता न स्मरण!
दुःखों से पिस,
दुर्दिन में घिस,

जर्जर हो जाता उसका तन!
ढह जाता असमय यौवन धन!
बह जाता तट का तिनका
जो लहरों से हँस खेला कुछ क्षण!!

ग्राम नारी

स्वाभाविक नारी जन की लज्जा से वेष्टित,
नित कर्म निष्ठ, अंगों की हृष्ट पुष्ट सुंदर,
श्रम से हैं जिसके क्षुधा काम चिर मर्यादित,
वह स्वस्थ ग्राम नारी, नर की जीवन सहचर!
वह शोभा पात्र नहीं कुसुमादपि मृदुल गात्र,
वह नैसर्गिक जीवन संस्कारों से चालित,
सत्याभासों में पली न छाया मूर्ति मात्र,
जीवन रण में सक्षम, संघर्षों से शिक्षित!

वह वर्ग नारियों सी न सुज्ञ, संस्कृत कृत्रिम,
रंजित कपोल भ्रू अधर, अंक सुरभित वासित,
छाया प्रकाश की सृष्टि,—उसे सम ऊष्मा हिम,
वह नहीं कुलों की काम बंदिनी अभिशापित!
स्थिर, स्नेह स्निग्ध है उसका उज्ज्वल दृष्टिपात,
वह द्वन्द्व ग्रंथि से मुक्त मानवी है प्राकृत,
नागरिकों का नट रंग प्रणय उसको न ज्ञात,
सम्मोहन, विभ्रम, अंग भंगिमा में अपठित!

उसमें यत्नों से रक्षित, वैभव से पोषित,
सौन्दर्य मधुरिमा नहीं, न शोभा सौकुमार्य,
वह नहीं स्वप्नशायिनी प्रेयसी ही परिचित,
वह नर की सहधर्मिणी, सदा प्रिय जिसे कार्य!
पिक चातक की मादक पुकार से उसका मन
हो उठता नहीं प्रणय स्मृतियों से आंदोलित,
चिर क्षुधा शीत की चीत्कारें, दुख का क्रंदन,
जीवन के पथ से उसे नहीं करते विचलित!

मृदु मांस पेशियों में उसकी दृढ़ कोमलता,
संयोग अवयवों में, अश्लथ उसके उरोज,
कृत्रिम रति की है नहीं हृदय में आकुलता,
उद्दीप्त न करता उसे भाव कल्पित मनोज!

वह स्नेह, शील, सेवा, ममता की मधुर मूर्ति,
यद्यपि चिर दैन्य, अविद्या के तम से पीड़ित,
कर रही मानवी के अभाव की आज पूर्ति,
अग्रजा नागरी की, यह ग्राम वधू निश्चित !

वे आँखें

अंधकार की गुहा सरीखी
उन आँखों से डरता है मन,
भरा दूर तक उनमें दारुण
दैन्य दुःख का नीरव रोदन !
अह, अथाह नैराश्य विवशता का
उनमें भीषण सूनापन,
मानव के पाशव पीड़न का
देतीं वे निर्मम विज्ञापन !

फूट रहा उनसे गहरा आतंक,
क्षोभ, शोषण, संशय, भ्रम,
डूब कालिमा में उनकी
कँपता मन, उनमें मरघट का तम!
ग्रस लेती दर्शक को वह
दुर्ज्ञेय, दया की भूखी चितवन,
भूल रहा उस छाया पट में,
युग युग का जर्जर जन जीवन !

वह स्वाधीन किसान रहा
अभिमान भरा आँखों में इसका,
छोड़ उसे मँझधार आज
संसार कगार सदृश वह खिसका !
लहराते वे खेत दृगों में
हुआ बेदखल वह अब जिनसे,
हँसती थी उसके जीवन की
हरियाली जिनके तृन तृन से !

आँखों ही में घूमा करता
वह उसकी आँखों का तारा,
कारकुनों की लाठी से जो
गया जवानी ही में मारा !

बिका दिया घर द्वार,
महाजन ने न व्याज की कौड़ी छोड़ी,
रह रह आँखों में चुभती वह
कुर्क हुई बरधों की जोड़ी!

उजरी उसके सिवा किसे कब
पास दुहाने आने देती?
अह, आँखों में नाचा करती
उजड़ गई जो सुख की खेती!
बिना दवा दर्पन के घरनी
स्वरग चली,—आँखें आतीं भर,
देख रेख के बिना दुधमुँही
बिटिया दो दिन बाद गई मर!

घर में विधवा रही पतोहू,
लछमी थी, यद्यपि पति घातिन,
पकड़ मँगाया कोतवाल ने,
डूब कुएँ में मरी एक दिन!
खैर, पैर की जूती, जोरू
एक न सही दूसरी आती,
पर जवान लड़के की सुध कर
साँप लोटते, फटती छाती!

पिछले सुख की स्मृति आँखों में
क्षण भर एक चमक है लाती,
तुरत शून्य में गड़ वह चितवन,
तीखी नोंक सदृश बन जाती!
मानव की चेतना न ममता
रहती तब आँखों में उस क्षण,
हर्ष, शोक, अपमान, ग्लानि,
दुख दैन्य न जीवन का आकर्षण!

उस अवचेतन क्षण में मानो
वे सुदूर करतीं अवलोकन
ज्योति तमस के परदों पर
युग जीवन के पट का परिवर्तन!
अंधकार की अतल गुहा सी
अह, उन आँखों से डरता मन,
वर्ग सभ्यता के मंदिर के
निचले तल की वे वातायन!

वह बुड्ढा

खड़ा द्वार पर, लाठी टेके,
वह जीवन का बूढ़ा पंजर,
सिमटी उसकी सिकुड़ी चमड़ी
हिलते हड्डी के ढाँचे पर!
उभरी ढीली नसें जाल सी
सूखी ठठरी से हैं लिपटीं,
पतझर में ठूँठे तरु से ज्यों
सूनी अमरबेल हो चिपटी!

उसका लंबा डील डौल है,
हट्टी कट्टी काठी चौड़ी,
इस खँडहर में बिजली सी
उन्मत्त जवानी होगी दौड़ी!
बैठी छाती की हड्डी अब
झुकी रीढ़ कमठा सी टेढ़ी,
पिचका पेट, गढ़े कंधों पर,
फटी बिवाई से है एड़ी!

बैठ, टेक धरती पर माथा,
वह सलाम करता है झुक कर
उस धरती से पाँव उठा लेने को
जी करता है क्षण भर!
घुटनों से मुड़ उसकी लंबी
टाँगें जाँघें सटीं परस्पर,
झुका बीच में शीश, झुर्रियों का
झाँझर मुख निकला बाहर!

हाथ जोड़, चौड़े पंजों की
गुँथी अँगुलियों को कर सम्मुख,
मौन त्रस्त चितवन से,
कातर वाणी से वह कहता निज दुख!
गर्मी के दिन, धरे उपरनी सिर पर,
लुंगी से ढाँपे तन,—
नंगी देह भरी बालों से,—
वन मानुस सा लगता वह जन!

भूखा है : पैसे पा, कुछ गुनमुना
खड़ा हो, जाता वह घर,

पिछले पैरों के बल उठ
जैसे कोई चल रहा जानवर!
काली नारकीय छाया निज
छोड़ गया वह मेरे भीतर,
पैशाचिक सा कुछ : दु:खों से
मनुज गया शायद उसमें मर!

धोबियों का नृत्य

लो, छन छन, छन छन,
छन छन, छन छन,
नाच गुजरिया हरती मन!
धनि के पैरों में घुँघरू कल,
नट की कटि में घंटियाँ तरल,
वह फिरकी सी फिरती चंचल,
नट की कटि खाती सौ सौ बल!

लो, छन छन, छन छन,
छन छन, छन छन,
ठुमुक गुजरिया हरती मन!
उड़ रहा ढोल धाधिन, धातिन,
औ' हुडुक घुड़ुकता ढिम ढिम ढिन,
मंजीर खनकते खिन खिन खिन,
मद मस्त रजक, होली का दिन!
लो, छन छन, छन छन,
छन छन, छन छन,
थिरक गुजरिया हरती मन!
वह काम शिखा सी रही सिहर,
नट की कटि में लालसा भँवर,
कँप कँप नितंब उसके थर् थर्
भर रहे घंटियों में रति स्वर!

लो, छन छन, छन छन,
छन छन, छन छन,
मत्त गुजरिया हरती मन!
फहराता लँहगा लहर लहर,
उड़ रही ओढ़नी फर् फर् फर्,

चोली के कंदुक रहे उघर,
(स्त्री नहीं गुजरिया, वह है नर!)
लो, छन छन, छन छन,
छन छन, छन छन,
हुलस गुजरिया हरती मन!

उर की अतृप्त वासना उभर
इस ढोल मँजीरे के स्वर पर
नाचती, गान के फैला पर,
प्रिय जन गण को उत्सव अवसर,—
लो, छन छन, छन छन,
छन छन, छन छन,
चतुर गुजरिया हरती मन!

ग्राम श्री

फैली खेतों में दूर तलक
मखमल की कोमल हरियाली,
लिपटीं जिससे रवि की किरणें
चाँदी की सी उजली जाली!
तिनकों के हरे हरे तन पर
हिल हरित रुधिर है रहा झलक,
श्यामल भू तल पर झुका हुआ
नभ का चिर निर्मल नील फलक!

रोमांचित सी लगती वसुधा
आई जौ गेहूँ में बाली,
अरहर सनई की सोने की
किंकिणियाँ हैं शोभाशाली!
उड़ती भीनी तैलाक्त गंध,
फूली सरसों पीली पीली,
लो, हरित धरा से झाँक रही
नीलम की कलि, तीसी नीली!
रँग रँग के फूलों में रिलमिल
हँस रही संखिया मटर खड़ी,
मखमली पेटियों सी लटकीं
छीमियाँ, छिपाए बीज लड़ी!

फिरती हैं रँग रँग की तितली
रँग रँग के फूलों पर सुंदर,
फूले फिरते हों फूल स्वयं
उड़ उड़ वृंतों से वृंतों पर !
अब रजत स्वर्ण मंजरियों से
लद गईं आम्र तरु की डाली,
झर रहे ढाँक, पीपल के दल,
हो उठी कोकिला मतवाली !
महके कटहल, मुकुलित जामुन,
जंगल में झरबेरी झूली,
फूले आड़ू, नीबू दाड़िम,
आलू, गोभी, बैंगन, मूली !

पीले मीठे अमरूदों में
अब लाल लाल चित्तियाँ पड़ीं,
पक गए सुनहले मधुर बेर,
अँवली से तरु की डाल जड़ीं !
लहलह पालक, महमह धनिया,
लौकी औ' सेम फली, फैलीं,
मखमली टमाटर हुए लाल,
मिरचों की बड़ी हरी थैली !
गंजी को मार गया पाला,
अरहर के फूलों को झुलसा,
हाँका करती दिन भर बंदर,
अब मालिन की लड़की तुलसा !
बालाएँ गजरा काट काट,
कुछ कह गुपचुप हँसतीं किन किन,
चाँदी की सी घंटियाँ तरल
बजती रहतीं रह रह खिन खिन !

छायातप के हिलकोरों में
चौड़ी हरीतिमा लहराती,
ईखों के खेतों पर सुफेद
काँसों की झंडी फहराती !
ऊँची अरहर में लुका - छिपी
खेलतीं युवतियाँ मदमाती,
चुंबन पा प्रेमी युवकों के
श्रम से श्लथ जीवन बहलातीं !

बगिया के छोटे पेड़ों पर
सुंदर लगते छोटे छाजन
सुंदर, गेहूँ की बालों पर
मोती के दानों से हिमकन !
प्रातः ओझल हो जाता जग,
भू पर आता ज्यों उतर गगन ,
सुंदर लगते फिर कुहरे से
उठते से खेत, बाग़, गृह, वन !

बालू के साँपों से अंकित
गंगा की सतरंगी रेती
सुंदर लगती सरपत छाई
तट पर तरबूजों की खेती !
अँगुली की कंघी से बगुले
कलँगी सँवारते हैं कोई,
तिरते जल में सुरखाब, पुलिन पर
मगरौठी रहती सोई !

डुबकियाँ लगाते सामुद्रिक
धोती पीली चोंचें धोबिन
उड़ अबाबील, टिटहरी, बया,
चाहा चुगते कर्दम, कृमि, तृन ;
नीले नभ में पीलो के दल
आतप में धीरे मँडराते
रह रह काले, भूरे, सुफेद,
चल पंखों के रँग झलकाते !

लटके तरुओं पर विहग नीड़
वनचर लड़कों को हुए ज्ञात,
रेखा छवि विरल टहनियों की
ठूँठे तरुओं के नग्न गात !
आँगन में दौड़ रहे पत्ते,
घूमती भँवर सी शिशिर वात ,
बदली छँटने पर लगती प्रिय
ऋतुमती धरित्री सद्य स्नात !

हँसमुख हरियाली हिम - आतप
सुख से अलसाए - से सोए,
भीगी अँधियाली में निशि की
तारक स्वप्नों में - से खोए,—

मरकत डिब्बे सा खुला ग्राम—
जिस पर नीलम नभ आच्छादन,—
निरुपम हिमांत में स्निग्ध शांत
निज शोभा से हरता जन मन !

गंगा

···अब आधा जल निश्चल, पीला,—
आधा जल चंचल औ' नीला,—
गीले तन पर मृदु संध्यातप
सिमटा रेशम पट सा ढीला !

... ...

ऐसे सोने के साँझ प्रात,
ऐसे चाँदी के दिवस रात,
ले जाती बहा कहाँ गंगा
जीवन के युग क्षण,—किसे ज्ञात !

विश्रुत हिम पर्वत से निर्गत,
किरणोज्वल चल कल उर्मि निरत,
यमुना, गोमती आदि से मिल
होती यह सागर में परिणत !

यह भौगोलिक गंगा परिचित,
जिसके तट पर बहु नगर प्रथित,
इस जड़ गंगा से मिली हुई
जन गंगा एक और जीवित !

वह विष्णुपदी, शिव मौलि स्रुता,
वह भीष्म प्रसू औ' जह्नु सुता,
वह देव निम्नगा, स्वर्गंगा,
वह सगर पुत्र तारिणी श्रुता !

वह गंगा, यह केवल छाया,
वह लोक चेतना, यह माया,
वह आत्म वाहिनी ज्योति सरी,
यह भू पतिता, कंचुक काया !

वह गंगा जन मन से निःसृत,
जिसमें बहु बुद्बुद युग नर्त्तित,
वह आज तरंगित, संसृति के
मृत सैकत को करने प्लावित!

दिशि दिशि का जन मत वाहित कर,
वह बनी अकूल अतल सागर,
भर देगी दिशि पल पुलिनों में
वह नव जीवन की मृद् उर्वर!

... ...

अब नभ पर रेखा शशि शोभित,
गंगा का जल श्यामल, कंपित,
लहरों पर चाँदी की किरणें
करतीं प्रकाशमय कुछ अंकित!

कहारों का रुद्र नृत्य

रंग रंग के चीरों से भर अंग, चीरवासा-से,
दैन्य शून्य में अप्रतिहत जीवन की अभिलाषा-से,
जटा घटा सिर पर, यौवन की श्मश्रु छटा आनन पर,
छोटी बड़ी तूँबियाँ, रँग रँग की गुरियाँ सज तन पर,—
हुलस नृत्य करते तुम, अटपट धर पट्ट पद, उच्छृंखल
आकांक्षा से समुच्छ्वसित जन मन का हिला धरातल!

फड़क रहे अवयव, आवेश-विवश मुद्राएँ अंकित,
प्रखर लालसा की ज्वालाओं सी अंगुलियाँ कंपित,
ऊष्ण देश के तुम प्रगाढ़ जीवनोल्लास-से निर्भर,
बर्हभार उद्दाम कामना के-से खुले मनोहर!
एक हाथ में ताम्र डमरु धर, एक शिवा की कटि पर,
नृत्य तरंगित रुद्ध पूर-से तुम जन मन के सुखकर!

वाद्यों के उन्मत्त घोष से, गायन स्वर से कंपित,
जन इच्छा का गाढ़ चित्र कर हृदय पटल पर अंकित,
खोल गए संसार नया तुम मेरे मन में, क्षण भर,
जन संस्कृति का तिग्म स्फीत सौन्दर्य स्वप्न दिखला कर!
युग युग के सत्याभासों से पीड़ित मेरा अंतर
जन मानव गौरव पर विस्मित: मैं भावी चिन्तनपर!

भारत माता

भारत माता
ग्रामवासिनी !
खेतों में फैला है श्यामल
धूल भरा मैला सा आँचल,
गंगा यमुना में आँसू जल,
मिट्टी की प्रतिमा
उदासिनी !
दैन्य जड़ित अपलक नत चितवन,
अधरों में चिर नीरव रोदन,
युग युग के तम से विषण्ण मन,
वह अपने घर में
प्रवासिनी !

तीस कोटि संतान नग्न तन
अर्ध क्षुधित, शोषित, निरस्त्र जन,
मूढ़, असभ्य, अशिक्षित निर्धन,
नत मस्तक
तरु तल निवासिनी !
स्वर्ण शस्य पर-पद-तल लुंठित,
धरती सा सहिष्णु मन कुंठित,
क्रंदन कंपित अधर मौन स्मित,
राहु ग्रसित
शरदेन्दु हासिनी !

चिन्तित भृकुटि क्षितिज तिमिरांकित,
नमित नयन नभ वाष्पाच्छादित,
आनन श्री छाया-शशि उपमित,
ज्ञान मूढ़
गीता प्रकाशिनी !
सफल आज उसका तप संयम,
पिला अहिंसा स्तन्य सुधोपम,
हरती जन मन भय, भव तम भ्रम,
जग जननी
जीवन विकासिनी !

महात्मा जी के प्रति

निर्वाणोन्मुख आदर्शों के अंतिम दीप शिखोदय!
जिनकी ज्योति छटा के क्षण से प्लावित आज दिगंचल—
गत आदर्शों का अभिभव ही मानव आत्मा की जय,
अतः पराजय आज तुम्हारी जय से चिर लोकोज्वल!
मानव आत्मा के प्रतीक! आदर्शों से तुम ऊपर
निज उद्देश्यों से महान, निज यश से विशद चिरंतन,
सिद्ध नहीं, तुम लोक सिद्ध के साधन बने महत्तर,
विजित आज तुम नर वरेण्य, गणजन विजयी साधारण!

युग युग की संस्कृतियों का चुन तुमने सार सनातन,
नव संस्कृति का शिलान्यास करना चाहा भव शुभकर,
साम्राज्यों ने ठुकरा दिया युगों का वैभव पाहन,—
पदाघात से मोह मुक्त हो गया आज जन अंतर!
दलित देश के दुर्दम नेता, हे ध्रुव, धीर, धुरंधर,
आत्म शक्ति से दिया जाति-शव को तुमने जीवन बल;
विश्व सभ्यता का होना था नखशिख नव रूपांतर,
राम राज्य का स्वप्न तुम्हारा हुआ न यों ही निष्फल!

विकसित व्यक्तिवाद के मूल्यों का विनाश था निश्चय,
वृद्ध विश्व सामंत काल का था केवल जड़ खँडहर;
हे भारत के हृदय! तुम्हारे साथ आज निःसंशय,
चूर्ण हो गया विगत सांस्कृतिक हृदय जगत का जर्जर!
गत संस्कृतियों का, आदर्शों का था नियत पराभव,
वर्ग व्यक्ति की आत्मा पर थे सौध धाम जिनके स्थित,
तोड़ युगों के स्वर्ण पाश अब मुक्त हो रहा मानव,
जन मानवता की भव संस्कृति आज हो रही निर्मित!

किए प्रयोग नीति सत्यों के तुमने जन जीवन पर
भावादर्श न सिद्ध कर सके सामूहिक-जीवन-हित;
अधोमूल अश्वत्थ विश्व, शाखाएँ संस्कृतियाँ वर,
वस्तु विभव पर ही जनगण का भाव विभव अवलंबित!
वस्तु सत्य का करते भी तुम जग में यदि आवाहन,
सबसे पहले विमुख तुम्हारे होता निर्धन-भारत,
मध्य युगों की नैतिकता में पोषित शोषित-जनगण,
बिना भाव स्वप्नों को परखे कब हो सकते जाग्रत?

सफल तुम्हारा सत्यान्वेषण, मानव सत्यान्वेषक !
धर्म, नीति के मान अचिर सब, अचिर शास्त्र, दर्शन मत ,
शासन, जनगण-तंत्र अचिर, युग स्थितियाँ जिनकी प्रेरक ,
मानव गुण, भव रूप नाम होते परिवर्तित युगपत् !
पूर्ण पुरुष, विकसित मानव तुम, जीवन सिद्ध अहिंसक ,
मुक्त-हुए-तुम-मुक्त-हुए-जन, हे जग वंद्य महात्मन् !
देख रहे मानव भविष्य तुम मनश्चक्षु बन अपलक ,
धन्य, तुम्हारे श्री चरणों से धरा आज चिर पावन !

राष्ट्र गान

जन भारत हे !
भारत हे !
स्वर्ग श्रृंगवत् गौरव मस्तक—
उन्नत हिमवत् हे !
जन भारत हे ,
जाग्रत भारत हे !

गगन चुंबि विजयी तिरंग ध्वज
इंद्रचापमत् हे ,
कोटि कोटि हम श्रमजीवी सुत
संभ्रम युत नत हे
सर्व एक मत, एक ध्येय रत,
सर्व श्रेय व्रत हे !
जन भारत हे ,
जाग्रत् भारत हे !

समुच्चरित शत शत कंठों से
जन युग स्वागत हे,
सिन्धु तरंगित, मलय श्वसित,
गंगाजल ऊर्मि निरत हे,
शरद इंदु स्मित अभिनंदन हित,
प्रतिध्वनित पर्वत हे !
स्वागत हे, स्वागत हे ,
जन भारत हे ,
जाग्रत् भारत हे !

स्वर्ग खंड षड्ऋतु परिक्रमित,
आम्र मंजरित, मधुप गुंजरित,
कुसुमित फल द्रुम, पिक कल कूजित,
उर्वर, अभिमत हे!
दश दिशि हरित शस्य श्री हर्षित
पुलक राशिवत् हे!
जन भारत हे,
जाग्रत भारत हे!

किरण केलि रत रक्त विजय ध्वज
युग प्रभातमत् हे,
कीर्ति स्तंभवत् उन्नत मस्तक
प्रहरी हिमवत् हे!
पद तल छू शत फेनिलोर्मि फन,
शेषोदधि नत हे,
वर्ग मुक्त हम श्रमिक कृषक जन
चिर शरणागत हे!
जन भारत हे,
जाग्रत् भारत हे!

ग्राम देवता

राम राम,
हे ग्राम देवता, भूति ग्राम!
तुम पुरुष पुरातन, देव सनातन, पूर्णकाम;
शिर पर शोभित वर छत्र, तड़ित् स्मित घन श्याम,
वन पवन मर्मरित-व्यजन, अन्न फल श्री ललाम!

तुम कोटि बाहु, वर हलधर, वृष वाहन बलिष्ठ,
मित असन, निर्वसन, क्षीणोदर, चिर सौम्य, शिष्ट;
शिर स्वर्ण शस्य मंजरी मुकुट, गणपति वरिष्ठ,
वाग्युद्ध वीर, क्षण क्रुद्ध धीर, नित कर्म निष्ठ!

पिक वयनी मधुऋतु से प्रति वत्सर अभिनंदित,
नव आम्र मंजरी मलय तुम्हें करता अर्पित;
प्रावृट् में तव प्रांगण घन गर्जन से हर्षित,
मरकत कल्पित नव हरित प्ररोहों में पुलकित!

शशि मुखी शरद करती परिक्रमा कुंद स्मित,
वेणी में खोंसे काँस, कान में कुँई लसित;
हिम तुमको करता तुहिन मोतियों से भूषित
बहु सोन कोक युग्मों से तव सरि-सर कूजित

अभिराम तुम्हारा बाह्य रूप, मोहित कवि मन,
नभ के नीलम संपुट में तुम मरकत शोभन;
पर, खोल आज निज अंतःपुर के पट गोपन,
चिर मोह मुक्त कर दिया, देव ! तुमने यह जन !

राम राम,
हे ग्राम देवता, रूढ़ि धाम !
तुम स्थिर, परिवर्तन रहित, कल्पवत् एक याम;
जीवन संघर्षण विरत, प्रगति पथ के विराम,
शिक्षक तुम, दस वर्षों से मैं सेवक, प्रणाम !

कवि अल्प, उडुप मति, भव तितीर्षु,—दुस्तर अपार,
कल्पना पुत्र मैं, भावी द्रष्टा, निराधार,
सौन्दर्य स्वप्नचर,—नीति दण्डधर तुम उदार,
चिर परम्परा के रक्षक, जन हित मुक्त द्वार !

दिखलाया तुमने भारतीयता का स्वरूप,
जन मर्यादा का स्रोत-शून्य चिर अंध कूप;
जग से अबोध, जानता न था मैं छाँह धूप,
तुम युग युग के जन विश्वासों के जीर्ण स्तूप !

यह वही अवध ! तुलसी की संस्कृति का निवास !
श्री राम यहीं करते जन मानस में विलास !
अह, सतयुग के खँडहर का यह दयनीय ह्रास !
वह अकथनीय मानसिक दैन्य का बना ग्रास !

ये श्रीमानों के भवन आज साकेत धाम !
संयम तप के आदर्श बन गए भोग काम !
आराधित सत्व यहाँ, पूजित धन, वंश, नाम !
यह व्यक्तिवाद की विकसित संस्कृति ! राम राम !

श्री राम रहे सामंत काल के ध्रुव-प्रकाश,
पशुजीवी युग में नव कृषि संस्कृति के विकास;
कर सके नहीं वे मध्य युगों का तम विनाश,
जन रहे सनातनता के तब से क्रीत दास !

पशु-युग में थे गणदेवों के पूजित पशुपति,
थी रुद्रचरों से कुंठित कृषि युग की उन्नति;

श्री राम रुद्र की शिव में कर जन हित परिणति,
जीवित कर गए अहल्या को, थे सीतापति !

वाल्मीकि बाद आए श्री व्यास जगत वंदित,
वह कृषि संस्कृति का चरमोन्नत युग था निश्चित ;
बन गए राम तब कृष्ण, भेद मात्रा का मित,
वैभव युग की वंशी से कर जन मन मोहित !

तब से युग युग के हुए चित्रपट परिवर्तित,
तुलसी ने कृषि मन युग अनुरूप किया निर्मित ;
खो गया सत्य का रूप, रह गया नामामृत,
जन समाचरित वह सगुण बन गया आराधित !

गत सक्रिय गुण बन रूढ़ि रीति के जाल गहन,
कृषि प्रमुख देश के लिए हो गए जड़ बंधन ;
जन नहीं, यंत्र जीवनोपाय के अब वाहन,
संस्कृति के केन्द्र न वर्ग अधिप, जन साधारण !

उच्छिष्ट युगों का आज सनातनवत् प्रचलित,
बन गईं चिरंतन रीति नीतियाँ,—स्थितियाँ मृत ;
गत संस्कृतियाँ थीं विकसित वर्ग व्यक्ति आश्रित,
तब वर्ग व्यक्ति गुण, जन समूह गुण अब विकसित !

अति मानवीय था निश्चित विकसित व्यक्तिवाद ;
मनुजों में जिसने भरा देव पशु का प्रमाद ;
जन जीवन बना न विशद, रहा वह निराह्लाद,
विकसित नर नर-अपवाद नहीं, जन-गुण-विवाद !

तब था न वाष्प-विद्युत् का जग में हुआ उदय ;
थे मनुज यंत्र, युग पुरुष सहस्र हस्त बलमय ;
अब यंत्र मनुज के कर पद बल, सेवक समुदय,
सामंत मान अब व्यर्थ,—समृद्ध विश्व अतिशय !

अब मनुष्यता को नैतिकता पर पानी जय,
गत वर्ग गुणों को जन संस्कृति में होना लय ;
देशों राष्ट्रों को मानव जग बनना निश्चय,
अंतर जग को फिर लेना बहिर्जगत आश्रय !

राम राम

हे ग्राम्य देवता, यथा नाम !
शिक्षक हो तुम, मैं शिष्य, तुम्हें सविनय प्रणाम !
विजया, महुआ, ताड़ी, गाँजा पी सुबह शाम,
तुम समाधिस्थ नित रहो, तुम्हें जग से न काम !

पंडित, पंडे, ओझा, मुखिया औ' साधु, संत,
दिखलाते रहते तुम्हें स्वर्ग अपवर्ग पंथ;
जो था, जो है, जो होगा—सब लिख गए ग्रंथ,
विज्ञान ज्ञान से बड़े तुम्हारे मंत्र तंत्र!

युग युग से जनगण, देव! तुम्हारे पराधीन,
दारिद्र्य दुःख के कर्दम में कृमि सदृश लीन;
बहु रोग शोक पीड़ित, विद्या बल बुद्धि हीन,
तुम राम राज्य के स्वप्न देखते उदासीन!

जन अमानुषी आदर्शों के तम से कवलित,
माया उनको जग, मिथ्या जीवन, देह अनित;
वे चिर निवृत्ति के भोगी,—त्याग विराग विहित,
निज आचरणों में नरक जीवियों तुल्य पतित!

वे देव भाव के प्रेमी—पशुओं से कुत्सित,
नैतिकता के पोषक,—मनुष्यता से वंचित;
बहु नारी सेवी,-पतिव्रता ध्येयी निज हित,
वैधव्य विधायक,—बहु विवाह वादी निश्चित!

सामाजिक जीवन के अयोग्य, ममता प्रधान,
संघर्षण विमुख, अटल उनको विधि का विधान!
जग से अलिप्त वे, पुनर्जन्म का उन्हें ध्यान,
मानव स्वभाव के द्रोही, श्वानों के समान!

राम राम,
हे ग्राम देव, लो हृदय थाम,
अब जन स्वतंत्रता रण की जग में धूम धाम!
उद्यत जनगण युग क्रान्ति के लिए बाँध लाम,
तुम रूढ़ि रीति की खा अफीम, लो चिर विराम!

यह जन स्वातंत्र्य नहीं, जनैक्य का वाहक रण,
यह अर्थ राजनीतिक न, सांस्कृतिक संघर्षण;
युग युग की खंड मनुजता, दिशि दिशि के जनगण,
मानवता में मिल रहे,—ऐतिहासिक यह क्षण!

नव मानवता में जाति वर्ग होंगे सब क्षय,
राष्ट्रों के युग वृत्तांश परिधि में जग की लय;
जन आज अहिंसक, होंगे कल स्नेही, सहृदय,
हिन्दू, ईसाई, मुसलमान,—मानव निश्चय!

मानवता अब तक देश काल के थी आश्रित,
संस्कृतियाँ सकल परिस्थितियों से थीं शासित;

गत देश काल मानव के बल से आज विजित,
अब खर्व विगत नैतिकता, मनुष्यता विकसित !

छायाएँ हैं संस्कृतियाँ, मानव की निश्चित,
वह केन्द्र, परिस्थितियों के गुण उसमें बिम्बित;
मानवी चेतना खोल युगों के गुण कवलित,
अब नव संस्कृति के वसनों से होगी भूषित !

विश्वास, धर्म, संस्कृतियाँ, नीति रीतियाँ गत
जन संघर्षण में होंगी ध्वंस, लीन परिणत;
बंधन विमुक्त हो मानव आत्मा अप्रतिहत
नव मानवता का सद्य करेगी युग स्वागत !

राम राम,
हे ग्राम देवता, रूढ़िधाम !—
तुम पुरुष पुरातन, देव सनातन, पूर्ण काम,
जड़वत् परिवर्तन शून्य, कल्प शत एक याम,
शिक्षक हो तुम, मैं शिष्य, तुम्हें शत शत प्रणाम !

संध्या के बाद

सिमटा पंख साँझ की लाली
जा बैठी अब तरु शिखरों पर,
ताम्रपर्ण पीपल से, शतमुख
झरते चंचल स्वर्णिम निर्झर !
ज्योति स्तंभ सा धँस सरिता में
सूर्य क्षितिज पर होता ओझल,
बृहद् जिह्म विश्लथ केंचुल सा
लगता चितकबरा गंगाजल !

धूपछाँह के रँग की रेती
अनिल ऊर्मियों से सर्पांकित,
नील लहरियों में लोड़ित
पीला जल रजत जलद से बिम्बित !
सिकता, सलिल, समीर सदा से
स्नेह पाश में बँधे समुज्वल,
अनिल पिघल कर सलिल,
सलिल ज्यों गति द्रव खो बन गया लवोपल !

शंख घंट बजते मंदिर में,
लहरों में होता लय-कंपन,
दीप शिखा सा ज्वलित कलश
नभ में उठकर करता नीराजन !
तट पर बगुलों सी वृद्धाएँ,
विधवाएँ जप ध्यान में मगन,
मंथर धारा में बहता
जिनका अदृश्य गति अंतर रोदन !
दूर, तिमिर रेखाओं - से
उड़ते पंखों की गति सी चित्रित
सोन खगों की पाँति
आर्द्र ध्वनि से नीरव नभ करती मुखरित!
स्वर्ण चूर्ण सी उड़ती गोरज
किरणों की बादल सी जल कर,
सनन् तीर सा जाता नभ में
ज्योतित पंखों कंठों का स्वर !
लौटे खग, गायें घर लौटीं,
लौटे कृषक श्रांत श्लथ डग धर,
छिपे गृहों में म्लान चराचर
छाया भी हो गई अगोचर !
लौट पैंठ से व्यापारी भी
जाते घर, उस पार नाव पर,
ऊँटों घोड़ों के सँग बैठे
खाली बोरों पर, हुक्का भर !
जाड़ों की सूनी द्वाभा में
भूल रही निशि छाया गहरी,
डूब रहे निष्प्रभ विषाद में
खेत, बाग, गृह, तरु, तट, लहरी !
बिरहा गाते गाड़ीवाले,
भूँक भूँक कर लड़ते कूकर,
हुआ हुआ करते सियार
देते विषण्ण निशि बेला को स्वर !
माली की मँड़ई से उठ,
नभ के नीचे नभ-सी धूमाली
मंद पवन में तिरती
नीली रेशम की सी हलकी जाली !

बत्ती जला दुकानों में
बैठे सब कस्बे के व्यापारी,
मौन मंद आभा में
हिम की ऊँघ रही लंबी अँधियारी!
धुँआ अधिक देती है
टिन की ढबरी, कम करती उजियाला,
मन से कढ़ अवसाद श्रांति
आँखों के आगे बुनती जाला!
छोटी सी बस्ती के भीतर
लेन देन के थोथे सपने
दीपक के मंडल में मिलकर
मँडराते घिर सुख दुख अपने!
कँप कँप उठते लौ के सँग
कातर उर क्रंदन, मूक निराशा,
क्षीण ज्योति ने चुपके ज्यों
गोपन मन को दे दी हो भाषा!
लीन हो गई क्षण में बस्ती
मिट्टी खपरे के घर आँगन,
भूल गए लाला अपनी सुधि,
भूल गया सब व्याज, मूलधन!
सकुची सी परचून किराने की ढेरी
लग रहीं तुच्छतर,
इस प्रदोष में नीरव आकुल
उमड़ रहा अंतर जग बाहर!
अनुभव करता लाला का मन
छोटी हस्ती का सस्तापन,
जाग उठा उसमें मानव,
औ' असफल जीवन का उत्पीड़न!
दैन्य दुःख अपमान ग्लानि
चिर क्षुधित पिपासा, मृत अभिलाषा,
बिना आय की क्लांति बन रही
उसके जीवन की परिभाषा!
जड़ अनाज के ढेर सदृश ही
वह दिन भर बैठा गद्दी पर,
बात बात पर झूठ बोलता
कौड़ी की स्पर्धा में मर मर!

फिर भी क्या कुटुंब पलता है ?
रहते स्वच्छ सुघर सब परिजन ?
बना पा रहा वह पक्का घर ?
मन में सुख है ? जुटता है धन ?
खिसक गई कंधों से कथड़ी,
ठिठुर रहा अब सर्दी से तन,
सोच रहा बस्ती का बनिया
घोर विवशता का निज कारण !
शहरी बनियों सा वह भी उठ
क्यों बन जाता नहीं महाजन ?
रोक दिए हैं किसने उसकी
जीवन उन्नति के सब साधन ?
यह क्या संभव नहीं,
व्यवस्था में जग की कुछ हो परिवर्तन ?
कर्म और गुण के समान ही
सकल आय व्यय का हो वितरण ?
घुसे घरौंदों में मिट्टी के
अपनी अपनी सोच रहे जन,
क्या ऐसा कुछ नहीं
फूंक दे जो सबमें सामूहिक जीवन ?
मिलकर जन निर्माण करें जग,
मिल कर भोग करें जीवन का,
जन विमुक्त हों जन शोषण से,
हो समाज अधिकारी धन का ?
दरिद्रता पापों की जननी,
मिटें जनों के पाप, ताप, भय,
सुंदर हों अधिवास, वसन, तन,
पशु पर फिर मानव की हो जय !
व्यक्ति नहीं, जग की परिपाटी
दोषी जन के दुःख क्लेश की,
जन का श्रम जन में बँट जाए,
प्रजा सुखी हो देश देश की !
टूट गया वह स्वप्न वणिक का,
आई जब बुढ़िया बेचारी
आध पाव आटा लेने,—
लो, लाला ने फिर डंडी मारी !

चाख उठा घुग्घू डालों में,
लोगों ने पट दिए द्वार पर,
निगल रहा वस्ती को धीरे
गाढ़ अलस निद्रा का अजगर !

खिड़की से

पूस : निशा का प्रथम प्रहर : खिड़की से बाहर
दूर क्षितिज तक स्तब्ध आम्र वन सोया : क्षण भर
दिन का भ्रम होता : पूनो ने तृण तरुओं पर
चाँदी मढ़ दी है, भू को स्वप्नों से जड़ कर !
चारु चंद्रिकातप से पुलकित निखिल धरातल
चमक रहा है, ज्यों जल में बिम्बित जग उज्वल !

स्पष्ट दीखते,—खिड़की की जाली में विजड़ित
कटहल, लीची, आम,—घूक गेंदुर से कंपित;
फाटक औ' हाते के खंभे, बगिया के पथ
आधी जगत कुएँ की, कुरिया की छाजन श्लथ;
अस्पताल का भाग, मेहराबें, दरवाजे,
स्फटिक सदृश जो चमक रहे चूने से ताजे !
औ' टेढ़ी मेढ़ी दिगंत रेखा के ऊपर
पास पास दो पेड़ ताड़ के खड़े मनोहर !

आधी खिड़की पर अगणित ताराओं से स्मित
हरित धरा के ऊपर नीलांबर छायांकित !
कचपचिया (कृत्तिका) सामने शोभित सुंदर
मोती के गुच्छे सी : भरणी ज्यों त्रिकोण वर !
पास रोहिणी, प्रिय मिलनातुर, बाँह खोल कर,
सेंदुर की बेंदी दे, जुड़ुओं को गोदी भर !
लुब्ध दृष्टि लुब्धक, समीप ही, छोड़ रहा शर
आदि काल से मृग पर : मृग शिर सहज मनोहर !

उधर जड़े पुखराज लाल-से गुरु औ' मंगल
साथ साथ, जिनमें अवश्य गुरु सबसे उज्वल !
हस्ता है प्रत्यक्ष : कठिन वृश्चिक का मिलना,
वह शायद आर्द्रा, कहता हिमजल सा हिलना !
ज्योति फेन सी स्वर्गंगा नभ बीच तरंगित,
परियों की माया सरसी सी छायालोकित,

ज्वलित पुंज ताराओं के वाष्पों से सस्मित,
नीलम के नभ में रत्नप्रभ पुल सी निर्मित!
खोज रहा हूँ कहाँ उदित सप्तर्षि गगन में
अरुंधती को लिये साथ, विस्मित से मन में!
प्रश्न चिह्न-से जो अनादि से नभ पर अंकित
उत्तर में स्थित ध्रुव की ओर किए चिर इंगित—
पूछ रहे हों संसृति का रहस्य ज्यों अविदित,—
'क्या है वह ध्रुव सत्य? गहन नभ जिससे ज्योतित!'

ज्योत्स्ना में विकसित सहस्रदल भू पर, अंबर
शोभित ज्यों लावण्य स्वप्न अपलक नयनों पर!
यह प्रतिदिन का दृश्य नहीं, छल से वातायन
आज खुल गया अप्सरियों के जग में मोहन!
चिर परिचित माया बल से बन गए अपरिचित,
निखिल वास्तविक जगत कल्पना से ज्यों चित्रित!
आज असुंदरता कुरूपता भव से ओझल,
सब कुछ सुंदर ही सुंदर, उज्वल ही उज्वल!

एक शक्ति से, कहते, जग प्रपंच यह विकसित,
एक ज्योति-कर से समस्त जड़ चेतन निर्मित;
सच है यह, आलोक पाश में बँधे चराचर
आज आदि कारण की ओर खींचते अंतर!
क्षुद्र आत्म-पर भूल, भूत सब हुए समन्वित;
तृण तरु से तारालि-सत्य है एक अखंडित!
मानव ही क्यों इस असीम समता से वंचित!
ज्योति भीत, युग युग से तमस विमूढ़, विभाजित!

रेखा चित्र

चाँदी की चौड़ी रेती,
फिर स्वर्णिम गंगा धारा,
जिसके निश्चल उर पर विजड़ित
रत्न छाय नभ सारा!
फिर बालू का नासा
लंबा ग्राह तुंड सा फैला,
छितरी जल रेखा—
कछार फिर गया दूर तक मैला!

जिस पर मछुओं की मँड़ई
औ' तरबूजों के ऊपर,
बीच बीच में, सरपत के मूँठे
खग - से खोले पर!
पीछे, चित्रित विटप पाँति
लहराई सांध्य क्षितिज पर,
जिससे सट कर
नील धूम्र रेखा ज्यों खिंची समांतर!
बर्ह पिच्छ - से जलद पंख
अंबर में बिखरे सुंदर
रंग रंग की हलकी गहरी
छायाएँ छिटका कर!
सब से ऊपर निर्जन नभ में,
अपलक संध्या तारा,
नीरव औ' निःसंग,
खोजता सा कुछ चिर पथहारा!
साँझ,-नदी का सूना तट,
मिलता है नहीं किनारा,
खोज रहा एकाकी जीवन
साथी, स्नेह सहारा!

दिवा स्वप्न

दिन की इस विस्तृत आभा में, खुली नाव पर,
आर पार के दृश्य लग रहे साधारणतर!
केवल नील फलक सा नभ, सैकत रजतोज्वल
और तरल बिल्लौर वेशमतल सा गंगाजल—
चपल पवन के पदाचार से अहरह स्पंदित—
शांत हास्य से अंतर को करते आह्लादित!
मुक्त स्निग्ध उल्लास उमड़ जल हिलकोरों पर
नृत्य कर रहा, टकरा पुलकित तट छोरों पर!
यह सैकत तट पिघल पिघल यदि बन जाता जल,
बह सकती यदि धरा चूमती हुई दिगंचल,
यदि न डुबाता जल, रह कर चिर मृदुल तरलतर,
तो मैं नाव छोड़, गंगा के गलित स्फटिक पर,

आज लोटता, ज्योति जड़ित लहरों सँग जी भर!
किरणों से खेलता मिचौनी मैं लुक छिप कर,
लहरों के अंचल में फेन पिरोता सुंदर,
हँसता कल कल : मत्त नाचता, झूल पेंग भर!
कैसा सुंदर होता, वदन न होता गीला,
लिपटा रहता सलिल रेशमी पट सा ढीला!
यह जल गीला नहीं, गलित नग केवल चंचल,
गीला लगता हमें, न भीगा हुआ स्वयं जल—
हाँ, चित्रित से लगते तृण-तरु भू पर विम्बित,
मेरे चल पद चूम धरणि हो उठती कंपित!
एक सूर्य होता नभ में, सौ भू पर विजड़ित,
सिहर सिहर क्षिति मारुत को करती आलिंगित!
निशि में ताराओं से होती धरा जब खचित
स्वप्न देखता स्वर्ग लोक में मैं ज्योत्स्ना स्मित!

गुन के बल चल रही प्रतनु नौका चढ़ाव पर
बदल रहे तट दृश्य चित्रपट पर ज्यों सुंदर!
वह, जल से सट कर उड़ते हैं चटुल पनेवा,
इन पंखों की परियों को चाहिये न खेवा!
दमक रही उजियारी छाती, करछौंहे पर
श्याम घनों से झलक रही बिजली क्षण क्षण पर!
उधर कगारे पर अटका है पीपल तरुवर
लंबी, टेढ़ी जड़ें जटा सी छितरीं बाहर!

लौट रहा सामने सूस पनडुब्बी सा तिर
पूँछ मार जल से चमकीली, करवट खा फिर!
सोन कोक के जोड़े बालू के चाँदों पर
चोंचों से सहला पर, क्रीड़ा करते सुखकर!
बैठ न पातीं, चक्कर खातीं देव दिलाई,
तिरती लहरों पर सफेद काली परछाँई!
लो, मछरंगा उतर तीर सा नीचे क्षण में,
पकड़ तड़पती मछली को, उड़ गया गगन में!
नरकुल सी चोंचें ले चाहा फिरते फर फर,
मँडराते सुरखाब व्योम में, आर्त नाद कर—
काले, पीले, खैरे बहुरंगे चित्रित पर
चमक रहे वारी वारी स्मित आभा से भर!
वह, टीले के ऊपर, तूँबी सा, बबूल पर,
सरपत का घोंसला बया का लटका सुंदर!

दूर उधर, जंगल में भीटा एक मनोहर,
दिखलाई देता है वन-देवों का सा घर!
जहाँ खेलते छायातप, मारुत तरु-मर्मर,
स्वप्न देखती विजन शांति में मौन दोपहर!
वन की परियाँ धूपछाँह की साड़ी पहने,
जहाँ विचरतीं चुनने ऋतु कुसुमों के गहने!
वहाँ मत्त करती गन नव मुकुलों की सौरभ,
गुंजित रहता सतत द्रुमों का हरित श्वसित नभ!

वहाँ गिलहरी दौड़ा करती तरु डालों पर
चंचल लहरी सी, मृदु रोमिल पूँछ उठा कर!
और वन्य विहगों-कीटों के सौ-सौ प्रिय स्वर
गीत वाद्य से बहलाते शोकाकुल अंतर!
वहीं कहीं जी करता, मैं जाकर छिप जाऊँ
मानव जग के क्रंदन से छुटकारा पाऊँ!
प्रकृति नीड़ में व्योम खगों के गाने गाऊँ
अपने चिर स्नेहातुर उर की व्यथा भुलाऊँ!

मजदूरनी के प्रति

नारी की संज्ञा भुला, नरों के संग बैठ,
चिर जन्म सुहृद सी जन हृदयों में सहज पैठ,
जो बँटा रही तुम जग जीवन का काम काज,
तुम प्रिय हो मुझे, न छूती तुमको काम लाज!
सर से आँचल खिसका है,—धूल भरा जूड़ा,—
अधखुला वक्ष,—ढोती तुम सिर पर धर कूड़ा,
हँसती, बतलाती सहोदरा सी जन जन से,
यौवन का स्वास्थ झलकता आतप सा तन से!

कुलवधू सुलभ संरक्षणता से हो वंचित,
निज बंधन खो, तुमने स्वतन्त्रता की अर्जित!
स्त्री नहीं, आज मानवी बन गई तुम निश्चित,
जिसके प्रिय अंगों को छू अनिलातप पुलकित!
निज द्वन्द्व प्रतिष्ठा भूल, जनों के बैठ साथ,
जो बँटा रही तुम काम काज में मधुर हाथ—
तुमने निज तन की तुच्छ कंचुकी को उतार,
जग के हित खोल दिए नारी के हृदय द्वार!

नारी

हाय, मानवी रही न नारी लज्जा से अवगुंठित,
वह नर की लालस प्रतिमा, शोभा सज्जा से निर्मित !
युग युग की बंदिनी, देह की कारा में निज सीमित,
वह अदृश्य अस्पृश्य विश्व को, गृह पशु सी ही जीवित !
सदाचार की सीमा उसके तन से है निर्धारित,
पूत योनि वह : मूल्य चर्म पर केवल उसका अंकित ;
अंग अंग उसका नर के वासना चिह्न से मुद्रित,
वह नर की छाया, इंगित संचालित, चिर पद लुंठित !

वह समाज की नहीं इकाई,—शून्य समान अनिश्चित,
उसका जीवन मान,—मान पर नर के हैं अवलंबित !
मुक्त हृदय वह स्नेह प्रणय कर सकती नहीं प्रदर्शित,
दृष्टि, स्पर्श, संज्ञा से वह हो जाती सहज कलंकित !
योनि नहीं है रे नारी, वह भी मानवी प्रतिष्ठित,
उसे पूर्ण स्वाधीन करो, वह रहे न नर पर अवसित !
द्वन्द्व क्षुधित मानव समाज पशु जग से भी है गर्हित,
नर नारी के सहज स्नेह से सूक्ष्म वृत्ति हों विकसित !
आज मनुज जग से मिट जाए कुत्सित, लिंग विभाजित,
नारी नर की निखिल क्षुद्रता, आदिम मानों पर स्थित !
सामूहिक-जन-भाव-स्वास्थ्य से जीवन हो मर्यादित
नर नारी की हृदय मुक्ति से मानवता हो संस्कृत !

सन् १९४०

समर भूमि पर मानव शोणित से रंजित निर्भीक चरण धर,
अभिनंदित हो दिग् घोषित तोपों से गर्जन से प्रलयंकर,
शुभागमन नव वर्ष कर रहा, हालाडोला पर चढ़ दुर्धर,
वृहद् विमानों के पंखों से बरसा कर विष वह्नि निरंतर !
इधर अड़ा साम्राज्यवाद, शत शत विनाश के ले आयोजन,
उधर प्रतिक्रिया रुद्ध शक्तियाँ क्रुद्ध दे रहीं युद्ध निमंत्रण !
सत्य न्याय के बाने पहने, सत्व लुब्ध लड़ रहे राष्ट्रगण,
सिन्धु तरंगों पर उठ गिर क्रय विक्रय स्पर्धा करती नर्तन !
धू-धू करती वाष्प शक्ति, विद्युत् ध्वनि करती दीर्ण दिगंतर,
ध्वंस भ्रंश-करते विस्फोटक धनिक सभ्यता के गढ़ जर्जर !

तुमुल वर्ग संघर्ष में निहित जनगण का भविष्य लोकोत्तर,
इंद्रचाप पुल सा नव वत्सर शोभित प्रलय प्रभ मेघों पर!
आओ हे दुर्धर्ष वर्ष! लाओ विनाश के साथ नव सृजन,
विंश शताब्दी का महान विज्ञान ज्ञान ले, उत्तर यौवन!

सूत्रधार

तुम धन्य, वस्त्र व्यवसाय कला के सूत्रधार,
बर्बर जन के तन से हर वल्कल, चर्म भार,
तुमने आदिम मानव की हर नव द्वन्द्व लाज,
बन शीत ताप हित कवच, बचाया जन समाज!
तकली, चरखे, करघे से अब आधुनिक यंत्र,
तुम बने, यंत्र बल पर ही मानव लोक तंत्र
स्थापित करने को अब: मानवता का विकास
यंत्रों के संग हुआ, सिखलाता नृ-इतिहास!

जड़ नहीं यंत्र: वे भाव रूप: संस्कृति द्योतक:
वे विश्व शिराएँ, निखिल सभ्यता के पोषक!
रेडियो, तार औ' फोन,—वाष्प-जल-वायुयान
मिट गया दिशावधि का जिनसे व्यवधान मान,—
धावित जिनमें दिशि दिशि का मन,—वार्ता, विचार,
संस्कृति, संगीत,—गगन में झंकृत निराकार!
जीवन सौन्दर्य प्रतीक यंत्र: जन के शिक्षक
युग क्रांति प्रवर्तक औ' भावी के पथ दर्शक!
वे कृत्रिम, निर्मित, नहीं जगत क्रम में विकसित,
मानव भी यंत्र, विविध युग स्थितियों में वर्धित!
दार्शनिक सत्य यह नहीं,—यंत्र जड़, मानव कृत,
वे हैं अमूर्त: जीवन विकास की कृति निश्चित!

संस्कृति का प्रश्न

राजनीति का प्रश्न नहीं रे आज जगत के सम्मुख,
अर्थ साम्य भी मिटा न सकता मानव जीवन के दुख!
व्यर्थ सकल इतिहासों, विज्ञानों का सागर मंथन,
वहाँ नहीं युग लक्ष्मी, जीवन सुधा, इंदु जन मोहन!

आज बृहत् सांस्कृतिक समस्या जन के निकट उपस्थित,
खंड मनुजता को युग युग की होना है नव निर्मित;
विविध जाति, वर्गों, धर्मों को होना सहज समन्वित,
मध्य युगों की नैतिकता को मानवता में विकसित!

जग जीवन के अंतर्मुख नियमों से स्वयं प्रवर्तित
मानव का अवचेतन मन हा गया आज परिवर्तित!
बाह्य चेतनाओं में उसके क्षोभ, क्रांति, उत्पीड़न,
विगत सभ्यता दंत-शून्य फणि सी करती युग नर्तन!
व्यर्थ आज राष्ट्रों का विग्रह, औ' तोपों का गर्जन,
राक न सकते जीवन की गति शत विनाश आयोजन!
नव प्रकाश में तमस युगों का होगा स्वयं निमज्जित,
प्रतिक्रियाएँ विगत गुणों की होंगी शनैः पराजित!

सांस्कृतिक हृदय

कृषि युग से वाहित मानव का सांस्कृतिक हृदय
जो गत समाज की रीति नीतियों का समुदय,
आचार विचारों में जो बहु देता परिचय,
उपजाता मन में सुख दुख, आशा, भय, संशय,—
जो भले बुरे का ज्ञान हमें देता निश्चित
सामंत जगत में हुआ मनुज के वह निर्मित!

उन युग स्थितियों का आज दृश्य पट परिवर्तित,
प्रस्तर युग की सभ्यता हो रही अब अवसित!
जो अंतर जग था बाह्य जगत पर अवलंबित
वह बदल रहा युगपत् युग स्थितियों से प्रेरित!
बहु जाति धर्म औ' नीति कर्म में पा विकास
गत सगुण आज लय होने को : औ' नव प्रकाश
नव स्थितियों के सर्जन से हो अब शनैः उदय
बन रहा मनुज की नव आत्मा, नव सांस्कृतिक हृदय!

बापू के प्रति

चरमोन्नत जग में जब कि आज विज्ञान ज्ञान,
वहु भौतिक साधन, यंत्र, यान, वैभव महान,

सेवक हैं विद्युत वाष्प शक्ति : धन बल नितांत,
फिर क्यों जग में उत्पीड़न ? जीवन यों अशांत ?
मानव ने पाई देश काल पर जय निश्चय,
मानव के पास नहीं मानव का आज हृदय!
चर्वित उसका विज्ञान ज्ञान, वह नहीं पचित,
भौतिक मद से मानव आत्मा हो गई विजित!

है श्लाध्य मनुज का भौतिक संचय का प्रयास,
मानवी भावना का क्या पर उसमें विकास?
चाहिए विश्व को आज भाव का नवोन्मेष,
मानव उर में फिर मानवता का हो प्रवेश!
बापू! तुम पर हैं आज लगे जग के लोचन,
तुम खोल नहीं जाओगे मानव के बंधन?

नव इंद्रिय

नव जीवन की इंद्रिय दो हे, मानव को,
नव जीवन की नव इंद्रिय,
नव मानवता का अनुभव कर सके मनुज
नव चेतनता से सक्रिय!

स्वर्ग खंड इस पुण्य भूमि पर
प्रेत युगों के करते तांडव,
भव मानव का मिलन तीर्थ
बन रहा रक्त चंडी का रौरव!
अनिर्वाप्य साम्राज्य लालसा
अगणित नर आहुति देती नव,
जाति वर्ग औ' देश राष्ट्र में
आज छिड़ा प्रलयंकर विप्लव!

नव युग की नव आत्मा दो पशु मानव को,
नव जीवन की नव इंद्रिय,
नव मानवता का साम्राज्य बने भू पर
दश दिशि के जनगण को प्रिय!

कवि कृषक

जोतो हे कवि, निज प्रतिभा के
फल से निष्ठुर मानव अंतर,
चिर जीर्ण विगत की खाद डाल
जन - भूमि बनाओ सम सुंदर !
बोओ, फिर जन मन में बोओ,
तुम ज्योति पंख नव बीज अमर,
जग जीवन के अंकुर हँस हँस
भू को हरीतिमा से दें भर !
पृथ्वी से खोद निराओ, कवि,
मिथ्या विश्वासों के तृण खर,
सींचो अमृतोपम वाणी की
धारा से मन, भव हो उर्वर !
नव मानवता का स्वर्ण - शस्य-
सौन्दर्य लवाओ जन - सुखकर
तुम जग गृहिणी, जीवन किसान,
जन हित भंडार भरो निर्भर !

वाणी

तुम वहन कर सको जन मन में मेरे विचार,
वाणी मेरी, चाहिए तुम्हें क्या अलंकार !
भव कर्म आज युग की स्थितियों से है पीड़ित,
जग का रूपांतर भी जनैक्य पर अवलंबित ;
तुम रूप कर्म से मुक्त, शब्द के पंख मार,
कर सको सुदूर मनोनभ में जन के विहार ;
वाणी, मेरी चाहिए तुम्हें क्या अलंकार !
चित् शून्य,—आज जग, नव निनाद से हो गुंजित,
मन जड़,—उसमें नव स्थितियों के गुग हों जागृत ;
तुम जड़ चेतन की सीमाओं के आर पार,
झंकृत भविष्य का सत्य कर सको स्वराकार ;
वाणी मेरी, चाहिए तुम्हें क्या अलंकार !
युग कर्म शब्द, युग रूप शब्द, युग सत्य शब्द,
शब्दित कर भावी के सहस्र शत मूक शब्द ;

ज्योतित कर जन मन के जीवन का अन्धकार,
तुम खोल सको मानव उर के निःशब्द द्वार;
वाणी मेरी, चाहिए तुम्हें क्या अलंकार!

आँगन से

रोमांचित हो उठे आज नव वर्षा के स्पर्शों से?
छोटे-से आँगन मेरे, तुम रीते थे वर्षों से!
नव दूर्वा के हरे प्ररोहों से अब भरे मनोहर!
मरकत के टुकड़े-से लगते तुम विजड़ित भू उर पर
जन निवास से दूर, नीड़ में वन तरुओं के छिपकर,
भू उराज-से उभरे इस एकांत मौन भीटे पर,
कोमल शाद्वल अंचल पर लेटा मैं स्मित, चिन्तन पर,
जीवन की हँसमुख हरीतिमा को देखूँ आँखें भर!

एक ओर गहरी खाई में सोया तरुओं का तम,
केका रव से चकित, बखेरे सुख स्वप्नों का संभ्रम!
और दूसरी ओर मंजरित आम्र विपिन कर मुखरित
मधु में पिक, पावस में पी-खग करे हृदय को हर्षित!
हरित भरित वन-नीम उच्छ्वसित शाखाओं का विह्वल
वक्षभार, हाँ, रहे झुकाए मेरे ऊपर कोमल!

याद

बिदा हो गई साँझ, विनत मुख पर झीना आँचल धर,
मेरे एकाकी आँगन में मौन मधुर स्मृतियाँ भर!
वह केसरी दुकूल अभी भी फहरा रहा क्षितिज पर,
नव असाढ़ के मेघों से घिर रहा बराबर अंबर!

मैं बरामदे में लेटा, शय्या पर, पीड़ित अवयव,
मन का साथी बना बादलों का विषाद है नीरव!
सक्रिय यह सकरुण विषाद,-मेघों से उमड़ उमड़ कर
भावी के बहु स्वप्न, भाव बहु व्यथित कर रहे अंतर!
विरह मुखर दादुर पुकारता उत्कण्ठित भेकी को,
बर्हभार से मोर लुभाता मेघ-मुग्ध केकी को;

आलोकित हो उठता सुख से मेघों का नभ चंचल,
अंतरतम में एक मधुर स्मृति जग जग उठती प्रतिपल!
कंपित करता वक्ष धरा का घन गभीर गर्जन स्वर,
भू पर ही आ गया उतर शत धाराओं में अंबर!
भीनी भीनी भाप सहज ही साँसों में घुलमिल कर
एक और भी मधुर गंध से हृदय दे रही है भर!

नव असाढ़ की संध्या में, मेघों के तम में कोमल,
पीड़ित एकाकी शय्या पर, शत भावों से विह्वल,
एक मधुरतम स्मृति पल भर विद्युत सी जलकर उज्वल
याद दिलाती मुझे हृदय में रहती जो तुम निश्चल!

विनय

विज्ञान ज्ञान बहु सुलभ, सुलभ बहु नीति धर्म,
संकल्प कर सकें जन, इच्छा अनुरूप कर्म!
उपचेतन मन पर विजय पा सके चेतन मन,
मानव को दो यह शक्ति : पूर्ण जग के कारण!

मनुजों की लघु चेतना मिटे, लघु अहंकार;
नव युग के गुण से विगत गुणों का अंधकार!
हो शांत जाति विद्वेष, वर्ग गत रक्त समर,
हो शांत युगों के प्रेत, मुक्त मानव अंतर!
संस्कृत हों सब जन, स्नेही हों, सहृदय, सुंदर,
संयुक्त कर्म पर विश्व एकता हो निर्भर!
राष्ट्रों से राष्ट्र मिलें, देशों से देश आज,
मानव से मानव, हो जीवन निर्माण काज!
हो धरणि जनों की, जगत स्वर्ग, जीवन का घर,
नव मानव को दो, प्रभु! भव मानवता का वर!

सम्मोहन

जादू बिछा दिया जन भू पर !
तुमने सोने की किरणों की
जीवन हरियाली बो बो कर !
फूलों से उड़ फूल, रँगों से
निखर सूक्ष्म रँग उर के भीतर
बुनते स्वप्न मधुर सम्मोहन
स्वर्ण रुधिर से अंतर थर् थर् !

स्पंदित आज हृदय कण कण में
भाषा बनी द्रुमों की मर्मर,
लहरें उर पर देतीं आँचल
कमल मुखों से जीवित- से सर !
प्रणय दृष्टि दी मुग्ध दृगों को
प्राणों में संगीत दिया भर,
स्वर्ण कामना का नव घूंघट
डाल धरा के मुख पर सुंदर !

निज जीवन का कटु संघर्षण
भूल गया अब मानव अंतर,
जग जीवन के नव स्वप्नों की
ज्योति वृष्टि में अमर स्नान कर !
स्वर्ण जाल में तुमने जीवन
लिपटा लिया, हृदय में हँसकर,
मर्म प्रीति का झरता अविरल
इन प्राणों में स्वर्णिम निर्झर !

स्वर्ग धरा को बाँध पाश में
स्वर्ण चेतना के चिर सुखकर !
स्वप्नों को तुमने जीवन की
देही दे दी, मर्त्य शोक हर !

रजतातप

(आत्म निर्माण)

आज चेतना के प्लावन सा-
निखर रहा रजतातप सुंदर,
ऊषा संध्या के स्वप्नों के
स्वर्णिम पुलिनों को मज्जित कर!
चंद्रातप सी स्निग्ध नीलिमा
यज्ञ धूम सी छाई ऊपर,
किरणों के स्पर्शों से गुंफित
ज्योति वृत्त सा खिचा दिगंतर!

किन स्वर्गिक शिखरों को छूकर
बहता रजत समीरण मंथर!
गंध हीन, निज सूक्ष्म गंध से
सहसा प्राणोज्वल कर अंतर!
निर्मलता ही जल धारा सी
बह बह धोती भू के रज कण,
भूतों की चिर पावनता में
हृदय सहज करता अवगाहन

लौट मुग्ध विस्मित लोचन मन
अंतर्मुख करते अवलोकन,
निभृत स्पर्श पाकर निसर्ग का
आत्मा गोपन करती चिन्तन!
श्रांत इंद्रियाँ अनुप्राणित हो
देवों का करतीं आवाहन,
अंतर्नभ के दुग्धामृत से
भरें पुनः वे इनमें जीवन!

दीप शिखा सी जगे चेतना
मिट्टी के दीपक से उठ कर,
तैल धारवत् मर्म स्नेह पा
स्वर्ग विभा से भूतल दे भर!
अंतरतम की नीरवता में
जाग्रत् हो सुर मादन गुंजन,
खंडित भव विशृंखलता को
बाँध अमर गति लय में चेतन!

फिर श्रद्धा विश्वास प्रेम से
मानव अंतर हो अंतःस्मित,
संयम तप की सुंदरता से
जग जीवन शतदल दिक् प्रहसित!
व्यक्ति विश्व में व्यापक समता
हो जन के भीतर से स्थापित,
मानव के देवत्व से ग्रथित
जन समाज जीवन हो निर्मित!

करें आत्म निर्माण लोकगण
आत्मोज्वल, भू मंगल के हित,
बहिरंतर जड़ चेतन वैभव
संस्कृति में कर निखिल समन्वित!
सहृदयता का सागर हो मन
हृदय शिला हो प्रेरणा सरित,
भू जीवन के प्रति रुचि जन में
मानव के प्रति मानव प्रेरित!

प्राणों के स्तर स्तर में पुलकित
अमर भावनाएँ हों विकसित,
प्रीति पाश में बँध सुंदरता
काम भीति से हो अकलंकित!
देव वृत्तियों के संगम में
डूबें भू विप्लव, संघर्षण,
जीवन के संगीत में अमित
परिणत हो धरती का क्रंदन!

ऊर्ध्वंग शृंगों के समीर को
आओ, साँसों से उर में भर
इस पवित्रता से हम तन का
मन का पोषण करें निरंतर!
मुक्त चेतना के प्लावन सा
उमड़ रहा रजतातप निर्झर,
आज सत्य की बेला बहती
स्वप्नों के पुलिनों के ऊपर!

हिमाद्रि

मानदंड भू के अखंड हे,
पुण्य धरा के स्वर्गारोहण,
प्रिय हिमाद्रि, तुमको हिमकण-से
घेरे मेरे जीवन के क्षण!
मुझ अंचलवासी को तुमने
शैशव में आशी दी पावन,
नभ में नयनों को खो, तब से
स्वप्नों का अभिलाषी जीवन!

कब से शब्दों के शिखरों में
तुम्हें चाहता करना चित्रित
शुभ्र शांति में समाधिस्थ हे
शाश्वत सुंदरता के भूभृत!
बाल्य चेतना मेरी तुम में
जड़ीभूत आनंद तरंगित,
तुम्हें देख सौन्दर्य साधना
महाश्चर्य से मेरी विस्मित!

जिन शिखरों को स्वर्ण किरण नित
ज्योति मुकुट से करती मंडित,
जिन पर सहसा स्खलित तड़ित्
हो उठती निज आलोक से चकित!
जिन शिखरों पर रजत पूर्णिमा
सिन्धु ज्वार सी लगती स्तंभित,
जिनकी नीरवता में मेरे
गीत स्वप्न रहते थे झंकृत!

जिनकी शीतल ज्वाला में जल
बनी चेतना मेरी निर्मल,
प्राण हुए आलोकित जिनके
स्वर्गोन्नत सौन्दर्य से सजल!
हृदय चाहता काव्य कल्पना को
किरीट पहनाना उज्वल
स्मृति में ज्योति तरंगित स्वर्गिक
शृंगों के आलोक का तरल!

वसुधा की महदाकांक्षा-से
स्वर्ग क्षितिज से भी उठ ऊपर

अंतर आलोकित - से स्थित तुम
अमरों का उल्लास पान कर !
उरोभार - से गौर, धरणि के,
सोया स्वर्ग शीश धर जिस पर,
तुम भारत के शाश्वत गौरव
प्रहरी - से जागरित निरंतर !

रवि की किरणें जिसे स्पर्श कर
हो उठतीं आलोक निनादित,
जिस पर ऊषा संध्या की छबि
आदि सृष्टि - सी ही स्वर्णांकित !
इन्दु ज्वलित तुम स्फटिक धवलिमा
के क्षीरोदधि - से हिल्लोलित
ज्योत्स्ना में थे स्वप्न मौन
अप्सरा लोक - से लगते मोहित !

सुरँग प्रवालों की रत्नश्री
अहरह रहती जहाँ मर्मरित;
देवदारु की चारु सूचि से
मरकत तलहटियाँ रोमांचित !
मौन स्वर्ग मुख पर अंकित तुम
शुचि दिगंत स्मिति-से चिर शोभित,
आदि तत्व - से, अपनी ही शोभा
विलोक रहते अनिमेषित !

नीली छायाएँ थीं तन पर
लगतीं आभा की - सी सिकुड़न,
इंद्रधनुष मंडल से दीपित
उड़ते थे शत हँसमुख हिमकण !
स्वर्दूतों के पंखों - से स्मित
तड़ित् चकित हिम के रोमिल घन
रंगों से वेष्टित रखते थे
तुमको हे आलोक निरंजन !

प्रति वत्सर आती थी मधुऋतु
सद्यः स्फुट देही ले कुसुमित
चीर रश्मियों को, फूलों के
अंगों पर निज कर शत रंजित !

खुलती पंखड़ियों की कंचुक
सौरभ श्वासों से थी स्पंदित,
मेरे शैशव को नित उसकी
गीत कोकिला रखती कूजित!

कलरव, स्वप्नातप, सुरधनु पट,
शशि मुख, हिम स्मिति, गात्र ले श्वसित
षटऋतु करती थीं परिक्रमा
अप्सरियों सी सुरपति प्रेषित!
शरद चंद्रिका हो जाती थी
स्वप्नों के शृंगों पर विजड़ित,
हिम की परियों का अंचल उड़,
भू को कर लेता था परिवृत!

रंग रंग के चित्रित पक्षी
उड़ते नभ में गीत तरंगित,
नील पीत भृंगों का गुंजन
मौन क्षणों को रखता मुखरित!
ऊष्मा का सूर्यातप तुम में
लगता शीतलता-सा मूर्तित,
इंद्रचाप पुल पर, वर्षा में,
सुरबालाएँ आ जातीं नित!

जग प्रच्छाय गुहाओं में, नव
बाष्पों के गज भरते गर्जन,
चंचल विद्युत् लेखाएँ थीं
लिपट दृगों से जातीं तत्क्षण!
ताराओं के साथ सहज
शैशव स्वप्नों से भर जाता मन,
उठते थे तुम अंतर में
सौन्दर्य स्वप्न शृंगों पर मोहन!

मेघों की छाया के सँग-सँग
हरित घाटियाँ चलतीं प्रतिक्षण,
वन के भीतर उड़ता चंचल
चित्र तितलियों का कुसुमित वन!
रँग-रँग के उपलों पर रणमण
उछल उत्स करते कल गायन,
झरनों के स्वर जम-से जाते
रजत हिमानी सूत्रों में घन!

भीम विशाल शिलाओं का वह
मौन, हृदय में अब तक अंकित,
फेनों के जल स्तंभों - से वे
निर्झर रभस वेग से मुखरित!
चीड़ों के तरु वन का तमं
साँसें भरता मन में आंदोलित,
दरियों की गहरी छायाएँ
ज्योतिरिंगणों से थी गुंफित!

गाते उर में क्षिप्र स्रोत,
लहराते सर तुषार के निर्मल,
सौरभ की गुंजित अलकों से
छू समीर उर करता शीतल!
नीली पीली हरी लाल
चपलाओं का नभ जगता चंचल
रजत कुहासे में, क्षण में
माया प्रांतर हो जाता ओझल!

संभव, पुरा तुम्हारी द्रोणी
किन्नर मिथुनों से हों कूजित,
छाया निभृत गुहाएँ उन्मद
रति सौरभ से सतत उच्छ्वसित!
औषधियाँ जल जल दरियों के
स्वप्न कक्ष करती हों दीपित,
ओसों के वन में मिलते हों
स्तन हारों के मुक्ताफल स्मित!

मदन दहन की भस्म अनिल में
उड़ अब तक तन करती पुलकित,
सती अपर्णा के तप से
वन श्री अवाक्-सी लगती विस्मित!
अब भी ऊषा वहाँ दीखती
वधू उमा के मुख-सी लज्जित,
बढ़ती चंद्र कला भी गिरिजा-सी
ही गिरि के क्रोड़ में उदित!

अब भी वही वसंत विचरता
पुष्प शरों से भर दिगंत स्मित,
गंधोद्दाम धरा वह ही, पाषाण,
शिलाएँ पुलक पल्लवित!

अब भी प्रिय गौरा का शैशव
वर्णन करते खग पिक मुखरित,
देवदारु के ऊर्ध्व शिखर
वैसे ही शंकर-से समाधि स्थित !

अभी उतरता कूर्म सानु पर
वप्र क्रीड़ा परिणत गज घन,
वातायन से मंद स्तनित कर
देता कवि संदेश आर्द्र स्वन !
अब भी अलकें उठा देखतीं
ग्राम वधू उसको सरल नयन,
शुभ्र बलाकों के दल नभ में
कल ध्वनि भर करते अभिवादन !

आज जीवनोदधि के तट पर
खड़ा अवांछित, क्षुब्ध, उपेक्षित,
देख रहा मैं क्षुद्र अहम् की
शिखर लहरियों का रण कुत्सित !
सोच रहा, किसके गौरव से,
मेरा यह अंतर जग निर्मित,
लगता तब, हे प्रिय हिमाद्रि,
तुम मेरे शिक्षक रहे अपरिचित !

और, पूछता मैं मन से, क्या
यह धरती रह सकती जीवित
जो तुम स्वर्गिक गरिमा भू पर
बरसाते रहते न अपरिमित !
शिखर शिखर ऊपर उठ तुमने
मानव आत्मा कर दी ज्योतित,
हे असीम आत्मानुभूति में
लीन, ज्योति शृंगों के भूभृत् !

घनीभूत अध्यात्म तत्त्व-से
जिससे ज्योति सरित शत निःसृत
प्राणों की हरियाली से स्मित
पृथ्वी तुमसे महिमा मंडित !
स्फटिक सौध-से श्री शोभा के
रश्मि रेख शृंगों से कल्पित,
स्वर्ग खंड तुम इस वसुधा पर,
पुण्य तीर्थ हे, देव प्रतिष्ठित !

मत्स्य गंधाएँ

स्वर्ण पंख सांध्य प्रहर,
ज्योति तरंगित सागर
मान चित्र सा सुंदर!
लहरों से लिपट लहर
लौट रहीं लहरों पर,
स्नायु हर्ष रहा सिहर!
पुलिन स्वप्न वेश्म जड़ित
ताल हस्ततल वीजित
यक्ष लोक सा चित्रित!
वाष्प ग्रथित मेघ सुभग
द्वाभा पंखों में रँग,
उड़ते ज्यों तूल विहग!

सौ सौ ये लोल लहर
परियों के रत्न विवर
सौधों की स्वर्ण शिखर!
तट पर मैं रहा विचर
ये परियाँ, सतरँग पर,
कहतीं आकर बाहर,
'हम जीवन धात्री वर'!
सुनता मैं फेन मुखर
विगलित मोती के स्वर!
'जीवन के अणु उर्वर
पाल पोस पृथ्वी पर
लाईं हम, भू नभचर'!

'ज्योति प्रीति प्राण सुघर
सिन्धु प्रजा, जन-सुखकर
रचे धरा स्वर्ग अमर,—
देख रहीं उठ उठ कर
हम भू तट छू दुस्तर
माँ की ममता से भर'!

स्वर्ण निर्झर
(सौंदर्य चेतना)

स्वर्ण रजत के पत्रों की रत्नच्छाया में सुंदर
रजत घटियों सा झरता स्वर्णिम किरणों का निर्झर !
सिहर इंद्रधनुषी लहरों में इंद्रनीलिमा का सर
गलित मोतियों के पीतोज्वल फेनों से जाता भर !
वहाँ सूक्ष्म छायाभा के तन तैर अमृत में मादन
वर्ण विभा से भरी अंगभगी से हर लेते मन !
वह शोभा की द्वाभा का नीहार लोक चिर मोहन
सहज स्फुरित हो उठता नीरव अंतस्तल में गोपन !

ऊषा की लाली से कल्पित नव वसंत की कोंपल,
सौरभ वाष्पों पर पुष्पों के शत रँग खिलते प्रतिपल !
शशि किरणों के नभ के नीचे, उर के सुख से चंचल,
तुहिनों का छाया वन कँपता रहता नित तारोज्वल !
वहाँ एक अप्सरी, स्वर्ण तन चंद्रातप से निर्मित,
नवल अवयवों की जल तल की जाल व्रतति सी शोभित !
फूल देह को उसकी घेरे स्वर्ग लालसा गुंजित,
एकाकी प्रिय अंगों पर कोमल लावण्य अनावृत !

सुप्त स्वर्ण के चक्रांगों-से गौर उरोजों पर स्थित
शुभ्र सुधा के मेघों की जाली उठती गिरती नित !
उठे कामना शिखरों-से, श्वासों से स्वर्गिक स्पंदित,
रजत प्रीति के उन कलशों पर स्वर्ण शिराएँ वेष्टित !
ज्योति भँवर सी सुघर नाभि प्रिय रजत फुहार उदर में,
स्वर्ण वाष्प का घन लटका जघनों के माणिक सर में !
रजत शांति आत्मा के नभ की, झंकृत उसके स्वर में,
मुक्ता घट में स्वर्ण प्रीति की सुरा लिये वह कर में !

मृदुल कामना लतिकाओं-सी बाँहें प्रीति प्रलंबित
आलिंगन भरने को अति कोमल पुलकों से कल्पित !
अरुण सुरा प्यालों-से करतल, प्रणय रुधिर से रंजित,
दीप शिखा-सी अंगुलियों पर हीरक छवि नख ज्योतित!
भौंरों की गुंजारों-से श्लथ कुंतल मसृण तरंगित,
जिनके कोमल सुरभित तम में स्वप्न काम के निद्रित !
वाणी के उदग्रीव हंस-सी ग्रीवा की शोभा सित,
भाल भृकुटि श्रुति चिबुक नासिका उसके सतत निरुपमित !

स्वर्णिम निर्झर सी रति सुख की जंघाओं पर पेशल,
लिपटी जीवन की ज्वाला उद्दीपन करती शीतल !
नव प्रभात किरणों से चुम्बित रक्त कमल-से पदतल,
लहरा उठती पग पग पर स्वर्गंगा भू पर चंचल !
खिले कपोलों पर सुषमा के पाटल छवि से लज्जित,
अधरों पर मदिरा प्रवाल की बनी मधुर अधरामृत !
इंदु रश्मि के कुंद मुकुल दशनों में द्रवित सहज स्मित,
नील कमल नयनों में नीरव स्वर्ग प्रीति का विकसित !
स्निग्ध स्पर्श बहता प्राणों में अमर चेतना सा नव,
उर को होता चिर प्रतीति की मधुर मुक्ति का अनुभव !

मन में भर जाता स्वर्गिक भावों का स्वर्णिम वैभव
हृदय हृदय का मिल, अभिन्न बनना हो जाता संभव !
यह सौन्दर्य विभा रे उसके अमर प्रेम की छाया,
दिव्य प्रेम देही, सुंदरता उसकी सतरँग काया !
प्रेम सत्य, शिव सार, प्रेम में नित आनंद समाया,
दृढ़ प्रतीति को उसने अपनी चिर पद पीठ बनाया !

ज्योति भारत

ज्योति भूमि,
जय भारत देश !
ज्योति चरण धर जहाँ सभ्यता
उतरी तेजोन्मेष
समाधिस्थ सौन्दर्य हिमालय,
श्वेत शांति आत्मानुभूति लय,
गंगा यमुना जल ज्योतिर्मय,
हँसता जहाँ अशेष !

फूटे जहाँ ज्योति के निर्झर,
ज्ञान भक्ति गीता वंशी स्वर,
पूर्ण काम जिस चेतन रज पर
लोटे हँस लोकेश !

रक्त स्नात मूर्च्छित धरती पर
बरसा अमृत ज्योति स्वर्णिम कर,
दिव्य चेतना का प्लावन भर
दो जग को आदेश !

हिमाद्रि और समुद्र

वह शिखर शिखर पर स्वर्गोन्नत,
स्तर पर स्तर ज्यों अंतर्विकास
चढ़ सूक्ष्म सूक्ष्मतम चिद् नभ में
करता हो शुचि शाश्वत विलास!
वह मौन, गंभीर प्रशांत, ऊर्ध्व
स्थित धी, असंग, चिर निरभिलाष
आत्मा की गरिमा का भू पर
बरसाता हो अकलुष प्रकाश!

वह निर्विकल्प चेतना शृंग
उठ स्वर्ग क्षितिज से भी ऊपर
अंतर्गौरव में समाधिस्थ
अपनी ही सत्ता पर निर्भर!
वह ज्यों असीम सौन्दर्य अमर,
जो तृण तृण पर से रहा निखर,
वह रामांचित आनंद, नृत्य करता
विमुग्ध भव जिस लय पर!

यह ज्यों अनंत जीवन वारिधि,
अहरह अशांत औ' उद्वेलित,
जिसके निस्तल गहरे रँग में
अगणित भव के युग अंतर्हित!
जग की अबाध आकांक्षा से
इसका अंतस्तल आंदोलित,
सुख दुख आशा आशंका के
उत्थान पतन से चिर मंथित!

यह मनश्चेतना ज्यों सक्रिय
भू के चरणों पर बिखर बिखर
शत स्नेहोच्छ्वसित तरंगों की
बाँहों में लेती भू को भर!
नभ से बन पवन, पवन से जल,
लालायित यह चेतना अमर
सोई धरती से लिपट, जगाने
उसे, युगों की जड़ता हर!

वह महाकाल सा रे अलंघ्य,
जो शाश्वत स्वर्ग मर्त्य प्रहरी,
यह महादिशा सा ही अकूल
जिसमें विराट् संसृति लहरी !
हिमगिरि की गहराई ऊँची
सागर की ऊँचाई गहरी
छाया प्रकाश की संसृति के
जीवन रहस्य में है छहरी !

भू प्रेमी

चाँद हँस रहा निबिड़ गगन में, उमड़ रहा नीचे सागर,
इंद्रनील जल लहरों पर मोती की ज्योत्स्ना रही बिखर !
महानील से कहीं सघन मरकत का यह जल तत्त्व गहन,
जिसमें जीवन ने जीवों का किया प्रथम आश्चर्य सृजन !

जल से भी निष्ठुर धरती का लेकर धीरे अवलंबन
जलज जीव ने सजग बढ़ाए क्रम विकास के अथक चरण !
भू के गहरे अंधकार में वही जीव अनिमेष नयन
देख रहा नभ ओर ज्योति के लिए, जहाँ रवि शशि उडुगण !

धरती के पुलिनों में उसकी आकांक्षाएँ उद्वेलित
फिर फिर उठतीं गिरतीं ऊपर के प्रकाश से आंदोलित !
अच्छा हो, भू पर ही विचरे यह भू का प्रेमी मानव,
मधुर स्वर्ग आकर्षण से नित होता रहे तरंगित भव !

विस्तृत जो हो जाए मानव अंतर, चेतनता विकसित,
आत्मा के स्पर्शों से भू रज सहज हो उठेगी जीवित !
अंतर का रूपांतर हो औ' बाह्य विश्व का रूपांतर,
नव चेतना विकास धरा को स्वर्ग बना दे चिर सुंदर !

निर्भर जन मन के विकास पर सामाजिक जीवन निश्चित,
संस्कृति का भू स्वर्ग अमर आत्मिक विकास पर अवलंबित !

ऊषा

(मनः स्वर्ग)

लो, वह आई विश्वोदय पर
स्वर्ण कलश वक्षोजों पर धर!
अर्ध विवृत कर ज्योति द्वार पट,
ज्वलित रश्मियों की अंजलि भर!
वह पवित्रता सी अभिषेकित,
सद्यः स्फुट शोभा में आवृत,
आई अरुणोदय मंदिर में
पथ प्रकाश का करने विस्तृत!
आनन में लावण्य अगुंठित,
प्रीति दृष्टि आलोक से स्तिमित,
दिव्य चेतना की ऊषा वह
अधर पल्लवों में प्रभात स्मित!

ज्योति नीड़ के विहग जगे, गाते नव जीवन मंगल,
रजत घंटियाँ बजीं अनिल में, ताली देते तरुदल!
चूम विकच नलिनी उर, गूँजे गीत पंख मधुकर दल,
नृत्य तरंगित बहे स्रोत, ज्यों मुखरित भू पग पायल!
विहँसे हिमकण किरण, गर्भ, स्वर्गिक जीवन के-से क्षण,
खोल तृणों के पुलक पंख उड़ने को भू रज के कण!
खिसका वसुधा के उरोज शिखरों से चल मलयांचल,
सरिता की जाँघों से सरका लहरा रेशम सा जल!
स्वर्ग विभा धरती को छू हो उठी सुरंजित,
ज्योति तमस मिल हुए विश्व द्वाभा में विकसित!
शुभ्र चेतना हँसी हृदय के रागों में स्मित,
जीवन के वैभव से हुई धरा रज कुसुमित!

रंग चपल पुष्प हास पंख खोल भूमि कंत
भृंग गुंजरित, पिकी रटित जगा नवल वसंत!
नव प्रवाल प्रज्वलित श्वसित रजत हरित दिगंत,
गीत गंध मधु मरंद हिम ग्रथित समीर मंद!
अमंद रहस गीत नृत्य नाद से दिशा ध्वनित,
अनंत नीलिमा सृजन तरंग भंगिमा गलित!
अबाध कामना मथित समुद्र वारि उच्छ्वसित,
अलंघ्य शैल शृंग मौन चित्र-शांति में जड़ित!

कुंजों के कंपित भूतल पर
ढँक रजत हरित जाली से तन
छाया की बाँहों में आतप
अँगड़ाता स्वप्नों से उन्मन !
श्लथ कर कंचुक की पंखड़ियाँ
कलियों के नव उर कर विकसित,
फूलों पर कँपता मलयानिल,
स्वर्णिम मरंद-रज से सुरभित !
लहरों से लिपट रहीं लहरें
तरुओं से लतिकाएँ कोमल,
भू रज पर लोट रहीं किरणें
तरुदल को चूम रहे तरुदल !

स्वर्ण रजत की धूलि से भरा निखिल दिगंबर,
मनश्चेतना चूर्ण उड़ रहा हो ज्यों भास्वर !
दिव्य उषा के मनोहास्य से दिशि आलोकित,
सूक्ष्म सृष्टि नीहार सृजन सुख से आंदोलित !

नव प्रवाल लाली में गुंठित
छुईमुई सी लज्जा कोमल,
मसृण जलद में शशि छाया सी
आ-जा, दिपती छिपती प्रतिपल !
अधरों पर मरती मृदु मर्मर,
कँपते गालों में स्वर्णिम सर,
स्वर्ग विभा रज तन को छूकर
खिलती सकुचाती क्षण क्षण पर !

व्रीड़ा दौड़ी भू पर आ ऊषा के मुख पर
प्रणय रुधिर से हृदय शिराएँ काँपीं थर थर !
अधर पल्लवों में जागा मधु स्वर्णिम मर्मर,
मौन मुकुल मुख खिला लालिमा से रँग सुंदर !
क्या था गिरि कुंजों में, सरित तटों में गोपन,
लिपटी मर्म मधुर लज्जा में जो अमर किरण !
सलज किसलयों का धर आनन पर अवगुंठन
स्वर्ग चेतना वनी लाज मदिरा पी मोहन !
नवल उरोज सरोज हुए सरसी के दोलित,
लहरों का आँचल दे वह तन करती आवृत,
अमिट कामना स्पंदित षट्पद शत स्वर गुंजित
उड़ते, ईषत् नव कलियों का मुख कर चुंबित !

रत्नच्छाया में ज्यों परिवृत
आई सज्जा चरण धर रणित,
मणि मुक्ताओं के कर इंगित
स्वर्ण रजत सुषमा में झंकृत !
पुष्प पँखड़ियों के शत-रँग पर,
तुहिन तरल नख, नव पल्लव कर,
धरती पग कुछ नभ कुछ भू पर
इंद्रधनुष प्रति रजकण में भर !
किया तापसी को नव कलियों ने खिल सज्जित,
मधुॠतु के रंगों की चोली से कर वेष्टित !
लिपटी लता पदों से चल अलियों से गुंजित,
स्वर्ण मंजरित कटि कांची झनकी पिक कूजित !
मल्लिका बनी हृदय का हार,
स्वर्ण गेंदा श्रुति भूषण स्फार,
कचों में गुँथे बकुल सुकुमार
हँसे कंकण बन हरसिंगार !
यूथिका बनी वलय कोमल
कुमुद वक्षोजों बीच तरल
शीश का फूल शिरीष नवल
पदों पर खिल बंजुल पायल !
जलधि-से लहरे चंचल प्राण,
खिला सरसिज सा जीवन-सार,
हृदय के शतदल खुले अजान
भाव सुषमा से रँग सुकुमार !
सलिल पर ज्यों पंकज के पत्र
चेतना पर जीवन का भार
लगा तिरने, स्वप्नों का छत्र
पद्म सा जगा मनस् साकार !
मर्म में अमृत प्रीति मधुकोष,
दलों में ध्वनित स्पृहा गुंजार,
स्वयं ज्यों जीवन का परितोष
बना शोभा विकास विस्तार !
अमर चरण रँग हृदय राग से, मरण शील बन,
परम अहम्, चेतना बुद्धि बन, तपस से सृजन
करने लगे मनोजीवन का स्वप्नों से घन,
आत्मा का ऐश्वर्य बाँध भावों में मोहन !

तुहिन कणों का मुकुट पहन आनंद बना सुख,
चटुल लहरियों पर चल, किरणों से ढँक स्मित मुख!
स्रोतों में मोती, तरुदल में कांचन मर्मर
रजत अँगुलियों में समीर के पुलक स्पर्श भर!
हृदय शिराएँ झंकृत, पलक निमिष से चंचल,
उतरा वह भू पर पकड़े शोभा का अंचल!
रोओं में विद्युत्, श्वासों में विस्मृति मादन,
मदिर प्रीति की स्वर्ण सुरा का पी संजीवन!

गात्र कनक चंपक ज्योत्स्ना का, केसर पुलकित,
रजत हंस उर के नव इन्द्र जलद से संवृत,
शोभा थी स्वप्नों की कोमलता से कल्पित,
स्वर्ण किंकिणी स्मिति, प्रवाल अधरों पर झंकृत!
सीप छटा सा उदर, नाभि मुक्ताफल सी स्मित,
पुष्प पुलिन जघनों पर चिर लालसा तरंगित,
वह लावण्य व्रतति थी कटि तनिमा से दोलित
प्रीति पाश बाँहें पुलकों से स्पर्श-प्रलंबित!
उसे देख, वसुधा के स्वप्नों का जग अपलक
रँग रँग की पंखड़ियों में खिल उठा अचानक!
रंगों का हँस उठा इंद्र सम्मोहन व्यापक,
गूँज उठी, कल कूक उठी कामना जग अथक!

मधुलिह चुंबि शिरीष वेणि, लेखा शशि आनन,
सुरभि वाष्प के वसन, हिमानी धौत कुसुम तन,
आई प्रीति, पकड़ प्रतीति का रश्मि-स्पर्श कर,
उर स्पंदन से दोलित, आशा के खोले पर!
स्वप्नों का पट बुन उसने, उर रागों से रँग,
जन्म मरण, सुख दुख, विरह मिलन बाँधे सँग सँग!
उदधि उच्छ्वसित, पृथ्वी पुलकित, अपलक उडुगण,
रहे अवाक् गिरि, किया सभी ने आत्म समर्पण!
प्राणों के स्वप्नालिंगन में बँध वसुधा पर
सृजन-प्राण बन गए स्वयं को भूल चराचर!
रक्त सुरा, संगीत बना उर उर का स्पंदन,
पुलकों में पल्लवित हँस उठे जड़ औ' चेतन!

तुहिन वाष्प के सुरँग जलद से छादित
इंदु रश्मि के इंद्रजाल से स्पर्शित,
अर्ध विकच कलिका के उर में जृंभित
स्वप्न दिखाई दिया रहस सुख से स्मित!

स्वर्णिम केसर की अलकें थीं सुरभित
अर्ध खुले, लोचन रहस्य से विस्मित,
ऊर्मिल सरसी सा उर शशि कर गुंफित
इंद्र धनुष छाया पट से तन आवृत!
सृजन प्ररोह हृदय में था चिर गोपन,
मुग्ध कल्पना सँग कर उसने प्रजनन,
भरा धरा में अतुल मनोमय जीवन,
उर उर में मधु आकांक्षा का गुंजन!

हिम कुंदेन्दु समान कल्पना शोभित,
सित सरसिज पर लेटी शशिकर सी स्मित,
धूपछाँह रग तिर अंचल में अगणित,
करते थे मानस को रँग तरंगित!
प्राणों की झंकृत तंत्री कर में धर
बरसाती उर में रागों के मधु स्वर,
सुघर इंगितों से शोभा पड़ती झर
मर्म मधुर नीरव स्मिति से रस निर्झर!

आई आशा, शशि की रजत तरी पर चढ़कर,
स्वर्ण हास्य से आलोकित कर मेघों का घर!
गीत स्वप्न से ग्रथित मनोजव के खोले पर,
चपल तड़ित् भ्रू भंगों से पुलकित कर अंतर!
रजत पल्लवों की ज्वाला से वेष्टित प्रिय तन,
उदधि ज्वार पर चढ़ फेनों पर करती नर्तन;
चिर अधखुले उरोजों पर जलते थे उडुगण,
रजस्राव के अभ्रक से ज्योतित भू रज कण!

शरद चंद्रिका स्नात मल्लिका सी नव निर्मल
हिम वाष्पों का झीना पट पहने किरणोज्वल,
शैशव की स्मिति सी प्रतीति आई चिर निश्छल,
भर अनभ्र नीलिमा मौन नयनों में निस्तल!
स्वर्ग सुधा ला इंदु रश्मि घट में हिम जल स्मित
पावन उसने किए हृदय भेदों से पीड़ित,
दशनों की आभा स्मिति से अंतर कर विगलित,
किए प्राण कोमल मृणाल के तंतु में ग्रथित!

लहरों के पुलिनों-से अचपल
जागे धैर्य शौर्य उर संबल,
हिम शिखरों-से उन्नत अविचल
अंतर पौरुष से अरुणोज्वल!

रजत स्वर्ण ज्वाला के सुंदर
कर में धरे त्रिशूल अभयकर,
झंझा लहरों के तुरगों पर
आए वे तम भ्रम के जित्वर!

नभ-से नीरव निस्तल लोचन,
धरती सा था धीरज का मन,
शौर्य सपंख अद्रि सा शोभन,
छू न सका था जिसे वृत्रहन्!
आत्म त्याग,—तप से दीपित तन,
मृत्यु कंठ, आपद् आभूषण,
प्रकट हुआ, आक्षितिज थे नयन,
ममता घन से शून्य उर गगन!
सेवापगा विरति शशि मस्तक
थी विनम्रता उर में नत स्रक्,
शांत गहन निशि नभ सा अपलक,
अथक कर्म रत, भव से अपृथक्!

सेवा उतरी, ज्यों गंगाजल,
कलुष तृषित लहरों से चंचल,
वीतराग तन पर संध्यांचल,
नत मुख पर श्रमकण मुक्ताफल!
स्तिमित दृष्टि थी, अधर सहज स्मित
सेवा का वक्षस्थल विस्तृत;
ध्रुव तारा से पथ चिर ज्योतित,
काँटों को करती थी कुसुमित!
सँग कृतज्ञता थी, सजल नयन,
आकुल अंतर, मूक थे वयन,
सुघर कुँई सी स्वप्निल चितवन,
लिपट व्रतति सी जाती तत्क्षण!

विनत मुकुल सा सुहृद था विनय,
ग्रहण शील, चिर निरलस, निर्भय,
वह स्वभाव ही से था सहृदय,
निज अंतर्वैभव में तन्मय!
इन्दु विभा ज्यों जलदों से छन
वेला वन में लगती मोहन,
मौन मधुर गरिमा से शोभन
बना शील संस्कृत जग जीवन!

जुगनुओं के ज्योति मंडल से घिरा मुख शांत,
तारिकाओं की सरसि सा स्वप्न स्मित उर प्रांत,
इन्दु विगलित शरद घन सा वाष्प का तन कांत
सजल करुणा थी खड़ी ज्यों इंद्रधूम दिनांत!
अतल नील अकूल नयनों का द्रवित नीहार
अश्रु फेनों से स्फुटित स्पंदित उरोज उभार,
आर्द्र सौरभ श्वास, स्मिति हिम-त्रस्त हरसिंगार,
स्खलित होते स्रोत भू से सुन चरण झंकार!

सहचरी थी क्षमा, गौरव रश्मि चुम्बित भाल,
युग पयोधर थे सुधास्रुत् ज्योति कलश विशाल;
न्याय को धर अंक में मुख चूमती थी बाल,
दृष्टि पथ पर पंख खोले शुभ्र रजत मराल!
दीप लौ सी थीं अँगुलियाँ वरद कर में स्फार,
चूम अधरों को सुरा बनती सुधा की धार;
स्पर्श पा हँसता पुलक सुख से व्यथा का भार,
मर्त्य से था स्वर्ग तक दृग नीलिमा विस्तार!

आभा देही श्रद्धा प्रकटी अंतर्लोचन,
उर की सार सुरभि से कल्पित था प्रिय-श्री तन;
बरसाती आशीष रश्मि थी स्वर्गिक चितवन,
दिव्य रजत नीहार शांति से मंडित आनन!
भू प्रदीप की शिखा स्वर्ग की ओर ऊर्ध्वचित्
वह निश्चल निष्कंप, स्तंभ किरणों की शोभित,
सूक्ष्म चेतना सिन्धु मथन से स्वतः प्रस्फुटित,
शुभ्र उषा सी थी उर नभ में उदित अगुंठित!

साथ भक्ति थी रोमांचों की स्रक् सी पावन,
नयनों के अभ्रों से झरते थे प्रकाश कण!
अधरों के पुलिनों पर बहता स्मिति का प्लावन,
उर-कंपन में बजते प्रिय पग नूपुर प्रतिक्षण!
तप्त कनक द्युति देह, सहज चंदन सी वासित,
गैरिक शृंगों-से उरोज थे, अश्रु माल स्मित;
सित कर्पूर शिखर सी, दिव्य शिखा से दीपित,
सांध्य पद्म सा ध्यान मग्न उर प्रिय को अर्पित!

रक्त घनों की दीप गुहा से दृष्टि कर चकित,
ज्वलित अर्चियों की प्रतिभा, हो तड़ित् सी स्फुरित,
दौड़ी मानस लहरों पर आलोक चमत्कृत,
सुरँग खगों-से उड़ते थे स्वर शब्द कल ध्वनित!

वर्ण वर्ण की गलित विभा से स्रवित कलेवर,
चपल चौकड़ी भरता शशि मृग था प्रिय सहचर;
तिग्म सुरभि सी उड़ती थी मारुत पंखों पर,
दिव्य प्रेरणा किरणों की जाली मुख पर धर!
मुक्ति, सत्य औ' श्रेय अंत में हुए अवतरित,
सृष्टि पद्म सी मुक्ति हुई दश दिशि में विकसित;
बंधन हीन विविध बंधन में बँधती वह नित,
सूक्ष्म वाष्प से हिम, हिम से बन वाष्प अपरिमित!
मुक्ति पद्म पर धरे, सत्य आलोक के चरण
हँसता था, आनन से उठा हिरण्मय गुंठन,
निज-पर को ज्यों भूल धरा के जड़ औ' चेतन
सत्य बन गए, स्वयं सत्य था रज का प्रतिकण!

सत्य सुदूर समीप, सत्य था भीतर बाहर,
सत्य एक बहु, सूक्ष्म स्थूल, केवल, क्षर अक्षर;
धरा सत्य थी, सत्य पवन जल पावक अंबर,
सत्य हृदय मन इंद्रिय, सत्य समस्त चराचर!
अकथनीय था सत्य, ज्योति में लिपटा शाश्वत,
अणु से भी लघु देह ज्वलित गिरि शृंग सी महत्;
दृष्टि रश्मि थी ज्योति पथिक औ' स्वयं ज्योति पथ,
धावित स्थिर, जाज्वल्यमान शुभ सप्त अश्व रथ!
किरणों के दूर्वाप्रभ नभ सी मुक्ति थी अमित,
शुभ्र हंस घेरे थे उसको पंख खोल स्मित;
था अकूल आनंद उदधि उर में उद्वेलित,
ज्योति चूर्ण झरता अंगों से मुक्त अनावृत!

तरुण सत्य के अर्ध विवृत जघनों पर शिर धर,
लेटी थी वह दामिनि सी रुचि गौर कलेवर;
गगन भंग-से लहराए मृदु कच अंगों पर,
वक्षोजों के खुले घटों पर लसित सत्य कर!
समाधिस्थ था श्रेय, सत्य आरूढ़ निरंतर,
धरे अंक में भू को, सुर जल स्रोत शीर्ष पर;
ताप गले में, सुधा शांति मस्तक पर भास्वर,
लिपटा तन से भाव विभूति, अभाव भोगधर!
देश काल सदसत् से पर, त्रिक् तपः शूल धर,
देवों का पोषक था वह, दैत्यों का जित्वर;
काम क्रोध मद मत्सर थे उसके पद अनुचर,
वह स्वर्णिम किरणों से मंडित, पाप तमस हर!

इस प्रकार चिर स्वर्ग चेतना हुई प्रतिष्ठित
जीवन शतदल पर, मन के देवों से भूषित;
जड़ धरणी के ताप शाप दुख दैन्य अपरिमित
काकों-से पर खोल, हुए लय तमस में अचित्!

चंद्रोदय

वह सोने का चाँद उगा ज्योतिर्मय मन सा,
सुरँग मेघ अवगुंठन से आभा आनन सा!
उज्ज्वल गलित हिरण्य बरसता उससे झर झर,
भावी के स्वप्नों से धरती को विजड़ित कर!

दीपित उससे अंतरिक्ष पर मेघों का घर,
वह प्रकाश था कब से भीतर नयन अगोचर!
इंदु स्रोत से ही रस स्रवित निभृत अभ्यंतर,
प्राणों की आकांक्षा के वैभव से सुंदर!

वह प्रकाश का बिम्ब मोहता मानव का मन,
स्वप्नों से रंजित करता भू का तमिस्र घन!
आत्मा का पूषण वह, मनसोजात चंद्रमस्,
जिससे चिर आंदोलित जग जीवन का अंभस्!

देव लोक मेखला, इंदु पूषण का अंतर,
सृजन शक्तियाँ देव, इंद्र है जिनका ईश्वर!
दिव्य मनस् वह, निखिल विश्व का करता चालन,
पोषित उससे अन्न प्राण मन का जग जीवन!

वह सोने का चाँद उठा ज्योतित अधिमन सा,
मानस के अवगुंठन के भीतर पूषण सा!
दुग्ध धार सी दिव्य चेतना बरसा झर झर,
स्वप्न जड़ित करता वह भू को स्वर्जीवन भर!

द्वा सुपर्णा

दो पक्षी हैं: सहज सखा, संयुक्त निरंतर,
दोनों ही बैठे अनादि से उसी वृक्ष पर!
एक ले रहा पिप्पल फल का स्वाद प्रतिक्षण,
बिना अशन दूसरा देखता अंतर्लोचन!

दो सुहृदों - से मर्त्य अमर्त्य सयोनिज होकर,
भोगेच्छा से ग्रसित, भटकते नीचे ऊपर,
सदा साथ रह, लोक लोक में करते विचरण,
ज्ञात मर्त्य सब को, अज्ञात अमर्त्य चिरंतन !

कहीं नहीं क्या पक्षी ? जो चखता जीवन फल,
विश्व वृक्ष पर नीड़, देखता भी है निश्चल !
परम अहम् औ' द्रष्टा भोक्ता जिसमें सँग सँग,
पंखों में बहिरंतर के सब रजत स्वर्ण रँग !
ऐसा पक्षी, जिसमें हो संपूर्ण संतुलन,
मानव बन सकता है, निर्मित कर तरु जीवन !
मानवीय संस्कृति रच भू पर शाश्वत शोभन,
बहिरंतर जीवन विकास की जीवित दर्पण !
भीतर बाहर एक सत्य के रे सुपर्ण द्वय,
जीवन सफल उड़ान, पक्ष संतुलन जो, विजय !

व्यक्ति और विश्व

यह नीला आकाश न केवल,
केवल अनिल न चंचल,
इनमें चिर आनंद भरा
मेरी आत्मा का उज्ज्वल !
हलकी गहरी छायाओं के
घिरते जो रँग - बादल,
मेरी आकांक्षा की विद्युत्
बहती उनमें प्रतिपल !

मेरे प्राणों की श्यामलता
तृण तरु दल में पुलकित,
मेरे उर की प्रणय भावना
कलि कुसुमों में रंजित !
मैं इस जग में नहीं अकेला
मुझको तनिक न संशय,
वही चाह है कण कण में
जो मेरे उर में निश्चय !

मेरे भीतर परिभ्रमित ग्रह,
उदित अस्त शशि दिनकर,
मैं हूँ सबसे एक, एक रे
मुझसे निखिल चराचर!
कब से हो जग से वियुक्त
मेरा अंतर था पीड़ित,
आज खड़ा भाई बहिनों के
सँग मैं चिर आनंदित!

प्रभात का चाँद

नील पंक में धँसा अंश जिसका
उस श्वेत कमल सा शोभन
नभोनीलिमा में प्रभात का
चाँद उनींदा हरता लोचन!
इसमें वह न निशा की आभा,
दुग्ध फेन सा यह नव कोमल,
मानवीय लगता नयनों को
स्नेह-पक्व सकरुण मुख मंडल!
तिरते उजले बादल नभ में
बेला कलियों से कुम्हलाए,
उड़ता सँग सँग नाग दंत सा
चाँद, सीप के पर फैलाए!
आभा इसकी हुई अंतरित
यह शशि मानो भू का वासी,
यह आलोक मनस् है, मुख पर
जीवन श्रम की भरी उदासी!
दिव्य भले लगता हो किरणों से
मंडित निशिपति का आनन,
गौर मांस का सा यह शशि मुख
भाता मुझको ज्योति प्राण मन!
उदित हो रहा भू के नभ पर
स्वर्ण चेतना का नव दिनकर
आज सुहाते भू जीवन के
पावन श्रमकण मानव मुख पर!

ऐसे ही परिणत ग्रानन सा
यह विनम्र विधु हरता लोचन,
भू के श्रम से सिक्त, नम्र
मानव के शारद मुख सा शोभन!

हरीतिमा

(प्राण)

ग्रो हरित भरित घन ग्रंधकार!
तृण तरुग्रों में हँस हँस श्यामल
दूर्वा से भू को भर कोमल,
ढँक लेते जीवन को प्रतिपल
तुम प्राणों का ग्रंचल पसार!

सुख स्पर्शों से ग्रणु ग्रणु पुलकित,
मादकता से उर उर स्पंदित,
गति जव से श्वास ग्रनिल नर्तित,
नित रंग प्राण करते बिहार!

तुम प्राणोदधि चिर उद्वेलित
जीवन पुलिनों को कर प्लावित,
जड़ चेतन को करते विकसित
ग्रग जग में भर नव शक्ति ज्वार!

तुममें स्वप्नों का सम्मोहन
ग्राकांक्षा की मदिरा मादन,
ग्रावेगों का मधु संघर्षण,
दुर्धर प्रवाह, गति, रव, प्रसार!

जग जीवन को कर परिशोभित,
इच्छाग्रों के स्तर स्तर हर्षित,
रागों द्वेषों से चिर मंथित,

निस्तल ग्रकूल तुम दुर्निवार!
ग्रो रोमांचित हरितांधकार!

छाया पट

मन जलता हैं,
अंधकार का क्षण जलता है,
मन जलता है!
मेरा मन तन बन जाता है,
तन का मन फिर कट कर,
छँट कर,
कन कन ऊपर
उठ पाता है!
मेरा मन तन बन जाता है!

तन के मन के श्रवण नयन हैं,
जीवन से संबंध गहन हैं,
कुछ पहचाने, कुछ गोपन हैं,
जो सुख दुख के संवेदन हैं!
कब यह उड़ जग में छा जाता,
जीवन की रज लिपटा लाता,
घिर मेरे चेतना गगन में
इंद्रधनुष घन बन मुसकाता?
नहीं जानता, कब, कैसे फिर
यह प्रकाश किरणें बरसाता!
बाहर भीतर ऊपर नीचे
मेरा मन जाता आता है,
सर्व व्यक्ति बनता जाता है!

तन के मन में कहीं अंतरित
आत्मा का मन है चिर ज्योतित,
इन छाया दृश्यों को जो
निज आभा से कर देता जीवित!
यह आदान प्रदान मुझे
जाने कैसे क्या सिखलाता है!
क्या है ज्ञेय? कौन ज्ञाता है?
मन भीतर बाहर जाता है!

मन जलता है,
मन में तन में रण चलता है,
चेतन अवचेतन नित नव
परिवर्तन में ढलता है!
मन जलता है!

भू लता

घने कुहासे के भीतर लतिका दी एक दिखाई,
आधी थी फूलों में पुलकित, आधी वह कुम्हलाई!
एक डाल पर गाती थी पिक मधुर प्रणय के गायन,
मकड़ी के जाले में बंदी अपर डाल का जीवन!
इधर हरे पत्ते यात्री को देते मर्मर छाया,
उधर खड़ी कंकाल मात्र सूनी डालों की काया!
विहगों के थे गीत नीड़, कृमि कुल का कर्कश क्रंदन,
मैं विस्मय से मूढ़, सोचता था क्या इसका कारण!

बोली गुंजित हरित डाल, साँसें भर सूखी टहनी,
मैं हूँ भाग्य लता अदृष्ट, मैं सगी काल की बहनी!
सुख दुख की मैं धूपछाँह सी भव कानन में छाई,
आधे मुख पर मधुर हँसी, आधे पर करुण रुलाई!
शूल फूल की बीथी, चलता जिसमें रोना गाना,
खोज खोज सब हार गए, मुझको न किसी ने जाना!
मैंने भी ढूँढ़ा, पर मुझको मूल न दिया दिखाई,
वह आकाश लता सी जीवन पादप पर थी छाई!

जन मन के विश्वासों से बढ़ती थी वह हो सिंचित,
एक दूसरे से लिपटे थे, जिससे थी वह जीवित!
सब मिल उसको छिन्न भिन्न कर सकते थे यह निश्चित,
किन्तु उसी के बल पर रे मानव मानव से शोषित!
नाच रही जो ज्योति ज्योति पिंडों में वैभव भास्वर,
कहती वह, यह छाया मेरी नहीं, तुम्हारी भू चर!
छोड़ो युग युग का छाया मन, वरो ज्योति मन भव जन,
प्राक्तन जीवन बना भाग्य, चेतना मुक्त हो नूतन!

कौवे के प्रति

तरु की नग्न डाल पर बैठे लगते तुम चिर सुंदर,
कोविदार के शकुनि, पार्श्वमुख, सांध्य कपिश नभ पट पर!
कृष्ण कुहू में जनमे तुम तरु कोटर में, वन नभचर,
तारों की ज्यों छाँह गले पड़ गई नीड़ से छनकर!

पंखों की काली उड़ान तुम भरते नित ऋजु कुंचित,
शुभ्र ज्योति का तुम पर कभी प्रभाव न पड़ता किंचित् !
रंग नहीं चढ़ता जिस पर वह यती व्रती है निश्चित !
समित् पाणि मैं प्रश्न पूछता तुमको मान विपश्चित !
तुम भविष्य वक्ता जग विश्रुत, प्रणय दूत कवि कीर्तित,
मढ़वा चुके चोंच सोने से फिर फिर प्रीति पुरस्कृत !
क्या है जग के दुरित दैन्य का कारण ? खग, दो उत्तर,
कलुष कालिमा की होगी कालिमा तुम्हारी सहचर !

मंत्री वृद्ध तुम्हारे कौशिक, दिवाभीत चमगादर,
जाग्रत् रहते भूत निशा में तरु सेवी तापस वर !
गरदन मटका हिला करट, कुछ विस्मित, कुछ चिन्तन पर,
एक चक्षु को पलट, दूसरे लोचन पुट में सत्वर ;
मैंने कहा, मुखर भाषी, क्या तुमको कहने में डर !
यह महत्त्व का प्रश्न लोक जीवन है इस पर निर्भर !
काँव काँव कर कहा काक ने ग्राम्य भणिति में निश्चय
काम, काम है तापों का कारण, था उसका आशय !

मैंने पूछा, मोह काम से पीड़ित जग निःसंशय,
किन्तु, कौन पा सकता, बलिभुज् ! अमिट कामना पर जय !
पक्षपात कर उड़ा विहग, काले प्रकाश से भर मन,
समाधान मेरी शंका का उस तम में था गोपन !
पक्षपात है नाम कामना का, जो दुख का कारण,
उज्ज्वल सभी प्रकाश नहीं रे, काला नहीं सभी तम !
इस प्रकाश के शिखी पिच्छ-से रूप अनेक मनोहर,
जिनमें लिप्त मनुज मन रहता लोभ स्वार्थ हित तत्पर !

अंधकार के रूप विविध, घनश्याम इंद्रधनु जलधर,
उर्वर रखते भू को, मोहक काली कोयल के स्वर !
ज्योति हंस औ' तमस काक इन दोनों से जो है पर
उसी सर्वगत पर जो केन्द्रित रहे मनुज का अंतर,
हंस रहे जग में मयूर औ' वायस रहें परस्पर,
सबके साथ अपापबिद्ध, स्थित प्रज्ञ रहे जग में नर !
श्वेत कृष्ण मिल, रंग-पूर्ण नित धरें जगत जीवन पथ,
पक्षपात से रहित मनुज हो विरत, विश्व में भी रत !
किया हृदय ने ज्योति श्याम परभृत् का मन में स्वागत,
दीप तले के तम के छाया खग, तुम दीप शिखावत् !

सविता

लो, सविता आता सहस्रकर,
सविता, उज्ज्वल व्योम पृष्ठ पर,
नव्य रश्मियों से ज्योतिर्मय,
अंतरिक्ष को आलोकित कर!
सप्त अश्व से सप्त लोक कर
पार, वेग में दिव्य तेज भर,
वह महेन्द्र आ रहा घिरा, निज,
किरणों से त्रिभुवन का तम हर!

उठो, मनुष्यो, जागो, करो
उषाओं का दिव में अभिवादन,
मार्ग उन्होंने खोल दिया
सविता का, जो ज्योतिर्मय पूषण!
अंधकार हट गया, प्राणमय
नव जीवन हो रहा प्रवाहित,
वह महेन्द्र आ रहा, रश्मियों से
आभृत, प्रकाश से आवृत!

अंधरूढ़ि पर चलने वाले
आज पा गए हैं अभिनव पथ,
नव प्रकाश का सूर्य उन्हें
मिल गया, दमकता सप्त अश्व रथ!
स्वर्ग ओर नित धावमान, उस
दिव्य हंस के पंख ज्योतिमय
फैले हुए सहस्र दिनों से,
बढ़ता ही जाता वह निर्भय!
सब भुवनों को देखता हुआ
देवों को ले हृदय में सकल,
व्याप्त सर्व लोगों में वह
फैले अपार पंखों में दिशिपल!
हाउ हाउ, वह स्वर्ण पुरुष,
वह ज्योति पुरुष मैं हूँ अजर अमर!
झरते सप्त धार सोने के
सतत मातरिश्वा से निर्झर!

स्वर्णोदय

(जीवन सौन्दर्य)

जयति, प्रथम जीवन स्वर्णोदय,
रक्त स्फीत, लो, दिशा का हृदय !
काल तमस व्यवधान चीर कर
किसने मारा स्वर्ण पंख शर ?
जय, अमर्त्य जीवन यात्री, जय !

देखो, कोमलार्त कर क्रंदन,
किसने जग में किया आगमन !
(यह क्या भू का रुदन सनातन ?)

पलकों में जग उठे निमिष क्षण,
स्तब्ध हृदय में दिशि का स्पंदन !
गुहा बद्ध चित् स्रोत हो स्खलित
जीवन पथ में हुआ प्रवाहित !
मुक्त अरूप रूप धर सीमित,
श्वासों से कर गगन तरंगित !

(शैशव)

मंगल गायन !
मंगल वादन !
क्यों न मनाएँ जन्मोत्सव जन !
धन्य आज का पुण्य दिवस क्षण,
फिर अमर्त्य ने धरा मर्त्य तन !

स्वागत, स्वागत,
प्रयत नवागत,
हो प्रशस्त तेरा जीवन पथ,
जग के शूल फूल हों अभिमत,
प्रिय शिशु, तू हो पूर्ण मनोरथ !

ओ मा, वह रोता है, उसको स्तन्य पिलाओ,
वह अशक्त, असहाय, उसे निज अंक लगाओ !
कैसे पार करेगा दुर्गम जगती का मग,
वह निर्बल निर्बोध पथिक, वह पंख हीन खग !

लोरी गाओ, लोरी गाओ,
फूल दोल में उसे झुलाओ;
निंदिया की प्रिय परियो, आओ,
मुन्ना का मुख चूम सुलाओ!
स्वप्नों के छाया पंखों को
नन्हें के ऊपर सिमटाओ!

चंद्र लोक की परियो, आओ,
स्मिति से सुधा अधर रँग जाओ,
मलय सुरभि की चंचल परियो,
साँसों से आँचल भर लाओ!
जुगनूँ झमका, वन की परियो,
झिलमिल कर पलकें झपकाओ,
रिमझिम कर, मेघों की परियो,
लालन का गा हृदय रिझाओ!
अहरह उर कंपन में दोलित,
मर्म स्पृहा की मूर्ति देख स्मित,
मुग्ध नव जननि, बलि बलि जाओ,
लाड़ लुटाओ, प्यार लुटाओ,
लोरी गाओ!

स्निग्ध पूस की धूप, स्वर्ग आशीर्वाद सी,
बरस रही भू पर शैशव के मुक्त ह्लाद सी!
स्वच्छ प्रकृति मुख, सौम्य दिशा स्मिति, शांत विहायस,
शीतलोष्म पंखों के सुख में सिमटा सालस!

नलिनी उर में लेटा हिमजल
बाल चेतना सा तारोज्ज्वल,
हँसमुख, निर्मल, चंचल!
लो, वह नटखट पाँव चलाता,
कौन उसे बढ़ना सिखलाता?
क्रंदन था जिसका संभाषण,
वह अस्फुट स्वर में तुतलाता!

दुधमुँही सरल मधुर मुसकान
न जाने कहती किन अनजान
रहस्यों के नीरव आख्यान!
कौन अप्सरियाँ आ चुपचाप
कर रहीं उससे मौनालाप,
फूटती स्वप्न सरित स्मिति आप!

नाम रूप के जग को, केवल
वह चितवन स्पर्शों से प्रतिपल
अंकित करता उर में कोमल!
ताराओं से भरा गगन!
स्वप्नों का-सा वन
उपजाता मन में संवेदन!

लो, चंदा ने
चाँदी की नैया में मोहन
बिठा लिया अब लालन का मन,
पलने में हिलता डुलता तन!

दीप शिखा के लिए वह मचल,
नचा रहा निज कोमल करतल!
चूँ चूँ करती चिड़िया सुंदर
फूल पाँखुड़ी उड़ती फर् फर्,
उन्हें बनाने निज सुख सहचर
पास बुलाता वह इंगित कर!
सोच रहा ज्यों एकटक नयन,
मौ माखी क्या कहती भन भन
कानों में भर गुंजन!

मर्मर, मर्मर!
तरुओं के चल पत्र रहे झर!
विरल टहनियों की जाली से
लगता मुक्त प्रशस्त दिगंतर!
यह लो, नव शिशु सा ही सुंदर
निखिल विश्व बन गया दिगंबर,
नवल पल्लवों से वह मांसल
वेष्टित होगा सत्वर!

कहाँ जरा रे? कहाँ है मरण?
सृजन शील जग का परिवर्तन!
कौन, कहाँ के क्षणिक पांथचर
कहाँ अरे जा रहे निरन्तर
ये पीले पत्ते उड़ उड़ कर?
धरती इनसे क्यों न गई भर!

कब से झर झर
चुपके हँस कर
ये किस पर हो रहे निछावर ?
क्या ये उड़ते पत्ते केवल ? कौन यहाँ दे उत्तर !
यह अनंत यात्रा का रे पथ,
शिशु अनंत का यात्री शाश्वत,
वह अनादि से नित्य नवागत,
अपने ही घर का अभ्यागत !
सूर्य चंद्र उसके ही लोचन,
श्वसन उसी के उर का स्पंदन,
उसका आत्म प्रसार दिशा क्षण,
महाश्चर्य रे, पुरुष पुरातन,—
आदि सृष्टि का कारण,—
शिशु, अनंत का पांथ चिरंतन !

क्रम विकास के पथ से निश्चित
विश्व नीड़ कर अपना निर्मित,
जननि जनक में स्वयं विभाजित
वह अवतरित हुआ या विकसित !
कोटि योनि, शत कोटि जन्म तर
विविध भ्रूण स्थितियों में बढ़कर,
दिव्य अतिथि वह मनुज देह धर
आया फिर से, मर्त्य बन अमर !

देखो, देखो आँखें भर
कैसा रहस्यमय ईश्वर !
देखो हे आँखे भर
कैसा सुंदर ईश्वर !

(यौवन)

स्वर्ण मंजरित आम्र कानन,
कोकिला करती कल कूजन,
सूँघ चख चूम फूल आनन,
झूम मधुलिह् भरते गुंजन !
आज भव वारिधि उद्वेलित
नभो नीलिमा बनी विस्तृत,
डोलता मारुत रोमांचित,
साँस पी फूलों की सुरभित !

रजत किंकिणियों सी कल-कल
लहरियाँ थिरक रहीं चंचल,
कँप रहीं वल्लरियाँ कोमल
खोलतीं कलियाँ वक्ष नवल !

रंग प्राणों का स्वर्णिम लोक
कहाँ था यह अदृश्य चुपचाप,
हँस उठा इंद्रधनुष में आज,
हृदय का छाया वाष्प कलाप !
बज उठा जीवन में मधु छंद
किसी की सुन नीरव पद चाप,
भाव गरिमा से भरा अनंत,
मुखर स्वर से अब मौनालाप !

युवक नव युवति विचरते आज
मर्म में स्पृहा, दृगों में लाज,
न अब कैशोर भीति का भाव
आज उनसे चरितार्थ समाज !
बने वे नर-नारी मोहन,
न अब जीवन रहस्य गोपन,
न परियाँ देतीं शिशु को जन्म,
सृष्टि में निहित जनन पावन !

नीलिमा क्यों नीरव निस्तल,
स्रवंती बहती क्यों कल कल ?
ज्ञात अब, खिलते क्यों कुड्मल,
गंधवह फिरता क्यों चंचल !
न रोके रुकते चपल नयन,
मीन तिरते, उड़ते खंजन,
अधर से मिलते मधुर अधर,
मुग्ध कलि अलि करते चुम्बन !

बाँह यदि भरतीं आलिंगन,
लताओं से लिपटे तरुगण,
प्रबल रे फूलों का बंधन
अमिट प्राणों का आकर्षण
आज भ्रू लतिकाओं में भंग,
प्रतनु तन-शोभा प्रीति-तरंग,
गढ़े किस शिल्पी ने ये अंग,
निछावर निखिल प्रकृति के रंग !

स्पर्श में बहती प्राण तड़ित्
स्वतः तन हो उठता पुलकित,
हृदय स्वप्नों से जग रंजित,
उषा अब इंद्रधनुष वेष्टित!

मिलते सहसा मौन नयन, अपलक-से रह जाते क्षण,
नव प्रवाल अधरों में बहती मदिरा ज्वाला मादन!
प्राणों की चिर तृषा फूट बनती पुलकों के बंधन,
कौन भूल सकता है रे नव यौवन का सम्मोहन!
मर्म कामना युगल स्वर्ण कलशों में मूर्त गई भर,
चपल नयनिमा ने पाए मृदु फूलों के मादक शर!
यह लज्जा सज्जा सुषमा मधुरिमा कहाँ थी गोपन,
नव यौवन औ' प्रथम प्रणय औ' मुग्धा तरुणी का तन!
कौन बाँध सकता अजस्र उद्दाम वेग निर्झर का,
कौन रोक सकता अबाध उद्वेलन रे सागर का!
मदोन्मत्त यौवन का, मेघों का अदम्य आलोड़न,
चकित नहीं कामिनी दामिनी करती किसके लोचन!

सरित पुलिन अब लगते शोभन,
बह जाता धारा के सँग मन!
मधुर, मौन संध्या का आँगन,
प्रिय, स्वप्नों में सजग निशि गगन!
कूजन गुंजन गंध-समीरण
सब में मर्म मधुर संवेदन,
तरुण भावनाओं से रंजित
मुकुलित नव अंगों का उपवन!

स्वर्ण नील भृंगों से झंकृत, कोकिल स्वर से कीर्तित
अपलक, रत्न खचित, मधु वैभव मन को करता मोहित!
ताराओं से शत लक्षित, ज्योत्स्ना अंचल में वेष्टित
उदय हृदय में होता फिर-फिर लेखा शशि मुख परिचित!
शरद निशा आती सलज्ज मुग्धा सी शंकित,
मुक्त कुंतला वर्षा तनु चपला सी कंपित,
सुरभित ऊष्मा सुघर मल्लिका स्रक् से दोलित,
लिपट मधुर हिम जाती तन से आतप सी स्मित!

खुल पड़ता उर का वातायन
बहती प्राण मलय चिर मादन,
कहीं दूर से आता भीतर
प्रणयाकुल पंचम पिक गायन!

आओ हे चिर स्वप्न सखी, आकुल अंतर में आओ,
फूलों की नव कोमलता में जीवन को लिपटाओ!
इन प्रिय स्नेह सरों में अपलक शरद नीलिमा जागृत,
चपल हंस पंखों से चुंबित सरसिज श्री बरसाओ!
इस प्रवाल के प्याले की मधु मदिरा सखि, उर मादन,
तुहिन फेन स्मित प्रीति सुधा घट स्वर्णिम मुझे पिलाओ!

स्नेह लता-से पुलक पाश में कस मुकुलों के कोमल
उर में सुमधुर उर सी, तन में तन सी मृदुल समाओ!
सुरभित साँसों के पलने में मर्म स्पृहा कर दोलित
फूलों के मधु शिखरों पर प्राणों के स्वप्न सुलाओ!
इन मांसल चंपक झरनों से लिपटीं विद्युत् लपटें,
प्रणय उदधि में अंतर की ज्वाला को अतल डुबाओ!
लेटा नव लावण्य चाँदनी सा बेला के वन में,
खिलती कलिकाओं की शोभा कोमल सेज सजाओ!
स्वप्नों की पी सुरा आज यौवन जागे विस्मृति में,
चंचल विद्युत् को सलज्ज ज्योत्स्ना के अंक लगाओ!
आओ हे प्रिय स्वप्न संगिनी, आकुल उर में आओ!

पति-पत्नी अब बने प्रणयि जन,
निखिल प्रकृति करती अभिनंदन;
अह, कैसा निष्ठुर निर्मम जग
सम्मुख क्यों जीवन संघर्षण!
हृष्ट पुष्ट नव युग्मों का तन,
रुधिर वेग में झंकृत जीवन;
आत्म भाव से विस्तृत लोचन,
शौर्य वीर्य से विकसित नव मन!

नहीं मानता उर दुविधाएँ बाधा बंधन,
वह निशंक, निर्भीक सह्य उसको न नियंत्रण!
चिर अदम्य उत्साह हृदय में स्पंदित प्रतिक्षण,
यह यौवन की आशा अभिलाषा का प्लावन!
अह, क्या करती रहीं पलित पीढ़ियाँ आज तक,
रक्त पंक जन धरणी का इतिहास भयानक!
रोग शोक, मिथ्या विश्वास, अविद्या व्यापक,
नंगे भूखे लूलों का जग हृदय विदारक!
कौन रहे इस क्रूर सभ्यता के संस्थापक,
यह जन-नरक कलंक मनुजता का, भू पातक!

बदलेंगे हम चिर विषण्ण वसुधा का आनन,
विद्युत् गति से लाएँगे जग में परिवर्तन!
क्यों न मंजरित युवकों का हो विश्व संगठन,
नव यौवन आदर्शवादिता अरे न नूतन!
क्या करते ये धनकुबेर, पंडित, वैज्ञानिक,
दिशाभ्रांत क्यों हो जाते राष्ट्रों के नाविक!
ज्ञात नहीं क्या लोक नियति है आज भू पथिक,
वर्ग राष्ट्र से लोक धरा का श्रेय है अधिक!
दिवस ज्योति सा सार सत्य यह गोचर निश्चित,
मनुष्यत्व है रीति नीति धर्मों से विस्तृत!
संस्कृति रे परिहास, क्षुधा से यदि जन कवलित,
कला कल्पना, जो कुटुंब तन नग्न, गृह-रहित!

आओ, मुक्त कंठ से सब जन
भू मंगल का गाएँ गायन,
वंदे मातरम्!
जन धरणीं जन भरणीं
रत्न प्रसविनीं मातरम्!
नृत्य हरित, पिक कूजित यौवन,
अनिल तरंगित उदधि जल वसन,
छत्र सूर्य शशि दीप्त नत गगन,
प्रणयाकांक्षी स्वर्ग चिरंतन,
वंदे मातरम्!
बजे क्रांति तूरी जन मादन,
कुडुम कुडुम हो जय दुंदुभि स्वन,
जीवन हित मानव वरे मरण,
मृत्यु अंक में भी गाएँ जन,
वंदे मातरम्!
भू मन के टूटें जड़ बंधन,
रूढ़ि रीति से मुक्त बनें मन,
दैन्य दुरित के हटें तमस घन,
स्वर्ण प्रभात जड़ित हों प्रांगण!
वंदे मातरम्!

दिशा लोक श्रम से हों हर्षित;
काल विश्व रचना में योजित;
भव संस्कृति में देश हों ग्रथित;
जन संपन्न जगत मनुजोचित;
वंदे मातरम्!

स्वर्ण कणों के मौर न अब, फूलों की ज्वाला के वन,
कितने चुँवे, झरे धरती पर, झंझा का भव कानन!
लदीं फलों से जीवन डालें, रस में सब रँग गोपन,
विश्व प्रकृति का रे अपार अक्षय वैभव दिङ्मोहन!
भू की रज को कर कृतार्थ बीता निदाघ अब भीषण,
तिग्म करों से खींच सिन्धु पलनों से वाष्पों के घन!
तप्त श्वास सा ग्रीष्म पवन भी शांत हुआ झुलसा तन,
विकसित वर्धित परिणत कर पुष्पित वसंत का यौवन!

वर्षा आई, धूम्र नील नभ में छाया घन घर्षण,
तीव्र लालसा तड़ित् जगी-सोई, कर गर्जन तर्जन!
मधु मरंद से रंजित भू का गर्भ हुआ फिर उर्वर,
नव प्रवाल प्रज्वलित तरु क्षितिज बना गाढ़ श्यामलतर!
नृत्य तरंगित हुए स्रोत नव, गए प्ररोह नवल भर,
सृजन शक्ति ने अणु अणु में फिर लगा दिए जीवन पर!
प्रणय गीत, मृदु जनन स्वरों से मुखरित हुआ दिगंतर,
जीवन की रिमझिम अजस्र रे, संसृति की सावन झर!

पृथक् न अधिक रहा नारी जग
धरे पुरुष के सँग उसने पग,
रंग तरंगित जिसकी श्री से
कुसुमित सुषमित जग का मरु मग!
गुड़ियों के सँग प्रिय किशोर क्षण
बीते, उर में भर मृदु कंपन,
खींच कुसुम धनु तन, यौवन ने,
किया रूप सम्मोहन वर्षण!
बक्ष श्रोणि ने बढ़, कटि ने छँट
सौष्ठव रेखाएँ कीं रूपित,
मुग्ध नयनिमा, सलज लालिमा,
पद जड़िमा ने तरुणी चित्रित!

शोभा कँपती लहरी सी उठ
हुई देह तनिमा में स्तंभित,
देख मुकर-से तन में निज मुख
रही मधुरिमा छवि से विस्मित!
कोमलता बढ़ कल्पलता सी
अंगभंगि में हुई प्रस्फुटित,
सुंदरता ही प्रीति तूलि से
बनी मोहिनी प्रतिमा जीवित!

हुए रूपसी के नव अवयव
यौवन के आतप में विकसित,
मधुर स्त्रीत्व में धातृ कल्पना
सृजन कला के कर से मूर्तित!
जगा सलज चेष्टाओं में अब
नव लीला लावण्य अकल्पित,
पलक भृकुटि अंगुलि चालन में
छवि की दीप शिखाएँ कंपित!

तिमिर ज्वाल सा केश जाल घन
पृष्ठ देश पर हुआ प्रज्वलित,
आभा जीवी नयनों को कर
कोमल शोभा-तम से मोहित!
स्वप्नों से गुंफित यमुना जल
गाढ़ नीलतम हुआ तरंगित,
साँस लेते में फूलों के रँग
सौरभ की कबरी में दोलित!

कांचन सी तप ज्वलित कामना
ढली सघन जघनों में दीपित,
बनी कठोर कुसुम कोमलता
श्रोणि भार में हो चिर पुंजित!
बाहु लताएँ फूल पाश बन
पुलकों में हो उठीं पल्लवित,
कोमल करतल, चंचल पदतल
जीवन के जावक से रंजित!

रूप शिखा की श्री सुषमा से
हुए गेह आँगन आलोकित,
वातायन में उदित कला शशि
गृह गृह के गवाक्ष चिर शोभित!
कलि कुसुमों ने भूतल को रँग
किया शोभना के हित सज्जित,
उर की साँसों में बहने को
बना समीर गंधवह सुरभित!
ज्योत्स्ना सकुची उषा लजाई,
रहीं तारिकाएँ ज्यों विस्मित,
स्रोत बहे, सरसी लहराई,
निखिल प्रकृति-श्री हुई प्रभावित!

हृदयासन पर बिठा प्रेम ने
किया अमर स्वप्नों से पूजन ;
समा स्वर्ग ने स्वर्ण घटों में
स्वीकृत किया मर्त्य सुख बंधन !

दो टुकड़ों में सिमट नीलिमा
रही मौन नयनों में अपलक,
लजा अधर नव प्रणय वचन से
गए लालिमा से दुहरे रँग !
खिलती कलियों ने मार्दव भर,
कोकिल ने दे गीत स्रवित स्वर,
मोहक उसे किया ज्योत्स्ना ने
गोपन लज्जा में वेष्टित कर !

मधु ने फूल ज्वाल से आवृत,
किया शरद ने लेखा मुख स्मित,
मणि मुक्तामय खनि सागर ने,
भू ने स्वर्ण रजत से झंकृत !
जगा हृदय में प्रीति दर्प नव
शत शत नयनों से हो लक्षित,
हाव भाव में मधुर संयमन
शोभा तन सज्जा से संवृत !

तडित् गर्भ, सुरधनु कबरी घन
ज्यों कृतार्थ होता भू पर झर,
मधुर अप्सरा बनी जनी अब
कुल प्रदीप से ज्योतित कर घर !
मातृ स्नेह बरसा नव शिशु पर
मुग्ध प्रणयिनी हुई निछावर,
सहधर्मिणी बनी वह प्रिय की
सुख दुख की मंत्री, चिर सहचर !

भूल गया ज्यों प्रणय कलह मन
गूँज उठे उर के अरसिक क्षण,
मूर्त पीठ पा मर्म स्पृहा ने
पुत्र स्नेह बन किया अवतरण !
रूप रंग का रच सम्मोहन
सृजन शक्ति ने बाँधे थे मन,
पलकों में शर, पुलक में तड़ित्
अधरों में धर मदिरा मादन !

अब शिशु के अनुपम आनन में
अतुल स्वर्ग का भर आकर्षण,
परंपरा में गूँथ अमर ज्यों
बना दिया उसने भंगुर तन!

नहीं गणित से रे परिचालित
मानव जीवन का विकास क्रम,
विजय पराभव संधि क्रांति का
स्रवण शील मानव मन संगम!
मरती रहती बाह्य चेतना
आत्मा फिर फिर जगती नूतन,
छोड़ जीर्ण केंचुल, नव सर्पित
होता उरग मनुज का जीवन!

(वार्धक्य)

शेष पथ : श्वसित शिशिर की वात,
शिला शीतल प्राणों का ताप,
झिर रहे पीले जीवन पात
विरस क्षण, सिसक, खिसक चुपचाप!

अस्थि पंजर अब जग की डाल
भर रहीं हिल हिल ठंडी साँस!
कुहासे में स्मृति के आवृत
विगत यौवन के चल मधुमास!
भूल फूलों के आलिंगन,
वात हत लतिका भू लुंठित,
न अब वह गुंजित तरु जीवन,
न जीवन संगिनि ही परिचित!
न वह मधु रस, न रंग गुंजार,
धूलि धूसर गंभीर दिगंत,
फूल फल, रच भव स्वप्न असार,
बीज में लय फिर हुआ अनंत!

दृगों में हँसते जीवन अश्रु,
कमल में ज्यों हिमजल थर् थर्,
शांत नीरव आत्मिक संतोष
गया भव क्लांत हृदय में भर!

रूप रंगों की मांसल देह
तीलियों की अब त्वक् पिंजर,
गूढ़ निःशब्द गिरा में लीन
मुखर खग के अंतर्मुख स्वर!

चल रहा झुक लाठी पर आज
वृद्ध, जीवन के प्रति साभार,
छोड़ चेतन जड़ का अवलंब,
करेगा मृत्यु द्वार फिर पार!
अकेला वह विशिष्ट रे पांथ,
न पथ के सँग यात्रा का अंत,
विश्व में रिक्त व्यक्ति का स्थान
नहीं भर सकता स्वयं अनंत!
मारता वह विनोद से आँख
देख नव युवति युवक को साथ,
झुरियाँ हँसतीं नीरद हास
फूलता पेट, झूलता माँथ!

पक्व जीवन का फल वह पूर्ण
तृप्त उर, चर्म रंध्र चरितार्थ,
खींच सकते न देह मन प्राण
विश्व प्राणों से सार पदार्थ!

व्यग्र रे अमृत अनिल में आज
व्याप्त होने को ज्यों क्षण श्वास,
विकल उड़ने को खग, पर खोल,
छोड़ भस्मांत देह तरु-वास!
पितामह : पलित काँस के केश,
पुत्र, प्रिय पौत्रों का अब घर,
वधू अंचल में नव शिशु देख
सोचता कुछ तटस्थ अंतर!

क्या है मृत्यु? गहन अंतर में
उठता रह रह प्रश्न भयानक,
शेष यहीं हो जाएगा क्या
जीवन का करुणांत कथानक!
खुलते हैं स्मृति के पट पर पट
विगत दृश्य होते क्षण गोचर,
स्वप्न चित्र-से वर्ष आयु के
उड़ते धूमयोनि-से नभ पर!

अह, तृष्णा के वाष्पों की क्या
माया यह भंगुर जग जीवन?
सोया काल दिशा शय्या पर
स्वप्न देखता या क्या क्षण क्षण!
देह निधन का द्वार पार कर
आत्मा कहाँ करेगी विचरण?
क्या जीवन की गोपन तृष्णा
केवल जन्म मरण का कारण?

आत्म मुक्ति के लिए क्या अमित
यह ग्रह ग्रथित रंग भव सर्जित!
प्रकृति इंद्रियों का दे वैभव
मानव तप कर मुक्त बने नित!
नहीं संत कुल हुआ संत रे
जीव प्रकृति के सब जन निश्चित,
लोक मुक्ति है ध्येय प्रकृति का
मनुज करे जग जीवन निर्मित!

तन से ही कर नव तन धारण
अमर चेतना करती सर्जन,
चेतन की भव मुक्ति के लिए
वाहन जड़ तन, मात्र न बंधन!
मुक्त सृजन आनंद को स्वतः
रूपों का नव बंधन स्वीकृत,
आत्मा जीर्ण वसन तज रज का
नव वसनों में होती भूषित!

आंशिक उसे लगा जीवन का
जड़ चेतन का बौद्धिक दर्शन,
जड़ चेतन से परे अगोचर
जीवन के हैं मूल सनातन!
अन्न प्राण मन आत्मा केवल
ज्ञान भेद हैं सत्य के परम
इन सब में चिर व्याप्त ईश रे
मुक्त सच्चिदानंद चिरंतन!

आज समस्त विश्व मंदिर सा
लगता एक अखंड चिरंतन,
सुख दुख जन्म मरण नीराजन
करते, कहीं नहीं परिवर्तन!

उषा के स्वर्णिम गुंठन से
आभा अमर स्पर्श करती मन,
पदतल पर श्लथ जीवन छाया
सम्मुख ज्योति देश अब नूतन!

पुण्य हरित भू का दूर्वादल
पाप ताप में सतत अकलुषित,
स्वर्ग चेतना सदृश उतर अब
उस पर धूप खड़ी ज्यों जीवित!
टूटी मन की जाग्रत् निद्रा
क्षीण अहम् का शशि छायानन,
विहगों के प्रातः कलरव में
मिलता शाश्वत लोक जागरण!
विनत पद्म संध्या आँगन में
मौन प्रार्थना, आत्म समर्पण,
ताराओं के स्तिमित स्वर्ग में
सोई अपलक शांति चिरंतन!
खुला गगन में आज मुक्त मन,
नील योनि में अब वह सुंदर,
आसन में केवल उसका तन,
अंतरतम में स्थित अब अंतर!

अटल शांति में भव संघर्षण,
अमृत अंक में जन्म औ' मरण,
अतल अकूल चेतना सागर
क्षुब्ध मात्र भव सलिल आवरण!
हुआ हृदय में स्फुरित अचानक
सत्य निखिल जग में जो व्यापक,
कहाँ देखता रहा वह अथक
क्या वह जिससे रे नित अपृथक्!

वही तिरोहित जड़ में जो चेतन में विकसित
वही फूल मधु सुरभि, वही मधुलिह् चिर गुंजित!
वस्तु भेद ये : चिर अमूर्त ही भव में मूर्तित,
वह अज्ञेय, स्वतः संचालित, एक, अखंडित!
अधः ऊर्ध्व, बहिरंतर उसके सृष्टि संचरण,
सांत अनंत, अनित्य नित्य का वह चिर दर्पण,
एक, एकता से न बद्ध, बहु मुख शिख शोभन,
सर्व, सर्व से परे, अनिर्वचनीय, वह परम!

उतर चेतना पुनः बनी मन
खुला रहस्य, सूक्ष्म पा दर्शन !
जगा दृष्टि में इंद्रधनुष घन
बहिरंतर जग जीवन वितरण !
सप्त चेतना निर्झर भव में
अमृत कर रहे शाश्वत वर्षण,
स्फुरित दीप्त लोकों से भासित
स्वर्गंगा स्मित उर पथ गोपन !
सृजन शक्तियों से चिर ज्योतित
अंतर्मन का दिव्य चिद् गगन,
बहिर्जगत रंजित चेतन मन
मात्र चित्र छाया अवगुंठन !

लगा उसे युग युग से संचित
मनोद्रव्य से संस्कृति निर्मित,
नीति धर्म आदर्श जीर्ण मृत
जन समाज जीवन में गुंफित !
जाति वर्ण गौरव से पीड़ित,
वर्ग राष्ट्र स्वार्थों में सीमित
जन समुद्र रे आज अचेतन
अंध प्रवेगों से आंदोलित !

नव मानों से हो जो कल्पित,
पुनः लोक संस्कृति पट ज्योतित,
हो कृत काम नियति मानव की
स्वर्ग धरा पर विचरे जीवित !
भू पर जन सत्ता हो विकसित
अंतर्जीवन से संबंधित,
शिल्पी सी चेतना जागरित
करे लोक मानव मन निर्मित !

भू रचना का भूति-पाद युग
हुआ विश्व इतिहास में उदित,
सहिष्णुता सदभाव शांति से
हों गत संस्कृति धर्म समन्वित !
वृथा पूर्व पश्चिम का दिग् भ्रम,
मानवता को करे न खंडित,
बहिर्नयन विज्ञान हो महत्
अंतर्दृष्टि ज्ञान से योजित !

पश्चिम का जीवन सौष्ठव हो
विकसित विश्व तंत्र में वितरित,
प्राची के नव स्वर्णोदय से
ज्योति द्रवित भू तमस तिरोहित!
लोक नियति निर्माण करें नव
देश देश के विबुध विपश्चित,
राष्ट्र नायकों के सँग दुर्वह
राज कर्म में हों सक्रिय चित!

सर्वोपरि मानव संस्कृत बन
मानवता के प्रति हो प्रेरित,
द्रव्य मान पद यश कुटुंब कुल
वर्ग राष्ट्र में रहे न सीमित!
एक निखिल धरणी का जीवन,
एक मनुजता का संघर्षण,
अर्थ-ज्ञान संग्रह भव पथ का,
विश्व क्षेम का करे उन्नयन!

नर नारी का रुद्ध हृदय रे
आज स्वर्ग की लय से वंचित,
वे प्रभात के स्वर्णातप-से
रज तन में न विचरते ज्योतित!
देह मोह, अधिकार प्रणय से
लोक चेतना भू की पीड़ित,
युवति युवक जीवन सागर में
नहीं प्रीति लहरों-से दोलित!

क्यों मानव यौवन वसंत सा
हो न लोक जीवन में कुसुमित,
मधुर प्रीति हो सामाजिक सुख,
प्राण भावना आत्म संयमित!
करें मुक्त उपभोग हृदय का
नर नारी निज रुचि से प्रेरित,
आदर प्रीति विनय हो उर में,
अंग लालसा का मुख संस्कृत!

भावी संतति को दे मानव
पुण्य चेतना की हवि दीपित,
हो मौलिक संस्कार वधू का
जागृत, कृत्रिमता से कुंठित!

जाति प्रसू वह, स्वयं प्राकृतिक
वरण, वृत्ति हो उसकी विकसित,
नर का पौरुष जगे, पुनः वह
द्रोही पशु हो मानव निश्चित!

हो प्रतीति परिणय प्राणों का
कुल दीपक सुत भू के रक्षक,
नर नारी का लौकिक जीवन
यौवन आवेगों का शिक्षक!
हृदय-तमस आलोक-स्रोत पा
हो जीवन सौन्दर्य में द्रवित,
प्राण कामना सृजन शील बन
धरा स्वर्ग रचना में योजित!

आज पारिवारिक जग जीवन
अश्रु नयन कलहों से कवलित,
परिणय के अगणित पापों से
बद्ध मनुज चेतना कलंकित!
जब तक मानव-हृदय देह के
नर नारी मानों में खंडित
नहीं मानुषी रे वह संस्कृति
वह सामाजिकता अभिशापित!

नर नारी का मुक्त हृदय ही
निकष प्रकृत संस्कृति का केवल,
अंकित उस पर शोभा रेखा
मनुष्यत्व की हो स्वर्णोज्ज्वल!
जिस जगती की चित्र प्रकृति नित
शत ध्वनि वर्णों से सुख मुखरित
वहाँ न क्यों कुसुमित अवयव जन
विचरें अंतः श्री से दीपित!
हँसता जहाँ अमर तारापथ
धरा नाचती श्वसित तरंगित,
वहाँ न क्यों मानव जीवन हो
प्रेम हर्ष आशा से स्पंदित!

बहिरंतर वैभव का हो जो विश्व समन्वय
रूपांतरित जगत जीवन हो, नव स्वर्णोदय!
मूल सत्य देवत्व मनुज का रे जो निश्चय
दैन्य दुरित का मन तव केवल आत्म पराजय!

मानव को जो देव मान हम सोचें क्षण भर
गोचर तमस विकृति का कारण हो तब बाहर;
दिव्य उषा के लिए क्षेत्र जो रचें लोकगण
स्वर्ण किरण हँस धरे धरा पर ज्योति के चरण!
मन ने ज्यों दृग खोल किया जीवन को विकसित
आत्मा का संचरण करे मन को आलोकित,
प्रीति शिखा में भेद बुद्धि जल उठे प्रज्वलित,
ऊर्ध्व चेतना विचरे जग जीवन में मूर्तित!

दिखा उसे मानव भविष्य छाया सा चित्रित
मन से नहीं मनुज की भावी होगी निर्मित,
मानव के ईश्वर को नव जीवन अंगीकृत,
निकट क्षितिज में दिव्य मेघ वह उठता ज्योतित!
दीप भवन युग विद्युत् युग में ज्यों दिक् शोभित
मन का युग हो रहा चेतना युग में विकसित,
द्विधा बुद्धि में मनु न रहेगा अधिक विभाजित,
जन मन के अणु से होगी चिच्छक्ति प्रवाहित!

प्लावित करती शिशु अधरों को
अंतर की आभा स्मिति निश्चल,
वृद्ध सोचता किन स्थितियों में
शिशु को बढ़ना होगा प्रतिपल!
युग जीवन की रज को लिपटा
कैसा रंजित होगा वह मन,
जन्मों के किन संस्कारों का
उसके अंतर में आकर्षण!

अंतर्यामी पुरुष करेंगे
निश्चय उसका नव पथ ज्योतित;
पर, सीमाओं का मानव मन,
काँटों का जग का मग कुंचित!
नहीं ज्ञान से होता अविकल
समाधान मानव के मन का,
व्यक्ति विश्व से ही रे केवल
है संबंध नहीं जीवन का!
गूढ़ रहस्यों के अभेद्य स्तर
जिन पर जीवन की गति निर्भर
अवचेतन प्रच्छन्न मनस् का
निस्तल अविच्छिन्न रे सागर!

वयस भार से झुका धनुष सा
पृष्ठ वंश : रेखांकित आनन,
दृष्टि क्षुधा निद्रा भी क्रमश:
शिथिल हुईं अब, मंद स्मृति श्रवण !

प्रातः ब्राह्म मुहूर्त में स्वत:
खुल जाते यात्री के लोचन,
एकाकी अंतर करता तब
प्रभु से नीरव आत्म निवेदन,—

हे जीवन आराध्य, हृदय वासी, हे मानव ईश्वर,
मंगलमय, तुम सर्व प्रथम अक्षय करुणा के सागर!
माता, पिता, पुत्र, भार्या, निज-पर, जन्मों के सहचर,
विश्व योनि, तुममें अनादि से जग के निखिल चराचर!
आते-जाते जन्म मरण बहु तन में शैशव यौवन,
आशाऽकांक्षा राग द्वेष मन में करते संघर्षण;
नीति धर्म आदर्श विविध बनते जीवन में बंधन,
तुम में जगते दिशा काल, लय होते, देव परात्पर!
खोज निरंतर तुम्हें, अपरिमित महिमा से हो विस्मित,
नेति नेति कह बुद्धि मनुज की कब से प्रणत, चमत्कृत!
हृदय सुलभ तुम, सहज कृपा कर देती उर तम ज्योतित,
ज्यों पारस का परस अयस का स्वर्ण रहस रूपांतर!

सदसत्, कारण-कार्य प्रकृति के केवल मात्र प्रयोजन,
देव, तुम्हारी अमित दया से होता भव का पालन!
तुमसे रहित अचिर अपूर्ण जग, तुमसे पूर्ण चिरंतन,
तुम हो, भव है : शून्य एक के गुण से गणित निरंतर!
तुमसे जो मन युक्त, सकल जग जीवन हो आराधन,
प्रेम, तुम्हारे हित माया का पाश मुक्ति हो प्रतिक्षण,
तुममें केन्द्रित लोक योजना बने स्वर्ग सी पावन
मानव के घटवासी, दो मानव को नव जीवन वर!

... ...

रहे निर्निमिष भौतिक लोचन,
प्रभु प्रभु-भक्त गए अभिन्न बन,
मात्र सच्चिदानंद चिरंतन
जय अमर्त्य का मर्त्य पर्यटन!
श्रवण गगन में गूंज रहे स्वर
ॐ क्रतो स्मर कृतं क्रतो स्मर!

सृजन हुताशन की हवि भास्वर
बनी पुनः जीवन रज नश्वर!
दृष्टि दिशा में ज्योति मूर्त स्वर,—
ॐ क्रतो स्मर कृतं स्मर
क्रतो स्मर कृतं स्मर!

स्वर्ण धूलि

स्वर्ण बालुका किसने बरसा दी रे जगती के मरुस्थल में,
सिकता पर स्वर्णांकित कर स्वर्गिक आभा जीवन मृग जल में!
स्वर्ण रेणु मिल गई न जाने कब धरती की मर्त्य धूलि से,
चित्रित कर, भर दी रज में नव जीवन ज्वाला अमर तूलि से!
अंधकार की गुहा दिशाओं में हँस उठी ज्योति से विस्तृत,
रजत सरित सा काल बह चला फेनिल स्वर्ण क्षणों से गुंफित!
खंडित सब हो उठा अखंडित, बने अपरिचित ज्यों चिर परिचित,
नाम रूप के भेद भर गए स्वर्ण चेतना से आलिंगित!
चक्षु वाक् मन श्रवण बन गए सूर्य अग्नि शशि दिशा परस्पर,
रूप गंध रस शब्द स्पर्श की झंकारों से पुलकित अंतर!
दैवी वीणा पुनः मानुषी वीणा बन नव स्वर में झंकृत,
नवल युग पुरुष को निज तप से आत्मा फिर से करती सर्जित!
बीज बनें नव ज्योति वृत्तियों के जन मन में स्वर्ण धूलि कण,
पोषण करे प्ररोहों का नव अंध धरा रज का संघर्षण!
चीर आवरण भू के तम का स्वर्ण शस्य हों रश्मि अंकुरित,
मानस के स्वर्णिम पराग से धरणी के देशांतर गर्भित!

ज्योति वृषभ

स्वर्ण शिखर-से चतुश्शृंग हैं उसके शिर पर,
दो उसके शुभ शीर्ष : सप्त रे ज्योति हस्त वर!
तीन पाद पर खड़ा, मर्त्य इस जग में आकर,
त्रिधा बद्ध वह वृषभ, रँभाता हैं दिग्ध्वनि भर!
महादेव वह : सत्य : पुरुष औ' प्रकृति शीर्ष द्वय,
चतुश्शृंग सच्चिदानंद विज्ञान ज्योतिमय!
सप्त चेतना - लोक, हस्त उसके निःसंशय,
महादेव वह, सत्य : ज्योति का वृष वह निश्चय!

सत् रज तम से त्रिधा बद्ध, पद अन्न प्राण मन,
मर्त्य लोक में कर प्रवेश वह करता रेभण!
महादेव वह : सत्य : मुक्ति के लिए अनामय
फिर फिर हंभा रव करता : जय, ज्योति वृषभ, जय!

अग्नि

दीप्त अभीप्से, मुझको तू ले जा सत्पथ पर,
यज्ञ कुंड हो, अग्नि, हृदय मेरा अति भास्वर!
प्राण बुद्धि मन की प्रदीप्त घृत आहुति पाकर
मेरी ईप्सा को पहुँचा दे परम व्योम पर!

तू भुवनों में व्याप्त, निखिल देवों की ज्ञाता,
यज्ञ अंश के भागी वे, तू उनकी त्राता!
निशि दिन हवि दे बुद्धि कर्म की, भूरि नमन कर
आते हम तेरे समीप, हे अग्नि, निरंतर!

निज यज्ञों में मरणशील हम करते पूजन
उस अमर्त्य का जो सबके अंतर में गोपन!
यदि तू मैं, मैं तू बन जाऊँ शिखे ज्योतिमय,
तो तेरे आशीष सत्य हों, जीवन सुखमय!

ज्ञान रश्मियों से, मन से कर तुझे प्रज्वलित,
पाते हम सद्बुद्धि, तेज, सत्कर्मों को नित!
जिन जिन देवों का करते हम यजन प्रतिक्षण
वे शाश्वत विस्तृत हवि तुझको, अग्नि, समर्पण!
ज्योति प्रचेता, निहित अकवियों में तू कवि बन,
मर्त्यों में तू अमृत, वरुण के हरती बंधन!

कैसे तुझे प्रसन्न करें हम, वरें दीप्त मन,
ज्ञात नहीं पथ, प्राप्त नहीं तप, बल या साधन!
कौन मनीषा यज्ञ भेंट दें, कौन हवि, स्तवन,
जिससे तेरी शिखा, अग्नि, कर सके वहन मन!

काल अश्व

काल अश्व यह, तपः शक्ति का रूप अनश्वर,
दिशा पृष्ठ पर धावमान, अति दिव्य वेग भर!

महावीर्य यह, सप्त रश्मियों से हो शोभित
चला रहा भव को सहस्रधुर,—प्राण उच्छ्वसित !
भुवन भुवन सब घूम रहे चक्रों - से अविरत,
महा अश्व यह, खींच रहा अश्रांत विश्व रथ !

अंतर्द्रष्टा ऋषि, त्रिकालदर्शी जो कविगण,
इस पर करते धीर विपश्चित ही आरोहण !
निष्ठुर विधि से पीड़ित जग के शेष चराचर
परिवर्तन चक्रों में पिस कर होते जर्जर !
नाम रूप में ही जिनका मन मोहित सीमित
प्रबल पदाघातों से वे नित होते मर्दित !

काल बोध विस्तृत करता मन को, देता बल,
निखिल वस्तुएँ क्षण घटनाएँ जग में केवल !
बहिरंतर जो निज को कर सकते संयोजित
नहीं व्यापती काल अश्व गति उनको निश्चित !
अथवा जो निर्द्वन्द्व, शुद्ध, निर्लिप्त, ऊर्ध्वचित्
दिव्य तुरग पर चढ़, जाते वे पार आत्मजित् !

देवकाव्य

तरुण युवक वह, कर्मों में था जिसके कौशल,
रण में अरियों के मद को करता था हत बल ;
पलित वृद्ध उसको जाता है आज रे निगल,
मृतक पड़ा वह बीर, साँस लेता था जो कल !
इस महत्वमय देव काव्य को देखो प्रतिपल,
क्षण भंगुर यह विश्व, काल का मात्र रे कवल !

ज्यों हो जाता चंद्र सूर्य की आभा में लय,
प्राण इंद्रियाँ आत्मा में मिलतीं निःसंशय !
नित्य, इंद्रियों से अतीत, आत्मा का जीवन,
अमृत नाभि जो अन्न प्राण मन की चिर गोपन !
व्यक्ति केन्द्र है, विश्व परिधि, सत्ता रे अक्षय,
नियम सनातन सृजनशील परिवर्तन निश्चय !
नाम रूप परिधान पुरुष के मात्र रे वसन
आत्मवान् होते न काल के दशन के अशन !

दिव्य पुरुष जो अति समीप, अंतरतम में स्थित,
नहीं देख पाते जन उसको, वह अभिन्न नित!
देखो उसके दिव्य काव्य को संसृति-विस्तृत,
वह न कभी मरता, न जीर्ण होता, वेदाऽमृत!

देव

कर्म निरत जन ही देवों से होते पोषित,
निरलस रे वे स्वयं, अहर्निशि रहते जागृत!
दिति पुत्रों को अदिति सुतों के कर चिर आश्रित
मैंने अपने को देवों को किया समर्पित!
देवों का है तेज अमित सागर सा विस्तृत,
वे सबसे रे महत्, नम्रता से चिर भूषित!
मानव, तुम शत हस्त करो वैभव एकत्रित,
औ' सहस्र कर होकर उसे करो नित वितरित!
इस प्रकार सब पुण्य करो अपने में संचित,
अपने कृत क्रियमाण कर्म चिर कर संयोजित!
गाँवों के पशु तजते ज्यों वन पशुओं का पथ
पाप कर्म तुम छोड़, रहो सत्कर्मों में रत!
साथ चलो, सब के हित बोलो, बनो संगठित
साथ मनन कर, करो समान गुणों को अर्जित!
एक ज्ञान औ' एक प्राण सब रहो सम्मिलित,
तुम देवों के तुल्य बनो, सहयोग समन्वित!
व्रत से दीक्षा, दीक्षा से दक्षिणा ग्रहण कर
उससे श्रद्धा, श्रद्धा से कर प्राप्त सत्य वर,
ऋतंभरा प्रज्ञा से भर निज ज्योतित अंतर
तुम देवों के योग्य बनो, बन मर्त्य से अमर!

पुरुषार्थ

कभी न पीछे हटने वाले ही पाते जय,
बहिरंतर के ऐश्वर्यों का करते संचय;
वह प्रति जन का हो अथवा सामूहिक वैभव
ऐहिक आत्मिक सुख पुरुषार्थी के हित संभव!

ठुकरा सकते वीर मृत्यु-पद जो पग पग पर
आत्म त्याग, उत्सर्ग हेतु जो रहते तत्पर,
दीर्घ विशद विस्तृत जीवन धारण कर निश्चय
प्रजा-धान्य संयुक्त सदा बनते समृद्धिमय !

शुद्ध चित्त बन, दीप्त अभीप्सा हवि कर अर्पित
विश्व यज्ञ में, बनें मनुज सब अमृत, मृत्युजित् !
उठें सत्य से प्रेरित होकर दुर्बल पीड़ित,
बनें सत्य के सम्मुख सत्ताधारी विनमित !

ऋत की रे संपदा शुद्ध, निष्कलुष, सनातन,
सुनता है आह्वान सत्य का बधिर भी श्रवण !
दुह सुहस्त गोधुक् कोई, सुदुधा गो को नित
हमें पिलाए सविता का रस, ऋत दुग्धामृत !

अंतर्गमन

दाँई बाँई ओर, सामने पीछे निश्चित
नहीं सूझता कुछ भी : बहिरंतर तमसावृत !
हे आदित्यो, मेरा मार्ग करो चिर ज्योतित,
धैर्य रहित मैं, भय से पीड़ित, अपरिपक्व चित !

विविध दृश्य शब्दों की माया गति से मोहित
मेरे चक्षु श्रवण हो उठते मोह विभ्रमित !
विचरण करता रहता चंचल मन विषयों पर
दिव्य हृदय की ज्योति बहिर्मुख गई है बिखर !

तेजहीन मैं, क्या उत्तर दूँ, करूँ मनन कब ?
बहु द्वारों से बहिर्गमन कर मैं खोया अब !
भरते थे सुंदर उड़ान जो पक्षी प्रतिक्षण,
तृषित इंद्रियाँ करती थीं जो रूप संगमन,

आज श्रांत, विषयाघातों से होकर कातर
तुम्हें पुकार रहीं वे, ज्योतिर्मन के ईश्वर !
रूप पाश में बद्ध, ज्ञान में अपने सीमित,
इंद्र, तुम्हारी अमित ज्योति हित वे उत्कंठित !

प्रार्थी वे : हे देव, हटा यह तिमिर आवरण,
ज्ञान लोक में आज हमारे खोलो लोचन!
ज्योति पुरुष तुम जहाँ दिव्य मन के हो स्वामी,
निखिल इंद्रियों के परिचालक, अंतर्यामी!
ऋत चित से है जहाँ सूक्ष्म नभ चिर आलोकित,
उस प्रकाश में हमें जगाओ, इंद्र, अपरिमित!

एकं सत्

इंद्रदेव तुम, स्वभू सत्य, सर्वज्ञ, दिव्य मन,
स्वर्ग ज्योति, चित् शक्ति मर्त्य में लाते अनुक्षण!
त्रय ऋभुओं से रचित तुम्हारा ज्योति अश्व रथ,
प्राण शक्ति मरुतों से विघ्न रहित विग्रह पथ!
तुम्हीं अग्नि हो, सप्तजिह्व, अति दिव्य तपस द्युति,
पहुँचाती जो अमर लोक तक धी-घृत आहुति!
दिव्य वरुण तुम, चिर अकलुष, ज्यों विस्तृत सागर,
तपः पूत मन की स्थिति, उज्ज्वल, अखिल पापहर!

तुम्हीं मित्र हो, ज्योति प्रीति की शक्ति समन्वित,
राग, बुद्धि, कर्मों में समता करते स्थापित!
गरुत्मान तुम, ज्योतित पंखों की उड़ान भर,
आत्मा की आकांक्षा को ले जाते ऊपर!
तुम हो भग, चिर आशा-सुखमय, शोक पापहन्,
सूक्ष्म दृष्टि, ईर्ष्या तप की तुम शक्ति अर्यमन्!
मधुपायी युग अश्विन् तरुण, सुभग, द्रुत भास्वर,
रोग शमन कर, नव निर्मित तुम करते अंतर!

अमृत सोम तुम, झरते दिव आनंद से मुखर
अन्न प्राण जीवन प्रद, मुक्त तुम्हारे निर्झर!
काल रूप यम, निखिल विश्व का करते नियमन,
तुम्हीं मातरिश्वा, सातों जल करते धारण!
तुम्हीं सूर्य, आलोक वर्ण, ऋत चित के ईश्वर,
पथ ऊषाएँ, दिव्य प्रेरणाएँ सहस्र कर!
तुम हो एक, स्वरूप तुम्हारे ही सब निश्चित,
विप्रों से तुम बहुधा बहु नामों से कीर्तित!

प्रच्छन्न मन

वेद ऋचाएँ परम व्योम में अक्षय जीवित,
निखिल देवगण चिर अनादि से जिसमें निवसित!
जिसे न अनुभव परम तत्त्व का अक्षर पावन
मंत्र पाठ से नहीं प्रकाशित होता वह मन!
जिसे ज्ञात वह सत्य, वही रे विज्ञ विपश्चित,
ज्योतित उसका बहिरंतर, आनंद रूप नित!
एक अंश भर मात्र बहिर्मुख इंद्रिय जीवन,
शेष अंश प्रच्छन्न मनस् में रहते गोपन!
अंतर्जीवन से जो मानव हो संयोजित
पूर्ण बने वह, स्वर्ग बने यह वसुधा निश्चित!
अन्न प्राण मन अंतर्मन से हों परिपोषित,
सत्य मूल से युक्त, ज्योति आनंद प्रस्रवित!
वाणी के रे तीन अंश उर गुहा मध्य स्थित
अधिमानस से दिव्य ज्ञान हो उनका प्रेरित;
बहिरंतर मानव जीवन हो सत्य समन्वित,
अंतर्वैभव से हो भौतिक वैभव दीपित!
आत्मा का ऐश्वर्य, भूत श्री सुख हो अविरत,
ऊषाओं के पथ से उतरे पूषण का रथ!

सृजन शक्तियाँ

आज देवियों को करता मन भूरि रे नमन,
सृजन शक्तियाँ चिन्मयि जो करतीं भव सर्जन!
माहेश्वरी महेश्वर की आज्ञा का पालन,
लक्ष्मी श्री सौन्दर्य विभव नव करती वितरण!
सरस्वती विस्तार सूक्ष्म करती संपादन,
काली भरती प्रगति, विघ्न कर निखिल निवारण!
आभा देही अदिति, देवताओं की माता,
वह अभिन्न अविभाज्य, एकता की चिर ज्ञाता!
उसके सुत आदित्य सत्य से युक्त निरंतर,
भेद बुद्धि दिति के सुत दैत्य, अहम्मति तमचर!
आदि सत्य का सक्रिय बोध इला देती नित,
सरस्वती चिर सत्य स्रोत अंतर में समुदित!

मही, भारती, वाणी—जिनका ज्ञान अपरिमित,
सत् का देती बोध दक्षिणा, हवि कर वितरित!
सरमा है प्रेरणा, शुनी जो अचित् में उतर
चित् का छिपा प्रकाश ढूंढ़ लाती चिर भास्वर!
देवों की शक्तियाँ देवियाँ रे चिर पूजित,
मानव का प्रच्छन्न चित्त जिनसे नित ज्योतित!

इंद्र

इंद्र, सतत सत्पथ पर देवें मर्त्य चरण नित,
दिव्य तुम्हारे ऐश्वर्यों को कर अंगीकृत!
तुम, उलूक-ममता के तम का हटा आवरण,
वृक-हिंसा औ, श्वान-द्वेष का करो निवारण!
कोक काम रति, श्येन दर्प औ' गृद्ध लोभ हर,
षड् रिपुओं से देव, करो जन त्राण निरंतर!
ज्यों मृद् पात्र विनष्ट शिला कर देती तत्क्षण,
पशु प्रवृत्तियाँ छिन्न करो हे प्रबल वृत्रहन्!

इंद्र, हमें आनंद सदा तुम देते उज्ज्वल,
पीछे अघ न पड़े जो आगे हो चिर मंगल!
दिव्य भाव जितने, जो देव तुम्हारे सहचर
वृत्र श्वास से भीत, छोड़ते तुम्हें निरंतर!
प्राण शक्तियाँ मरुत साथ देते जब निश्चय,
पाप असुर सेना पर तुम तब पाते नित जय!
दान दान पर करता मैं श्रद्धानत वंदन,
तुम अपार हो, स्तुति से भरता नहीं कभी मन!
जौ के खेतों में ज्यों गायें करतीं विचरण,
देव, हमारे उर में रमण करो तुम प्रतिक्षण!
सर्व दिशाओं से दो हमको अभय अनामय,
विजयी हों षड् रिपुओं पर, जीवन हो सुखमय!

वरुण

वरुण, मुक्त कर दो मेरे त्रिक् जीवन बंधन,
पाप निवारक हे, प्रकाश से भर मेरा मन!

पाश गुणों के ऊपर और खुलें नित उत्तम,
नीचे टूटें अधम, मध्य में श्लथ हों मध्यम!
अन्न प्राण मन, सत रज तम का हो रूपांतर,
हम चिर अकलुष बनें अदिति का आश्रय पाकर!
यह मानव तन सतत सप्त ऋषियों से रक्षित,
चैत्य प्राण जिनमें सुषुप्ति में भी चिर जागृत!

सदा भद्र संकल्पों से हम हों परिपोषित,
देवों को कर तुष्ट, रहें नित स्वस्थ, हृष्ट चित!
भद्र सुनें ये श्रवण, भद्र देखें ये लोचन,
स्थिर अंगों से सदा सत्य पथ करें ग्रहण जन!
देव सखा बन ऋजु प्रिय, रहें सुरों से वेष्टित,
उनकी भद्रा सुमति करे सब की रक्षा नित!
पृथ्वी द्यौ औ' अंतरिक्ष की समिधा देकर,
श्रम से, तप से, अमृत ज्योति का पाएँ हम वर!

सोमपायी

चिर रमणीय वसंत, ग्रीष्म, वर्षा ऋतु सुखमय,
स्निग्ध शरद, हेमंत शिशिर रमणीय असंशय!
मधु केन्द्रों को घेर बैठते ज्यों नित मधुकर,
ज्ञान इन्द्रियों पर स्थित सोम पिपासु निरंतर!
ध्यान मग्न होकर जीवन मधु करते संचय,
अर्पित कर कामना, इंद्र, तुममें होकर लय!
रथ पर रख ज्यों पैर, बैठ जाते वे तन्मय,
ऋजु पथ से तुम ले जाते उनको ज्योतिर्मय!

जिनकी महिमा गाते हिमवत् सिन्धु नदी नद,
जिसकी बाहु दिशाओं सी फैली हैं कामद;
जहाँ अमृत आनंद ज्योति के झरते निर्झर,
मुक्त सोम रस पीकर पाते धाम वे अमर!
ब्रह्म लोक वह, सूर्य समान अमित ज्योतिर्मय,
मनगगन द्यौ, विस्तृत सागर सदृश अनामय!
पृथ्वी से अगणित गुण इंद्र वृहद् बल ईश्वर,
दिव्य शक्तियाँ उसकी शतशत किरणें भास्वर!

मंगल स्तवन

अमित तेज तुम, तेज पूर्ण हो जनगण जीवन,
दिव्य वीर्य तुम, वीर्य युक्त हों सबके तन मन !
दीप्त ओज बल तुम, बल ओज करें हम धारण,
शुद्ध मन्यु तुम, करें मन्यु से कलुष निवारण !
तुम चिर सह, हम सहन कर सकें, धीर शांत बन,
पूर्ण बनें हम सोम, सत्य पथ करें सब ग्रहण !

ज्ञान ज्योति का दिव्य चक्षु सामने अब उदित,
देखें हम शत शरद, शरद शत सुनें भद्र नित !
बोलें हम शत शरद, शरद शत तक हों जीवित,
ऐश्वर्यों में रहें, शरद शत दैन्य से रहित !
शत शरदों से अधिक सुनें देखें हम निश्चित,
तन मन आत्मा के वैभव से युक्त अपरिमित !

स्वर्ग शांति दे, अंतरिक्ष दे शांति निरंतर,
पृथ्वी शांति, शांति जल, औषधि शांति दें अजर !
विश्व देव दें शांति, वनस्पति शांति दें सकल,
ब्रह्म शांति दे, सर्व शांति, दें शांति दिशा पल !

शांति शांति दे हमें शांति हो व्यापक उज्ज्वल,
शांति धाम यह धरा बने, हो चिर जन मंगल !

सामंजस्य

भाव सत्य बोली मुख मटका,
'तुम - मैं की सीमा है बंधन,
मुझे सुहाता बादल सा नभ में
मिल जाना, खो अपनापन !
'ये पार्थिव संकीर्ण हृदय हैं,
मोल तोल ही इनका जीवन,
नहीं देखते एक धरा है,
एक गगन है, एक सभी जन' !

बोली वस्तु सत्य मुँह बिचका,
'मुझे नहीं भाता यह दर्शन,
भिन्न देह हैं जहाँ, भिन्न रुचि
भिन्न स्वभाव, भिन्न सबके मन!
नहीं एक में भरे सभी गुण,
द्वन्द्व जगत में हैं नारी नर,
स्नेही द्रोही मूर्ख चतुर हैं,
दीन धनी, कुत्सित औ' सुदंर'!

आत्म सत्य बोली मुसका कर,
'मुझे ज्ञात दोनों का कारण,
मैं दोनों को नहीं भूलता,
दोनों का करती संचालन!
'पंख खोल सपने उड़ जाते,
सत्य न बढ़ पाता गिन गिन पग,
सामंजस्य न यदि दोनों में
रखती मैं, क्या चल सकता जग'?

लक्ष्मण

विश्व श्याम जीवन के जलधर
राम प्रणम्य, राम हैं ईश्वर!
लक्ष्मण निर्मल स्नेह सरोवर
करुणा सागर से भी सुन्दर!
सीता के चेतना जागरण
राम हिमालय से चिर पावन,
मेरे मन के मानव लक्ष्मण
ईश्वरत्व भी जिन्हें समर्पण!

धीर वीर अपने पर निर्भर
झुका अहं धनु, धर सेवा शर,
कब से भू पर विचर रहे वे
लक्ष्मण, सच्चे भ्राता, सहचर!
युग युग से चिर असि व्रत चारी,
जग जीवन विघ्नों के हारी,
जन सेवा उनकी प्रिय नारी
वह ऊर्मिला, हृदय को प्यारी!

रुधिर वेग से कंपित थर थर
पकड़ ऊर्मिला का पल्लव कर
बोले, 'प्रिये, बिदा दो हँसकर,
संग राम के जाता अनुचर!'
चौदह बरस रहे वह बाहर
बिछुड़े नहीं प्रिया से क्षण भर,
सजग ऊर्मिला थी उर भीतर
मानस की सी ऊर्मि निरंतर!

स्नेह ऊर्मिला का चिर निश्चल
नहीं जानता विरह मिलन पल,
वह बह बह अंतर में अविरल
बनता रहता सेवा मंगल!
वह सेवा कर्त्तव्य नहीं है,
वह भीतर से स्वतः बही है,
जिससे निश्चित हरित मही है!

सहज सलज्ज सुशील स्नेहमय,
जन जन के साथी, चिर सहृदय,
मुक्त हृदय, विनयी, अति निर्भय,
जन्म जन्म का हो ज्यों परिचय,—
आते वे सम्मुख प्रसन्न मन
भू पर नत आनंद के गगन,—
बरस गया जिसका ममत्व घन,
गौर चाँदनी सा चेतन तन!

ऐसे भू के मानव लक्ष्मण
कभी गा सकूँ उनका जीवन,
छू जिनके सेवा रत पदतल
बिछ जाते पथ शूल फूल बन!
राम पतित पावन, दुख मोचन,
लक्ष्मण भव सुख दुख में शोभन!
वे सर्वज्ञ, सर्वगत, गोपन,—
ज्ञान मुक्त ये, पद नत लोचन!

चौथी भूख

'भूखे भजन न होय गुपाला',
यह कबीर के पद की टेक,
देह की है भूख एक!—

कामिनी की चाह, मन्मथ दाह,
तन को हैं तपाते,
औ' लुभाते विषय भोग अनेक,
चाहते ऐश्वर्य सुख जन,
चाहते स्त्री पुत्र औ' धन,
चाहते चिर प्रणय का अभिषेक!
देह की है भूख एक!—

दूसरी रे भूख मन की!
चाहता मन आत्म गौरव,
चाहता मन कीर्ति सौरभ,
ज्ञान मंथन, नीति दर्शन,
मान पद अधिकार पूजन!
मन कला विज्ञान द्वारा
खोलता नित ग्रंथियाँ जीवन मरण की!
दूसरी यह भूख मन की!

तीसरी रे भूख आत्मा की गहन!
इंद्रियों की देह से ज्यों है परे मन,
मनोजग से परे त्यों आत्मा-चिरंतन,
जहाँ मुक्ति विराजती
औ' डूब जाता हृदय क्रंदन!
वहाँ सत् का वास रहता,
वहाँ चित् का लास रहता,
वहाँ चिर उल्लास रहता,
यह बताता योग दर्शन!
किन्तु ऊपर हो कि भीतर
मनोगोचर या अगोचर
क्या नहीं कोई कहीं ऐसा अमृत धन
जो धरा पर बरस भर दे भव्य जीवन?
जाति वर्गों से निखर जन
अमर प्रीति प्रतीति में बँध
पुण्य जीवन करें यापन
औ' धरा हो ज्योति पावन!

छायाभा

छाया प्रकाश जग जीवन का
बन जाता स्वप्न मधुर संगीत,
इस घने कुहासे के भीतर
दिख जाते तारे इंदु पीत !

देखते देखते आ जाता,
मन पा जाता
कुछ जग के जगमग रूप नाम ;
रहते रहते कुछ छा जाता,
उर को भाता
जीवन सौन्दर्य अमर ललाम !

प्रिय यहाँ प्रीति
स्वप्नों में उर बाँधे रहती ;
स्वर्णिम प्रतीति
हँस हँस कर सब सुख दुख सहती !

अनिवार्य कामना
नित अबाध अमना बहती,
पद आराधना
विपद में बाँह सदा गहती !
जड़ रीति नीतियाँ
जो युग कथा विविध कहतीं,
भीतियाँ
जागते सोते तन मन को दहतीं !

क्या नहीं यहाँ ? छाया प्रकाश की संस्कृति में ?
नित जीवन मरण बिछुड़ते मिलते भव गति में !
ज्ञानी ध्यानी कहते, प्रकाश, शाश्वत प्रकाश,
अज्ञानी, मानी,—छाया माया का विलास !

यदि छाया, यह किसकी छाया ?
आभा, छाया जग क्यों आया ?
मुझको लगता
मन में जगता,
यह छायाभा है अविच्छिन्न,
यह आँख मिचौनी चिर सुंदर,
सुखदुख के इंद्रधनुष रंगों की
स्वप्न सृष्टि अज्ञेय, अमर !

पतिता

रोता हाय मार कर माधव
वृद्ध पड़ोसी जो चिर परिचित,
'क्रूर, लुटेरे, हत्यारे—कर गए
बहू को नीच, कलंकित ! !
'फूटा करम ! धरम भी लूटा' !
शीश हिला, रोते सब परिजन,
'हा अभागिनी ! हा कलंकिनी !'
खिसक रहे गा गा कर पुरजन !

सिसक रही सहमी कोने में
अबला साँसों की सी ढेरी,
कोस रहीं घेरे पड़ोसिनें
आँख चुराती घर की चेरी !
इतने में घर आता केशव,
'हा बेटा' ! कर दारुण रोदन,
माथा लेते पीट कुटुंबी
छिन्न लता सा कँप उठता तन !

'सब सुन चुका ! ' चीखता केशव ;
'बंद करो यह रोना धोना ;
उठो मालती, लील जायगा
तुमको घर का काला कोना !
'मन से होते मनुज कलंकित ;
रज की देह सदा से कलुषित ;
प्रेम पतित पावन है, तुमको
रहने दूँगा मैं न कलंकित' !

परकीया

विनत दृष्टि हो बोली करुणा,
आँखों में थे आँसू के घन,
'क्या जाने क्या आप कहेंगे,
मेरा परकीया का जीवन' !

स्वच्छ सरोवर सा वह मानस,
नील शरद नभ-से वे लोचन
कहते थे वह मर्म कथा जो
उमड़ रही थी उर में गोपन !

बोला विनय, 'समझ सकता हूँ,
मैं त्यक्ता का मानस क्रंदन,
मेरे लिए पंच कन्या में
षष्ट आप हैं, पातक मोचन !
यदपि जबाला सदृश आपको
अर्पित कर अपना यौवन धन
देना पड़ा मूल्य जीवन का
तोड़ बाह्य सामाजिक बंधन ;

'फिर भी लगता मुझे आपने
किया पुण्य जीवन है यापन,
बतलाती यह मन की आभा,
कहता यह गरिमा का आनन !
'पति पत्नी का सदाचार भी
नहीं मात्र परिणय से पावन,
काम निरत यदि दंपति जीवन,
भोग मात्र का परिणय साधन !

'प्राणों के जीवन से ऊँचा
है समाज का जीवन निश्चय,
अंग लालसा में, सामाजिक
सृजन शक्ति का होता अपचय !
'पंकिल जीवन में पंकज सी
शोभित आप देह से ऊपर,
वही सत्य जो आप हृदय में,
शेष शून्य जग का आडंबर !

'अतः स्वकीया या परकीया
जन समाज की है परिभाषा,
काम मुक्त औ' प्रीति युक्त,
होगी मनुष्यता, मुझको आशा' !

लोक सत्य

बोला माधव ,
प्यारे यादव ,
'जब तक होंगे लोग नहीं अपने सत्वों से परिचित
जन संग्रह बल पर भव संस्कृति हो न सकेगी निर्मित !
आज अल्प हैं जीवित जग में औ' असंख्य उत्पीड़ित ,
लौह मुष्टि से हमें छीननी होगी सत्ता निश्चित' !

बोला यादव ,
'प्यारे माधव ,
'मुझको लगता आज वृत्त में घूम रहा मानव मन ,
भौतिकता के आकर्षण से रण जर्जर जग जीवन !
समतल व्यापी दृष्टि मनुज की देख न पाती ऊपर ,
देख न पाती भीतर अपने, युग स्थितियों से बाहर !
'नहीं दीखता मुझे जनों का भूत भ्रांति में मंगल
बाह्य क्रांति से प्रबल हृदय में क्रांति चल रही प्रतिपल !
मध्य वर्ग की वैभव तन्द्रा के स्वप्नों से जग कर
हमको अभिनव लोक सत्य है स्थापित करना भू पर !
'युग युग के जीवन से औ' युग जीवन से उत्सर्जित ,
सूक्ष्म चेतना में मनुष्य की, सत्य हो रहा विकसित !
आज मनुज को ऊपर उठ औ' भीतर से हो विस्तृत
नव्य चेतना से जग जीवन को करना है दीपित' !

बोला यादव ,
'प्यारे माधव ,
'वही सत्य कर सकता मानव जीवन का परिचालन
भूतवाद हो जिसका रज तन, प्राणिवाद जिसका मन ,
औ, अध्यात्मवाद हो जिसका हृदय गँभीर चिरंतन ,
जिसमें मूल सृजन विकास के, विश्व प्रगति के गोपन !

'आज हमें मानव मन को करना आत्मा के अभिमुख ,
मनुष्यत्व में मज्जित करने युग जीवन के सुख दुख !
पिघला देगी लौह मुष्टि को आत्मा की कोमलता ,
जन बल से रे कहीं बड़ी है मनुष्यत्व की क्षमता' !

काले बादल

सुनता हूँ, मैंने भी देखा,
काले बादल में रहती चाँदी की रेखा !
काले बादल जाति द्वेष के,
काले बादल विश्व क्लेश के,
काले बादल उठते पथ पर
नव स्वतंत्रता के प्रवेश के !
सुनता आया हूँ, है देखा
काले बादल में हँसती चाँदी की रेखा !
आज दिशा हैं घोर अँधेरी
नभ में गरज रही रण भेरी,
चमक रही चपला क्षण क्षण पर
झनक रही झिल्ली झन झन कर;
नाच नाच आँगन में गाते केकी केका
काले बादल में लहरी चाँदी की रेखा !
काले बादल, काले बादल,
मन भय से हो उठता चंचल !
कौन हृदय में कहता पल पल
मृत्यु आ रही साजे दलबल !
आग लग रही, घात चल रहे, विधि का लेखा !
काले बादल में छिपती चाँदी की रेखा !
मुझे मृत्यु की भीति नहीं है,
पर अनीति से प्रीति नहीं है;
यह मनुजोचित रीति नहीं है,
जन में प्रीति प्रतीति नहीं है !
देश जातियों का कब होगा,
नव मानवता में रे एका,
काले बादल में कल की
सोने की रेखा !

जाति मन

सौ सौ बाँहें लड़ती हैं, तुम नहीं लड़ रहे,
सौ सौ देहें कटती हैं, तुम नहीं कट रहे,
हे चिर मृत, चिर जीवित भू जन !

अंध रूढ़ियाँ अड़ती हैं, तुम नहीं अड़ रहे,
सूखी टहनी छँटती हैं, तुम नहीं छँट रहे,
जीवन-मृत, नव जीवित भू जन!

जाने से पहले ही तुम आ गए यहाँ
इस स्वर्ण धरा पर,
मरने से पहिले तुमने नव जन्म ले लिया,
धन्य तुम्हें, हे भावी के नारी नर!
काट रहे तुम अंधकार को,
छाँट रहे मृत आदर्शों को,
डुबा रहे नव चेतनता में
युग मानव के संघर्षों को!

मुक्त कर रहे भूत योनि से
भावी के स्वर्णिम वर्षों को,
हाँक रहे तुम जीवन रथ, नव मानव बन,
पथ में बरसा, शत आशाओं को,
शत हर्षों को!
सौ सौ बाँहें, सौ सौ देहें नहीं कट रहीं,
बलि के अज, तुम आज कट रहे,
युग युग के वैषम्य, जाति मन,
एवमस्तु बहिरंतर जो तुम
आज छँट रहे!

मृत्युंजय

ईश्वर को मरने दो हे, मरने दो,
वह फिर जी उट्ठेगा, ईश्वर को मरने दो!
वह क्षण क्षण मरता, जी उठता,
ईश्वर को नित नव स्वरूप धरने दो!

शत रूपों में, शत नामों में, शत देशों में,
शत सहस्र बल होकर उसे सृजन करने दो,
क्षण अनुभव के विजय पराजय, जन्म मरण
औ' हानि लाभ की लहरों में उसको तरने दो!
ईश्वर को मरने दो हे, फिर फिर मरने दो!

दूर नहीं वह तन से, मन से या जीवन से
अथवा रे जनगण से !
द्वेष कलह संग्राम बीच वह
अंधकार से औ' प्रकाश से शक्ति खींच वह
पलता, बढ़ता, विकसित होता अहरह
अपने दिव्य नियम से !
दूर नहीं वह तन से, मन से, जीवन से
अथवा जनगण से !

एक दृष्टि से, एक रूप में, देख रहे हम
इस भूमा को, जग को औ' जग के जीवन को निश्चय,
इसमें दुख सुख, जरा मरण हैं, जड़ चेतन,
संघर्ष शांति,—यह रे द्वन्द्वों का आशय !
परम दृष्टि से, परम रूप में यह है ईश्वर
अजर अमर औ' एक अनेक, सर्वगत, अक्षर,
व्यक्ति, विश्व, जड़, स्थूल, सूक्ष्मतर !

स प्रत्यागात् शुक्रमकायमव्रणम्
अस्नाविरं शुद्धमपापविद्धम्,
कविर्मनीषी परिभू स्वयंभू,--पूर्ण परात्पर !

मरने दो तब ईश्वर को मरने दो हे,
वह जी उट्ठेगा, ईश्वर को मरने दो !
वह फिर फिर मरता, जी उठता,
ईश्वर को चिर मुक्त सृजन करने दो !

१५ अगस्त १९४७

चिर प्रणम्य यह पुण्य अहन्, जय गाओ सुरगण,
आज अवतरित हुई चेतना भू पर नूतन !
नव भारत, फिर चीर युगों का तिमिर आवरण,
तरुण अरुण सा उदित हुआ परिदीप्त कर भुवन !
सभ्य हुआ अब विश्व, सभ्य धरणी का जीवन,
आज खुले भारत के सँग भू के जड़ बंधन !

शांत हुआ अब युग युग का भौतिक संघर्षण,
मुक्त चेतना भारत की यह करती घोषण!
आम्र मौर लाओ हे, कदली स्तंभ बनाओ,
पावन गंगा जल भर मंगल कलश सजाओ!
नव अशोक पल्लव के बंदनवार बँधाओ,
जय भारत गाओ, स्वतंत्र जय भारत गाओ!
उन्नत लगता चंद्र कला स्मित आज हिमाचल,
चिर समाधि से जाग उठे हों शंभु तपोज्वल!
लहर लहर पर इंद्रधनुष ध्वज फहरा चंचल
जय निनाद करता, उठ सागर, सुख से विह्वल!

धन्य आज का मुक्ति दिवस, गाओ जन-मंगल,
भारत लक्ष्मी से शोभित फिर भारत शतदल!
तुमुल जयध्वनि करो, महात्मा गांधी की जय,
नव भारत के सुज्ञ सारथी वह निःसंशय!
राष्ट्र नायकों का हे, पुनः करो अभिवादन,
जीर्ण जाति में भरा जिन्होंने नूतन जीवन!
स्वर्ण शस्य बाँधो भू वेणी में युवती जन,
बनो वज्र प्राचीर राष्ट्र की, वीर युवकगण!
लोह संगठित बने लोक भारत का जीवन,
हों शिक्षित संपन्न क्षुधातुर नग्न भग्न जन!
मुक्ति नहीं पलती दृग जल से हो अभिसिंचित,
संयम तप के रक्त स्वेद से होती पोषित!
मुक्ति माँगती कर्म वचन मन प्राण समर्पण,
वृद्ध राष्ट्र को, वीर युवकगण, दो निज यौवन!

नव स्वतंत्र भारत हो जग हित ज्योति जागरण,
नव प्रभात में स्वर्ण स्नात हो भू का प्रांगण!
नव जीवन का वैभव जाग्रत हो जनगण में,
आत्मा का ऐश्वर्य अवतरित मानव मन में!
रक्त सिक्त धरणी का हो दुःस्वप्न समापन,
शांति प्रीति सुख का भू स्वर्ग उठे सुर मोहन!
भारत का दासत्व दासता थी भू-मन की,
विकसित आज हुई सीमाएँ जग जीवन की!
धन्य आज का स्वर्ण दिवस, नव लोक जागरण,
नव संस्कृति आलोक करे जन भारत वितरण!
नव जीवन की ज्वाला से दीपित हों दिशि क्षण,
नव मानवता में मुकुलित धरती का जीवन!

आज़ाद

पैगंबर के एक शिष्य ने
पूछा, 'हजरत, बंदे को शक़,
है आज़ाद कहाँ तक इंसाँ,
दुनिया में पाबंद कहाँ तक'?
'खड़े रहो!' बोले रसूल तब,
'अच्छा, पैर उठाओ ऊपर'!
'जैसा हुक्म'! मुरीद सामने
खड़ा हो गया एक पैर पर!

'ठीक, दूसरा पैर उठाओ',
बोले हँस कर नबी फिर तुरत,
बार बार गिर, कहा शिष्य ने
'यह तो नामुमकिन है हजरत'!
'हो आज़ाद यहाँ तक, कहता
तुमसे एक पैर उठ ऊपर,
बँधे हुए दुनिया से कहता
पैर दूसरा अड़ा जमीं पर'!—
पैगम्बर का था यह उत्तर!

अंतिम पैगंबर

दूर दूर तक केवल सिकता, मृत्यु, नास्ति, सूनापन,—
जहाँ हिंस्र बर्बर अरबों का रण जर्जर था जीवन;
ऊष्मा झंझा बरसाते थे अग्नि बालुका के कण,
उस मरुस्थल में आप ज्योति निर्झर-से उतरे पावन!
वर्ग जातियों में विभक्त बद्दू औ' शेख निरंतर
रक्तधार से रँगते रहते थे रेती कट मर कर;
मंद धीर ऊँटों की गति से प्रेरित प्रिय छंदों पर,
गीत गूँथते गुन गुन जन, निर्जन को स्वप्नों से भर!

वहाँ उच्च कुल में जनमे तुम दीन कुरेशी के घर;
बने गड़रिए, तुम्हें जान प्रभु, भेड़ नवाती थीं सर!
हँस उठती थी हरित दूब मरु में प्रिय पदतल छूकर,
प्रथित खादिजा के स्वामी तुम बने तरुण चिर सुंदर!

छोड़ विभव घर द्वार एक दिन, अति उद्वेलित अंतर
हिरा शैल पर चले गए तुम प्रभु की आज्ञा सिर धर;
दिव्य प्रेरणा से निःसृत हो जहाँ ज्योति विगलित स्वर
जगी ईश वाणी कुरान, चिर तपःपूत उर भीतर!

घेर तीन सौ साठ बुतों से काबा को, प्रति वत्सर
भेज कारवाँ, करते थे व्यापार कुरेश धनेश्वर;
उस मक्का की जन्मभूमि में, निर्वासित भी होकर,
किया प्रतिष्ठित फिर से तुमने अब्राहम का ईश्वर!
ज्योति शब्द, विद्युत् असि लेकर तुम अंतिम पैगम्बर,
ईश्वरीय जन सत्ता स्थापित करने आए भू पर;
नबी, दूरदर्शी, शासक, नीतिज्ञ, सैन्य नायक वर,
धर्म केतु, विश्वास सेतु, तुम पर जन हुए निछावर!

'अल्ला एक मात्र ईश्वर है और रसूल मोहम्मद,
घोषित तुमने किया, तड़ित् असि चमका, मिटा अहम्मद;
ईश्वर पर विश्वास, प्रार्थना, दान,--संत की संपद,
शांति धाम इस्लाम, जीव प्रति प्रेम, स्वर्ग जीवनप्रद!
जाति व्यर्थ हैं, सब समान हैं मनुज, ईश के अनुचर,
अविश्वास औ' वर्गभेद से है जिहाद श्रेयस्कर!
दुर्बल मानव, पर रहीम ईश्वर चिर करुणा सागर,
ईश्वरीय एकता चाहता है इस्लाम धरा पर!

प्रकृति जीव ही को जीवन की मान इकाई निश्चित,
प्राणों का विश्वास पंथ कर तुमने प्रभु का निर्मित,
व्यक्ति चेतना के बदले कर जाति चेतना विकसित,
जीवन सुख का स्वर्ग किया अंतरतम नभ में स्थापित!
आत्मा का विश्लेषण कर या दर्शन का संश्लेषण
भाव बुद्धि के सोपानों में बिलमाए न हृदय मन;
कर्म प्रेरणा स्फुरित शब्द से जन मन का कर शासन
ऊर्ध्व गमन के बदले समतल गमन बताया साधन!

स्वर्ग दूत जबरील तुम्हारा बन मानस पथ दर्शक,
तुम्हें सुझाता रहा मार्ग जन मंगल का निष्कंटक;
तर्कों, वादों और बुतों के दासों को, जन रक्षक,
प्राणों का जीवन पथ तुमने दिखलाया आकर्षक!
एक रात में मृत मरु को कर तुमने जीवन चेतन,
पृथ्वी को ही प्रभु के शब्दों को कर दिया समर्पण;
'मैं भी अन्य जनों सा हूँ!' कह, रह सबसे साधारण
पावन तुम कर गए धरा को, धर्म तंत्र कर रोपण!

सावन

झम झम झम झम मेघ बरसते हैं सावन के,
छम छम छम गिरतीं बूँदें तरुओं से छन के!
चम चम बिजली चमक रही रे उर में घन के,
थम थम दिन के तम में सपने जगते मन के!
ऐसे पागल बादल बरसे नहीं धरा पर,
जल फुहार बौछारें धारें गिरतीं झर झर!
आँधी हर हर करती, दल मर्मर, तरु चर चर,
दिन रजनी औ' पाख बिना तारे शशि दिनकर!

पंखों से रे, फैले फैले ताड़ों के दल,
लंबी लंबी अंगुलियाँ हैं, चौड़े करतल;
तड़ तड़ पड़तीं धार वारि की उन पर चंचल,
टप टप झरतीं कर-मुख से जल बूँदें झलमल!
नाच रहे पागल हो ताली दे दे चलदल,
झूम झूम सिर नीम हिलातीं सुख से विह्वल!
हरसिंगार झरते, बेला कलि बढ़ती पल पल,
हँसमुख हरियाली में खग कुल गाते मंगल!

दादुर टर टर करते, झिल्ली बजतीं झन झन,
म्याउँ म्याउँ रे मोर, पीउ पिउ चातक के गण!
उड़ते सोन बलाक आर्द्र सुख से कर क्रंदन,
घुमड़ घुमड़ घिर मेघ गगन में भरते गर्जन!
वर्षा के प्रिय स्वर उर में बुनते सम्मोहन,
प्रणायतुर शत कीट विहग करते सुख गायन!
मेघों का कोमल तम श्यामल तरुओं से छन
मन में भू की अलस लालसा भरता गोपन!

रिमझिम रिमझिम क्या कुछ कहते बूँदों के स्वर,
रोम सिहर उठते, छूते वे भीतर अंतर!
धाराओं पर धाराएँ झरतीं धरती पर,
रज के कण कण में तृण तृण की पुलकावलि भर!
पकड़ वारि की धार झूलता है मेरा मन,
आओ रे सब मुझे घेर कर गाओ सावन!
इंद्रधनुष के झूले में झूलें मिल सब जन,
फिर फिर आए जीवन में सावन मन भावन!

हृदय तारुण्य

आम्र मंजरित, मधुप गुंजरित,
गंध समीरण मंद संचरित!
प्राणों की पिक बोल उठी फिर
अंतर में कर ज्वाल प्रज्वलित!
डाल डाल पर दौड़ रही वह
ज्वाल रंग-रंगों में कुसुमित,
नस नस में कर रुधिर प्रवाहित
उर में रस वश गीत तरंगित!

तन का यौवन नहीं, हृदय का
यौवन रे यह आज उच्छ्वसित,
फिर जग में सौन्दर्य पल्लवित
प्राणों में मधु स्वप्न जागरित!
आम्र मंजरित, मधुप गुंजरित,
गंध समीरण अंध संचरित!
प्राणों में पिक बोल उठी फिर
दिशि-दिशि में कर ज्वाल प्रज्वलित!

प्रेम मुक्ति

एक धार बहता जग जीवन
एक धार बहता मेरा मन!
आर पार कुछ नहीं कहीं रे
इस धारा का आदि न उद्गम!
सत्य नहीं यह स्वप्न नहीं रे
सुप्ति नहीं यह मुक्ति न बंधन,
आते जाते विरह मिलन नित
गाते रोते जन्म मृत्यु क्षण!

व्याकुलता प्राणों में बसती
हँसी अधर पर करती नर्तन;
पीड़ा से पुलकित होता मन
सुख में ढलते आँसू के कण!

शत वसंत शत पतझर खिलते
झरते, नहीं कहीं परिवर्तन,
बँधे चिरंतन आलिगन में
सुख-दुख, देह-जरा, उर-यौवन!

एक धार जाता जग जीवन,
एक धार जाता मेरा मन,
अतल अकूल जलधि प्राणों का
लहराता उर में भर कंपन!

प्राणाकांक्षा

बज पायल छम,
छम छम!
उर की कंपन में निर्मम
बज पायल छम,
छम छम!

हृदय रक्त रंजित सुंदर
नृत्य मुग्ध प्रिय चरणों पर,
प्राणों की स्वर्णाकांक्षा सम
प्रणय जड़ित, चंचल, निरुपम,
बज पायल छम,
छम छम!

उद्वेलित हो जब अंतर
व्यथा लहरियों पर पग धर,
जीवन की गति लय से अक्लम
पद उन्मद, मत थम, मत थम,
बज पायल छम,
छम छम!

रस स्रवण

रस बन, रस बन,
प्राणों में!
निष्ठुर जग, निर्मम जीवन,
रस बन, रस बन,
प्राणों में!

अंतस्तल में व्यथा मथित हो,
भाव भंगि में ज्ञान ग्रथित हो,
गीति छंद में प्रीति रटित हो,
क्षण क्षण छन,
रस बन, रस बन
प्राणों में !

तम से मुक्त प्रकाश उदित हो,
घृणा युक्त उर दया द्रवित हो,
जड़ता में चेतना अमृत हो,
गरज न घन,
रस बन, रस बन
प्राणों में !

आवाहन

(फिर) वीणा मधुर बजाओ,
वाणी, नव स्वर में गाओ !
उर के कंपित तारों में
झंकार अमर भर जाओ !

आनंदित हो अंतर,
स्पंदित प्राणों के स्तर,
नव युग के सौन्दर्य ज्वार में
जीवन तृषा डुबाओ !

ज्योतित हो मानव मन,
निर्मित नव जग जीवन,
देश जाति वर्णों से
निखरे नव मानवपन !

शोभा हो, श्री सुषमा,
धरणि स्वर्ग की उपमा,
नवल चेतना की जग में
स्वर्णिम किरणें बरसाओ !
(फिर) वीणा मधुर बजाओ !

मर्म कथा

बाँध दिए क्यों प्राण
प्राणों से !
तुमने चिर अनजान
प्राणों से !

गोपन रह न सकेगी
अब यह मर्म कथा,
प्राणों की न रुकेगी
बढ़ती विरह व्यथा;
विवश, फूटते गान,
प्राणों से !

यह विदेह प्राणों का बंधन
अंतर्ज्वाला में तपता तन !
मुग्ध हृदय, सौन्दर्य शिखा को
शलभ-कामना करता अर्पण !
नहीं चाहता जो कुछ भी आदान
प्राणों से !
बाँध दिए क्यों प्राण
प्राणों से !

प्रणय कुंज

तुम प्रणय कुंज में जब आई
पल्लवित हो उठा मधु यौवन
मंजरित हृदय की अमराई !
मलय हुआ मद चंचल,
लहराया सरसी जल,
अलि गूँज उठे, पिक ध्वनि छाई !
अब वह स्वप्न अगोचर,
मर्म व्यथा..मंथित करती अंतर,
प्राणों के दल झर झर
करते आकुल मर्मर;
चिर विरह मिलन में भर लाई,
तुम प्रणय कुंज में जब आई !

शरद चाँदनी

शरद चाँदनी !
विहँस उठी अतल मौन
नीलिमा उदासिनी !
आकुल सौरभ समीर,
छल छल चल सरित नीर,
हृदय प्रणय से अधीर,
जीवन उन्मादिनी !

अश्रु सजल तारक दल,
अपलक दृग गिनते पल,
छेड़ रही प्राण विकल
विरह वेणु वादिनी !

जगीं कुसुम कलि थर् थर्,
जगे रोम सिहर सिहर,
शशि असि सी प्रेयसि स्मृति
जगी हृदय ह्लादिनी !
शरद चाँदनी !

मर्म व्यथा

प्राणों में चिर व्यथा बाँध दी !
क्यों चिर दग्ध हृदय को तुमने
वृथा प्रणय की अमर साध दी !

पर्वत को जल, दारु को अनल,
वारिद को दी विद्युत् चंचल,
फूल को सुरभि, सुरभि को विकल
उड़ने की इच्छा अबाध दी !

हृदय दहन रे हृदय दहन,
प्राणों की व्याकुल व्यथा गहन,
यह सुलगेगी, होगी न सहन,
चिर स्मृति की श्वास समीर साथ दी !

प्राण गलेंगे, देह जलेगी,
मर्म व्यथा की कथा ढलेगी,
सोने सी तप, निकलेगी
प्रेयसि प्रतिमा, ममता अगाध दी!
प्राणों में चिर व्यथा बाँध दी!

गोपन

मैं कहता कुछ, रे बात और!
जग में न प्रणय को कहीं ठौर!
प्राणों की सुरभि बसी प्राणों में,
वन मधु सिक्त व्यथा,
वह नीरव गोपन मर्म मधुर
वह सह न सकेगी लोक कथा,—
क्यों वृथा प्रेम आया जग में
सिर पर काँटों का धरे मौर!
मैं कहता कुछ, रे बात और!
सौन्दर्य चेतना विरह मूढ़,
मधु प्रणय भावना बनी मूक,
रे हूक हृदय में भरती अब
कोकिल की नव मंजरित कूक!—
काले अक्षर का जला प्रेम
लिखते कलियों से सटे भौंर!
मैं कहता कुछ, रे बात और!

स्वप्न बंधन

बाँध लिया तुमने प्राणों को फूलों के बंधन में,
एक मधुर जीवित आभा सी लिपट गई तुम मन में!
बाँध लिया तुमने मुझको स्वप्नों के आलिंगन में!
तन की सौ शोभाएँ, सम्मुख चलती फिरती लगतीं,
सौ सौ रंगों में, भावों में तुम्हें कल्पना रँगती;
मानसि, तुम सौ बार एक ही क्षण में मन में जगती!

तुम्हें स्मरण कर जी उठते यदि स्वप्न, आँक उर में छवि,
तो आश्चर्य, प्राण बन जाएँ गान, हृदय प्रणयी कवि?
तुम्हें देखकर स्निग्ध चाँदनी भी जो बरसावे रवि!
तुम सौरभ सी सहज मधुर बरबस बस जाती मन में,
पतझर में लाती वसंत, रस स्रोत विरस जीवन में;
तुम प्राणों में प्रणय, गीत बन जाती उर कंपन में!

तुम देही हो? दीपक लौ सी दुबली कनक छबीली,
मौन मधुरिमा भरी, लाज ही सी साकार लजीली,
तुम नारी हो? स्वप्न कल्पना सी सुकुमार सजीली?
तुम्हें देखने शोभा ही ज्यों लहरी सी उठ आई,
अंग भंगिमा, तनिमा बन, मृदु देही बीच समाई;
कोमलता कोमल अंगों में पहिले तन धर पाई!

फूल खिल उठे, तुम वैसी ही भू को दी दिखलाई,
सुंदरता वसुधा पर खिल सौ सौ रंगों में छाई,
छाया सी ज्योत्स्ना सकुची, प्रतिछवि सी उषा लजाई!
तुम में जो लावण्य मधुरिमा, जो असीम सम्मोहन,
तुम पर प्राण निछावर करने पागल हो उठता मन;
नहीं जानती क्या तुम निज बल, निज अपार आकर्षण?
बाँध लिया तुमने प्राणों को प्रणय स्वप्न बंधन में,
तुम जानो, क्या तुमको भाया, मर्म छिपा क्या मन में!
इंद्रधनुष बनकर हँसतीं तुम अश्रु वाष्प के घन में!

स्वप्न देही

स्वप्न देही हो प्रिये, तुम,
देह तनिमा अश्रु धोई!
रूप की लौ सी सुनहली
दीप में तन के सँजोई!

सेज पर लेटी सुघर
सौन्दर्य छाया सी सुहाई,
काम देही स्वप्न सी
स्मृति तल्प पर तुम दी दिखाई!
कल्पना की मधुरिमा सी
भाव मृदुता में डुबोई!

देह में मृदु देह सी
उर में मधुर उर सी समा कर,
लिपट प्राणों से गई तुम
चेतना सी निपट सुंदर!
प्रेम पलकों पर अकल्पित
रूप की सी स्वप्न सोई!

विरल पट से झलक
ऊर्मिल अलक करते हृदय मोहित,
सरित जल में तैरती ज्यों
नील घन छाया तरंगित!
काम बन में प्रणय ने हो
कामना की बेलि बोई!

लालसा तम-से तुम्हारे
कुंतलों के जाल में भ्रम
क्यों न होता प्यार अंधा
छवि अपार निहार निरुपम!
मर्म की आकुल तृषा तुम
प्रणय श्वासों में पिरोई!

स्नेह प्रतिमा सी मनोरम
मर्म इच्छा से विनिर्मित,
हृदय शतदल में सतत
तुम झूलती अभिलाष स्पंदित!
सार तत्त्वों की बनी तुम
देह भूतों बीच खोई!

श्रद्धा के फूल

(१)

अंतर्धान हुआ फिर देव विचर धरती पर,
स्वर्ग रुधिर से मर्त्य लोक की रज को रँगकर !
टूट गया तारा, अंतिम आभा का दे वर,
जीर्ण जाति मन के खँडहर का अंधकार हर !

अंतर्मुख हो गई चेतना दिव्य अनामय,
मानस लहरों पर शतदल सी हँस ज्योतिर्मय,
मनुजों में मिल गया आज मनुजों का मानव
चिर पुराण को बना आत्म बल से चिर अभिनव !

आओ, हम उसको श्रद्धांजलि दें देवोचित,
जीवन सुंदरता का घट मृत को कर अर्पित ;
मंगलप्रद हो देव मृत्यु यह हृदय विदारक
नव भारत हो बापू का चिर जीवित स्मारक !
बापू की चेतना बने पिक का नव कूजन,
बापू की चेतना वसंत बखेरे नूतन !

(२)

हाय, हिमालय की पल में हो गया तिरोहित
ज्योतिर्मय जल से जन धरणी को कर प्लावित !
हाँ, हिमाद्रि ही तो उठ गया धरा से निश्चित
रजत वाष्प सा अंतर्मन में हो अंतर्हित !

आत्मा का वह शिखर, चेतना में लय क्षण में,
व्याप्त हो गया सूक्ष्म चाँदनी सा जन मन में,
मानवता का मेरु, रजत किरणों से मंडित,
अभी अभी चलता था जो जग को कर विस्मित,
लुप्त हो गया लोक चेतना के क्षत पट पर
अपनी स्वर्गिक स्मृति की शाश्वत छाप छोड़कर !

आओ, उसकी अक्षय स्मृति को नींव बनाएँ
उस पर संस्कृति का लोकोत्तर भवन उठाएँ !

स्वर्ण शुभ्र धर सत्य कलश स्वर्गोच्चर शिखर पर,
विश्व प्रेम में खोल अहिंसा के गवाक्ष वर!

(३)

हाय, आँसुओं के आँचल से ढँक नत आनन
तू विषाद की शिला बन गई आज अचेतन,
ओ गांधी की धरे, नहीं क्या तू अकाय-व्रण?
कौन शस्त्र से भेद सका तेरा अछेद्य तन?
तू अमरों की जनी, मर्त्य भू में भी आकर
रही स्वर्ग से परिणीता, तप पूत निरंतर!
मंगल कलशों-से तेरे वक्षोजों में घन
लहराता नित रहा चेतना का चिर यौवन!
कीर्ति स्तंभ-से उठ तेरे कर अंबर पट पर
अंकित करते रहे अमिट ज्योतिर्मय अक्षर!
उठ, ओ गीता के अक्षय यौवन की प्रतिमा,
समा सकी कब धरा स्वर्ग में तेरी महिमा!
देख, और भी उच्च हुआ अब भाल हिम शिखर,
बाँध रहा तेरे अंचल से भू को सागर!

(४)

हिम किरीटिनी, मौन आज तुम शीश झुकाए?
सौ वसंत हों कोमल अंगों पर कुम्हलाए!
वह जो गौरव शृंग धरा का था स्वर्गोज्ज्वल,
टूट गया वह?—हुआ अमरता में निज ओझल!
लो, जीवन सौन्दर्य ज्वार पर आता गांधी,
उसने फिर जन सागर में आभा पुल बाँधी!
खोलो, मा, फिर बादल सी निज कबरी श्यामल,
जन मन के शिखरों पर चमकें विद्युत् के पल!
हृदय हार सुरधुनी तुम्हारी जीवन चंचल,
स्वर्ण श्रोणि पर शीश धरे सोया विन्ध्याचल!
गज रदनों-से शुभ्र तुम्हारे जघनों में घन
प्राणों का उन्मादन जीवन करता नर्तन!
तुम अनंत यौवना धरा हो, स्वर्गाकांक्षित,
जन को जीवन शोभा दो: भू हो मनुजोचित!

(५)

देख रहा हूँ, शुभ्र चाँदनी का सा निर्झर,
गांधी युग अवतरित हो रहा जन धरणी पर!

विगत युगों के तोरण, गुंबद, मीनारों पर
नव प्रकाश शोभा रेखाओं का जादू भर !
संजीवन पा जाग उठा हो राष्ट्र का मरण,
छायाएँ सी आज चल रहीं भू पर चेतन,
जन मन में जग, दीप शिखा के पग धर नूतन,
भावी के नव स्वप्न धरा पर करते विचरण ;
सत्य अहिंसा बन अंतर्राष्ट्रीय जागरण,
मानवीय स्पर्शों से भरते धरणी के व्रण !
झुका तड़ित अणु के अश्वों को, कर आरोहण,
नव मानवता करती गांधी का जय घोषण !
मानव के अंतरतम शुभ्र तुषार के शिखर
नव्य चेतना मंडित, स्वर्णिम उठे अब निखर !

(६)

प्रथम अहिंसक मानव बन तुम आए हिंस्र धरा पर,
मनुज बुद्धि को मनुज हृदय के स्पर्शों से संस्कृत कर !
निबल प्रेम को भाव गगन से निर्मम धरती पर धर
जन जीवन के बाहु पाश में बाँध गए तुम दृढ़तर !
द्वेष घृणा के कटु प्रहार सह, करुणा दे प्रेमोत्तर
मनुज अहं के गत विधान को बदल गए, हिंसा हर !
घृणा द्वेष मानव उर के संस्कार नहीं हैं मौलिक,
वे स्थितियों की सीमाएँ हैं : जन होंगे भौगोलिक !
आत्मा का संचरण प्रेम होगा जन मन के अभिमुख,
हृदय ज्योति से मंडित होगा हिंसा स्पर्धा का मुख !
लोक अभीप्सा के प्रतीक, नव स्वर्ग मर्त्य के परिणय,
अग्रदूत बन भव्य युग पुरुष के आए तुम निश्चय !
ईश्वर को दे रहा जन्म युग मानव का संघर्षण,
मनुज प्रेम के ईश्वर, तुम यह सत्य कर गए घोषण !

(७)

राजकीय गौरव से जाता आज तुम्हारा अस्थि फूल रथ
श्रद्धा मौन असंख्य दृगों से अंतिम दर्शन करता जन पथ !
हृदय स्तब्ध रह जाता क्षणभर, सागर को पी गया ताम्र घट,
घट घट में तुम समा गए, कहता विवेक फिर, हटा तिमिर पट !
बाँध रही गीले आँचल में गंगा पावन फूल ससंभ्रम,
भूत भूत में मिलें, प्रकृति क्रम : रहे तुम्हारे सँग न देह भ्रम !
अमर तुम्हारी आत्मा, चलती कोटि चरण धर जन में नूतन,
कोटि नयन आभा तोरण बन, मन ही मन करते अभिनंदन !

भूल क्षणिक भस्मांत स्वप्न यह, कोटि कोटि उर करते अनुभव,
बापू नित्य रहेंगे जीवित भारत के जीवन में अभिनव !
आत्मज होते महापुरुष : वे अगणित तन कर लेते धारण,
मृत्यु द्वार कर पार, पुनर्जीवित हो, भू पर करते विचरण !
राजोचित सम्मान तुम्हें देता, युग सारथि, जन मन का रथ,
नव आत्मा बन उसे चलाओ, ज्योतित हो भावी जीवन पथ !

(८)

लो, झरता रक्त प्रकाश आज नीले बादल के अंचल से,
रँग-रँग के उड़ते सूक्ष्म वाष्प मानस के रश्मि ज्वलित जल से !
प्राणों के सिन्धु-हरित पट से लिपटी हँस सोने की ज्वाला,
स्वप्नों की सुषमा में सहसा निखरा अवचेतन अँधियाला !
आभा-रेखाओं के उठते गृह, धाम, अट्ट, नव युग तोरण,
रुपहले परों की अप्सरियाँ करतीं स्मित भाव सुमन वर्षण !
दिव्यात्मा पहुँची स्वर्ग लोक, कर काल अश्व पर आरोहण,
अंतर्मन का चैतन्य जगत करता बापू का अभिनंदन !
नव संस्कृति की चेतना-शिला का न्यास हुआ अब भू-मन में,
नव लोक-सत्य का विश्व संचरण हुआ प्रतिष्ठित जीवन में !
गत जाति धर्म के भेद हुए भावी मानवता में अब लय,
विद्वेष घृणा का सामूहिक नव हुआ अहिंसा से परिचय !
तुम धन्य, युगों के हिंसक पशु को बना गए मानव विकसित,
तुम शुभ्र पुरुष बन आए, करने स्वर्ण पुरुष का पथ विस्तृत !

(९)

जय हे,
जय राष्ट्रपिता, जय जय हे !
देव विनय, अविजेय आत्मबल,
शुभ्र वसन, तन कांति तपोज्ज्वल,
हृदय क्षमा का सागर निस्तल
शांत तेज नव सूर्योदय, जय जय हे !

नव प्रभात लाए तुम जन प्रांगण में
जीवन के अरुणोदय-से हँस मन में,
अपराजित तुम रहे, अहिंसक, रण में,
सत्य-शिखर के पांथ अभय, जय जय हे !
पशु बल का हर अंधकार जन दुस्तर,
मनुष्यता का मुख कर संस्कृत, सुंदर,
विचरे स्वर्ग शिखा ले तुम धरती पर
मनुजों के मानव, चिर मंगलमय हे !

भारत गीत

जय जन भारत, जन मन अभिमत,
जन गण तंत्र विधाता !
गौरव भाल हिमालय उज्ज्वल
हृदय हार गंगा जल,
कटि विन्ध्याचल, सिन्धु चरण तल
महिमा शाश्वत गाता !

हरे खेत, लहरे नद निर्झर,
जीवन शोभा उर्वर,
विश्व कर्म रत कोटि बाहु कर
अगणित पद ध्रुव पथ पर !
प्रथम सभ्यता ज्ञाता, साम ध्वनित गुण गाथा,
जय नव मानवता निर्माता,
सत्य अहिंसा दाता !
जय हे, जय हे, जय हे, शांति अधिष्ठाता !

प्रयाण तूर्य बज उठे,
पटह तुमुल गरज उठे,
विशाल सत्य सैन्य, लौह भुज उठे !

शक्ति स्वरूपिणि, बहु बल धारिणि, वंदित भारत माता,
धर्म चक्र रक्षित तिरंग ध्वज अपराजित फहराता !
जय हे, जय हे, जय हे, अभय, अजय त्राता !

जागरण

आओ, जन स्वतन्त्र भारत को
जीवन उर्वर भूमि बनाएँ,
उसके अंतः स्मित आनन से
तम का गुंठन भार उठाएँ !
अह, इस सोने की धरती के
खुले आज सदियों के बंधन,
मुक्त हुई चेतना धरा की,
युक्त बनें अब भू के जनगण !

अगणित जन लहरों से मुखरित
उमड़ रहा जग जीवन सागर,
इसके छोर हीन पुलिनों में
आज डुबाएँ युग के अंतर!
अश्रु स्वेद से ही सींचेंगे
जन क्या जीवन की हरियाली?
संस्कृति के मुकुलित स्वप्नों से
क्या न भरेंगे उर की डाली?
क्या इस सीमित धरती ही में
समा सकेगा मानव का मन,
मौन स्वर्ग शृंगों के ऊपर
कौन करेगा तब आरोहण?

धरती ही के कर्दम में सन
नहीं फूलता फलता जीवन,
उसे चाहिये मुक्त समीरण,
उसे स्वर्ग किरणों के चुंबन!
समाधान भू के जीवन का
भू पर नहीं,—वृथा संघर्षण,
भू मन से ऊपर उठ कर हम
बना सकेंगे भू को शोभन!
मानवता निर्माण करें जन
चरण मात्र हों जिसके भू पर,
हृदय स्वर्ग में हो लय जिसका,
मन हो स्वर्ग क्षितिज से ऊपर!

यांत्रिकता के विषम भार से
आज डूबने को जन धरणी,
महा प्रलय के सागर में क्या
भारत बन न सकेगा तरणी?
अंधकार के महा सिन्धु में
डूबी रह न सकेगी धरती,
किरणें जिसमें अग्नि बीज बो,
यौवन की हरियाली भरतीं!
मिट्टी ही से सटे रहेंगे
क्या भारत भू के भी जनगण,
क्या न चेतना शस्य करेंगे
वे समस्त पृथ्वी पर रोपण?

आज रक्त लथपथ मानव तन,
द्वेष कलह से मूर्छित जन मन,
भारत, निज अंतर-प्रकाश का
पुनः पिलाओ नव संजीवन!
भूत तमस में खोए जग को
फिर अंतर्पथ आज दिखाओ,
मानवता के हृदय पद्म को
पंक मुक्त कर ऊर्ध्व उठाओ!

कवीन्द्र रवीन्द्र के प्रति

श्रद्धांजलि स्वीकार करें गुरुदेव, शिष्य की,
आज श्राद्ध वासर के वाष्प नयन अवसर पर
पुण्य स्मृति से मेघ-सजल लोचन बरसाते
स्नेह द्रवित आनंद अश्रु पावन चरणों पर,—
मौन, स्वप्न पथ से बढ़ते जो चरण हृदय में!
और आज क्या श्रद्धांजलि दूँ, इस धरती के
जीवन के रण क्षेत्र पर खड़ा?—जड़ भूतों की
निद्रा से चिर तंद्रिल!—जो जीवन विकास के
विमुख, जागरण के अवरोधी, अधोमुखी हैं!

नहीं चाहता भू जीवन के अंधकार को
पुनः आप के पास भेजना: इन वर्षों में
अधिक नहीं कुछ बदल सका धरती का जीवन,
बल्कि, तीसरे विश्व युद्ध के लिए धरा के
राष्ट्र आज सन्नद्ध दीखते: अणु विस्फोटों,
रुज् किटाणुओं, गरल वृष्टि से—वसुंधरा पर,
महाप्रलय, अंतिम विनाश लाने को उद्यत!
हरित भरित जन वसुधा पर, जो सागर जल के
अनिल विलोड़ित श्लथ अंचल को वक्षःस्थल से
अहरह चिपका, नाच रही स्मित सूर्यातप में,
नृत्य परा अप्सरा सी चपल, ज्योति ग्रहों से
परिवेष्टित,—अनभिज्ञ हाय, भावी संकट से!
भौतिकता लोहे के निर्मम चरण बढ़ा कर
रौंद रही मानव आत्मा को, जो यंत्रों के
विकट अस्थि पंजर में अंतिम साँस ले रही!

देव, आपका वह अंतर्राष्ट्रीय स्वप्न भी
अभी नहीं साकार हो सका भू पलकों पर,
राष्ट्रों के कटु स्वार्थ विभक्त किए हैं जिसको
वर्ग श्रेणि की दीवारों में : मानवता को
बंदी कर चिर अंध रूढ़ियों की कारा में!

भूल गया मानव निज अंतर्जग का वैभव,--
जीवन का सौन्दर्य, प्रेम, आनंद,—सूक्ष्म से
उतर नहीं पाते जन भू पर! सृजन चेतना
निष्क्रिय होकर पंगु पड़ी है! धरा स्वर्ग को
स्वप्न-चपल पंखों से आज नहीं छू पाती!
अंतर्मन के भूमि कंप से ध्वंस भ्रंश हो
अंतर्विश्वासों के, उन्नत आदर्शों के
शिखर सनातन बिखर रहे हैं मर्त्य धूलि पर!
मानव के नयनों से शाश्वत का प्रसन्न मुख
अस्त हो गया : यह वसुंधरा निरानंद है!

एक सुनहली रेखा है काले बादल में!--
आज आपका प्रिय भारत स्वाधीन हो गया,
छूट गई दासता, युगों की लौह शृंखला
टूट गई,—नैराश्य, दैन्य, पीड़न से निर्मित!
छिन्न कर गए आप जिसे थे पहिले ही से
निज वज्र स्वर के प्रहार कर, नव जागृति भर!
देव, आपकी स्वर्ण भूमि स्वाधीन हो गई
बापू यद्यपि नहीं रहे! वह मानवता के
देव शिखर,—अपने शोणित से नव जीवन का
युग प्रभात रँग, लुप्त हो गए!—मुक्त हो गए!
संबोधन करते थे जो गुरुदेव आप को!

रूप मांस थे आप, आत्म पंजर थे वे दृढ़,--
ऊर्ध्व रीढ़ ही, शांतिनिकेतन की पृथ्वी पर,
जिसे चाहते थे दोनों ही स्थापित करना
स्वप्नों से, कर्मों से, जग के रण प्रांगण में,
जन मंगल के हित : अह, दोनों चले गए तुम!!
मुक्त नहीं हो सका अभी जन भारत का मन,--
मध्य युगों की क्षुद्र विकृतियाँ शीश उठा कर
नव्य राष्ट्र को बना रहीं निःशक्त, क्षीण हैं!
विविध मतों में, विविध दलों, व्यूहों में बँटकर

देश आज निर्वीर्य, निबल, निस्तेज हो रहा,
घृणित सांप्रदायिक बर्बरता से पीड़ित हो!—
शोणित की नदियाँ बहतीं अब तपोभूमि में!
नहीं झलकता मानव गौरव जन के मुख पर,
रुद्ध हृदय है उनका, मन स्वार्थों में सीमित;
आत्म त्याग से हीन, अभी वे नहीं बन सके
महाराष्ट्र के उपादान,—गंभीर, धीर, दृढ़,
युग प्रबुद्ध, निर्भीक, वज्र संयुक्त परस्पर!

रहने दूँ यह कटु प्रसंग: मैं नहीं चाहता
फिर विषण्ण भू-मन की छाया पड़े आप पर!
भारत यदि स्वाधीन हो गया तो निश्चय ही
छूट गई भौतिक परवशता आज धरा की;
उसके प्राणों के स्तर अब चैतन्य हो गए!
पशु बल का खल अहं मिट गया: शांत हो गई
अवचेतन की निम्न वृत्तियाँ घृणा द्वेष की
अंतर्जग में,—बाहर अभी भले सक्रिय हों!
मंद पड़ गई कटु स्पर्धा, अधिकार लालसा,
जीवन की आकांक्षा में संतुलन आ गया,—
दीप्त हो गया तामस का मुख!—
यह भारत की

विश्व विजय है! जयी हुई इस स्वर्ण धरा की
अमर चेतना! सफल हुए उसके तप साधन,
अंधकार, मिथ्या, हिंसा के बर्बर स्थल पर
विजयी हुआ प्रकाश,—अहिंसा, आत्म सत्य का!
निश्चय, मानव का भविष्य अब चिर उज्ज्वल है,
असंदिग्ध भू का मंगल,—निर्भय हो जन मन!

विचरण करते होंगे, कवि गुरु, आप अतीन्द्रिय
स्वर्ग लोक में संप्रति,—देवों से भी संदर
मानव देव समान, अमर निज यश काया में!
पारिजात मंदार प्रभृति सुमनों की स्वर्गिक
स्वप्निल सौरभ नासा द्वारों से प्रवेश कर
आंदोलित रखती होगी प्राणों को नित नव
भावों से, स्वप्नों से, सुर सौन्दर्य बोध से—
नंदन का अपलक वसंत ज्यों गुंजित रहता
मुकुल अधर मधुपायी स्वर्णिम भृंग वृंद से!

अथवा बैठे होंगे आप रहस्य शिखर पर
अमर लोक के, निभृत मौन में ध्यानावस्थित,
बहती होगी शाश्वत सुंदरता की सरिता
नीचे, स्वर्णिम छाया की सतरँग घाटी में,
कल कल छल छल गाती अनादिता अमरों की!
वहाँ विजन में आप दिव्य उन्मेष से स्फुरित
सृष्टि रच रहे होंगे अश्रुत अमर स्वरों की,
सूक्ष्म चेतना की छाया शोभा से गुंफित,
मौन मग्न हो अतल सृजन आनंद सिन्धु में!

सुर सुंदरियाँ आती होंगी पास आपके
ध्यान भंग करने को, ईर्ष्याकुल निज मन में,
त्यक्त, उपेक्षित, विस्मृत अपने को अनुभव कर!
क्षण भर को अपलक रह जाते होंगे लोचन
सुरांगनाओं का सौन्दर्य विलोक अपरिमित!
देह शिखाओं से अनंत यौवन की आभा
फूट फूट कर विस्मय से भरती होगी मन!
मसृण सुरँग छाया-पट से छन तन की शोभा
झलका करती होगी सौष्ठव रेखाओं में,
स्तिमित शरद घन से कंपित विद्युल्लेखा सी,—
झंकृत कर अंतरतम सत्ता के तारों को!

स्वप्नों के शिखरों-से उठ उठ श्वसित पयोधर
टकराते होंगे, आकांक्षा के भुवनों-से,
जिन पर धर कल्पना श्रांत शिर कविर्मनीषी
लेते होंगे क्षण विराम, फिर स्वप्न मग्न हो!
अप्सरियों की पीन श्रोणि, लावण्य चूड़ सी,
घनीभूत कर निज उभार में अमरों का सुख,
मुखरित रहती होगी प्राणों के गुंजन से,
त्रिदिव लालसा की कांची से अहरह दोलित!
स्वर्गिक शोभा स्तंभों-से पेशल जघनों पर
कँपती होगी कौश जलद छाया ओझल हो,
जिसमें दिप दिप तड़ित्, चकित कर देती होगी,
कवि लोचन, लज्जा लोहित लावण्य राशि से!
क्षमा करें, गुरुदेव, आप जो भू जीवन के
रसोल्लास के प्रति सदैव जीवित जाग्रत थे,
जो रस सिद्ध कवीश्वर बन विचरे पृथ्वी पर,
आज आप भी वहाँ ऊबते होंगे निश्चय

अमरों के उस अनाद्यंत आनंद लोक में,
और चाहते होंगे फिर से मर्त्य धरा पर
आकर, जीवन श्रम के शोभा सुख को वरना!
एक बार आए थे जहाँ स्नेहवश प्रेरित
देवों का ले दिव्य रूप, हे कवियों के कवि,
अमरों की वीणा धर कर में भुवन मोहिनी,
भू जीवन सागर को करने रंग उच्छ्वसित,
गीति छंद की तीव्र मधुर शत झंकारों से
प्राणों का जल लहरा, ज्वार उठा आशा का,
फेनों के शिखरों पर लोक बसा स्वप्नों का
इंदु रश्मि के सम्मोहन से माया दीपित!

आए थे भू रोदन को संगीत बनाने
श्लक्ष्ण मधुर स्वर श्रुतियों के शत आवर्तों से
भावों के छाया पुलिनों को स्वप्न ध्वनित कर!
आए थे तुम जीवन शोभा के शिल्पी बन,
मानव उर की आशाओं, अभिलाषाओं को
सूक्ष्म स्वरों में पुनः ऊर्ध्वमुख झंकृत करने;
निज विराट् प्रतिभा की अद्भुत रहस शक्ति से
स्वर्ग धरा के बीच कल्पना का रंगस्मित
इंद्रधनुष-प्रभ सेतु बाँधने सुर नर मोहन,
अप्सरियों के रणित पदों से मौन गुंजरित!

युग द्रष्टा बन आए आप यहाँ, जन गायक,
देश काल का तमस चीर निज सूक्ष्म दृष्टि से,
पैठे जन जीवन के निस्तल अंतस्तल में
धरती के अवसाद भरे जनगण को देने
उद्बोधन का गान, जागरण मंत्र, मनोबल!
मानव की चेतना रश्मि को अतल गुहा से
बाहर ला, मन में अभिनव आलोक भर गए,
रंग रंग की आभा पंखड़ियों को बिखरा
नव जीवन सौंदर्य गए बरसा धरती पर
गीतों से, छंदों से, भावों से, स्वप्नों से!

एक बार फिर आओ कवि, इस विधुर देश को
अपनी अमर गिरा से नव आश्वासन देने!
आज और भी लोक प्रतीक्षा यहाँ आप की
वाणी के वर पुत्र, धरा की महा मृत्यु को
अमर स्वरों से जगा, विश्व को दो जीवन वर!

आओ हे, फिर अपने भारत के मानस से
मध्य युगों का घृणित जाल जंबाल हटा कर
ज्वलित स्वर्ण दर्पण सी उसकी चेतनता को
लाओ फिर जग के समक्ष, जिसमें नव जीवन
नव मानवपन का उज्ज्वल मुख प्रतिबिम्बित हो!
आज धरा के अंधकार में उसका जगमग
कांचन दो फिर से उडेल, जीवन प्रभात में,
रँग दो जन मन के नभ को नव अरुणोदय में!
स्नान करे फिर रक्तोज्ज्वल भू स्वर्ग रुधिर में!

आओ हे कवि, आओ, फिर निज अमृत स्पर्श से
आदर्शों की छायाओं को नव जीवन दो—
मर्त्य लोक के जड़ प्रांगण में जीवन चेतन
स्वर्ग स्वप्न विचरें, ज्वाला के पग धर नूतन,
नव आशा, अभिलाषा से दीपित दिगंत कर!
आओ तुम, जीवन वसंत के अभिनव पिक बन
धरा चेतना हँसे सांस्कृतिक स्वर्णोदय में!

आज सूक्ष्म दर्शन में जगता मनोनयन में
भारत का आनन हिरण्य स्मित,—जीवन मन के
तम से पर, आदित्य वर्ण उसकी आत्मा का,—
भूत शिखर के चरम चूड़ सा, शत सूर्योज्ज्वल!
ह्रास नाश से रहित अमर चेतना शक्तियाँ
वह अंतर्हित किए हृदय में, सूक्ष्म, सूक्ष्मतम,
गुह्य, रहस, वर्णनातीत,—जग के मंगल हित!

उसके अंतरतम के ज्योतिर्मय शतदल पर
स्वयं खड़े हैं, सत्य चरण धर, अविनाशी प्रभु
तेजोमय जाज्वल्य हिरण्य शैल-से अद्भुत!
पुरुष पुरातन, पुरुष सनातन, विश्व मोहिनी
निज वंशी के सृजन नाद से जगा अचित् से
स्वर्गिक् पावक के असंख्य चैतन्य लोक स्मित,
वरसा रहे अनंत शून्य में स्वर लय नर्तित
कोटि सूक्ष्म सौन्दर्य, प्रेम, आनंद के भुवन!
प्राणों की आशाऽकांक्षाओं से चिर उर्वर
जीवन मन के स्वर्ग, तृप्ति के सुख में नीरव;
रूप गंध रस स्पर्श शब्द के बिम्ब जगत बहु
निज असीम वैभव में अक्षय, दमक रहे जो
सप्त चेतनाओं के रंग स्तरों में छहरे!

संयम तप के स्वर्ण शुभ्र नीहार से जड़ें
भारत के चेतना श्रृंग पर, ध्यान मौन रव,
परम पुरुष वह नृत्य कर रहे, सृजन हर्ष की
विस्मृति में लय! —जिनके अति चेतन प्रकाश से
शोभा सुषमा की सहस्र दीपित मरीचियाँ,
आभा की आभाएँ, छाया की छायाएँ,
दिशा काल में फूट रहीं, शत सुरधनुओं के
रंगों की आलोक क्रांति से दृष्टि चकित कर!
झर झर पड़ते सतत सत्य शिव सुन्दर उनसे
महाकाल औ' महा दिशा को चेतनता से
मुग्ध चमत्कृत कर,—रोमांचित दिव्य विभव से!

आज धरा के भूतों के इस तमस क्षेत्र में
जीवन तृष्णा, प्राण क्षुधा औ' मनोदाह से
क्षुब्ध, दग्ध, जर्जर जनगण चीत्कार कर रहे,
घृणा द्वेष स्पर्धा से पीड़ित, वन पशुओं-से!
बिखर गया मानव का मन अणुवीक्षण पथ से
बहिर्जगत में, स्थूल भूत विज्ञान से भ्रमित!
अंतर्दृष्टि विहीन मनुज निज अंतर्जग के
वैभव से अनभिज्ञ, हृदय से शून्य, रिक्त है!
आज आत्मघाती वह, अपने ही हाथों से
मनुज जाति का महामरण निर्माण कर रहा
भौतिक रासायनिक चमत्कारों से अगणित!
तर्क नियंत्रित यांत्रिकता के पद प्रहार से
ध्वस्त हो रहे अंतर्मन के सूक्ष्म संगठन,
सत्यों के, आदर्शों के, भावों, स्वप्नों के,—
श्रद्धा विश्वासों के, संयम तप साधन के,—
मनुष्यत्व निर्भर है जिन ज्योति स्तंभों पर!

ऐसे मरणोन्मुख जग को, कहता मेरा मन,
और कौन दे सकता नव जीवन, आश्वासन,
शांति, तृप्ति,—निज अंतर्जीवन के प्रवाह से
भारत के अतिरिक्त आज? जो शाश्वत अक्षर
अंतर ऐश्वर्यों का ईश्वर है वसुधा पर!
कहता मेरा मन, भारत ही के मंगल में
भू मंगल, जन मंगल, देवों का मंगल है,
देव, आप आशीर्वाद दें जन भारत को!

मर्यादा पुरुषोत्तम के प्रति

जय पुरुषोत्तम ! विश्व संचरण में धारण कर
विश्व श्याम तन, तुममे मन में किया अवतरण
प्रथम बार त्रेता युग में, मानव संस्कृति का
जो प्रोज्ज्वल निर्माण काल था, जब जन का मन
बहिर्जगत् में बिखरा था इंद्रिय द्वारों से !

जीवन के दश मुख तम से आंदोलित अंतर
प्राणों के आवेगों की झंझा से ताड़ित
प्रलय सिन्धु सा गर्जन करता था दिगंत में
क्रुद्ध लालसा के आवर्तों में आलोड़ित !
विकट अराजकता में पशु आकांक्षाओं की
संभव था तब नहीं शांत स्थिर जीवन यापन,
वन जीवी, पशु जीवी मनुज, मनोजीवी तब
नहीं बना था : निद्रा भय मैथुनाहार की
देह वृत्तियों से चालित वह जंतु मात्र था !
प्रथम संचरण था वह मन का : भू जीवन पर
नहीं नियंत्रण था उसका : वह असंगठित था !

उतरे थे तुम रजत पुरुष तब अंतर्नभ से
सदाचार की दिव्य शुभ्र आभा से मंडित,
शरद नीलिमा-से नव, शशि किरणों से प्रहसित !
जीवन के तम को, छाया सा, सहज प्रणत कर
मानव के पद तल पर, तुमने तन के ऊपर
मन को किया प्रतिष्ठित था, जन मंगल के हित !
क्षुब्ध उच्छ्वसित प्राणों के उन्मद सागर को
शासित कर, बाँधा मर्यादा सेतु चिरंतन,
मर्यादा पुरुषोत्तम ! बहिर्मुखी जीवन के
दश शीशों को मनोभूमि पर किया विलुंठित,
रश्मि शुभ्र चेतना तीर से, चीर भू-तमस,
वैदेही सी मनश्चेतना को विदेह कर !

प्रथम विजय थी वह जीवन पर मानव मन की,
तरुण अरुण-से विहँसे थे तुम मनश्चूड़ पर
सूर्य मनस् के स्वर्ण बिम्ब ! जब अजित वासना
हुई संयमित संस्कृत : नव जीवन मानों में
ऊर्ध्व प्रस्फुटित, विकसित हो, मनुजोचित बन कर !

पूर्ण किया वह वृत्त कृष्ण युग में था तुमने
प्राणों में जब हुए अवतरित तुम द्वापर में,
मर्यादा के पुलिनों में जीवन शोभा का
दिव्य ज्वार लहरा,—अंतर के रस से झंकृत
जीवन का आनंद, प्रेम, सौन्दर्य बोध दे!
वह विकास परिणति का स्वर्णिम वैभव युग था!

एक बार फिर उतरो, अंतर्मन के सारथि,
भू की आकांक्षा के नव विकसित शतदल पर,
आज मनोजीवन, प्राणों के जीवन के स्तर
जीर्ण, विरस, विश्री लगते, सौन्दर्य हीन हो!
विगत चेतना—कभी विशाल शुभ्र सरसिज सी,—
मूंद रही अब मन के दल युग की संध्या में,—
स्रोत हीन पुलिनों सी नीरस रीति नीतियाँ
सींच नहीं पातीं जीवन की उर्वरता को!

आज और भी नीचे उतरो प्राणों से तुम,
जीवन के तम के नीचे उज्ज्वल प्रकाश की
स्वर्ण शुभ्र दो रेख खींच नव प्रतिपत् शशि सी!
विहँस उठे स्वप्नों से उपचेतन, अवचेतन,
धरा स्वर्ग बँध जाएँ एक क्षितिज के भीतर,—
एक नव्य आध्यात्मिकता आलोक ज्वार सी
मज्जित कर दे जीवन मन की सीमाओं को,
सीमा रहित चेतना की नव शोभा में उठ!
बहे एक अविराम धार में स्वर्ग चेतना
देह प्राण मन के भुवनों में संजीवन भर,
मनुज और भी निज अंतरतम में प्रवेश कर
ऊर्ध्व, गहन, व्यापक बन निकले अधिक बहिर्मुख!

धरा चेतना की काले तम की पंखड़ियाँ
फुल्ल स्वर्ण लोहित रंजित हो युग प्रभात में
नव जीवन सौन्दर्य पद्म में विहँस उठें फिर
अंतर में भर अतिचेतन पावक पराग कण,—
प्राणों की सौरभ-विद्युत् से हर्षित कर दिक्!
हृदय कमल में भू के फिर उतरो पुरुषोत्तम!

श्री अरविन्द के प्रति

(अ)

आज जब कि नीरस असार विश्री लगता जग-जीवन,
जीवन का सौन्दर्य फूल सा मुरझा रहा सुरभि-क्षण,
बिखर गया जब सतरँग बुद्‌बुद उर का स्वप्न अचानक,
जीवन संघर्षण से लोहित, गए मर्त्य के पग थक!
जीर्ण युगों की नैतिकता जब करती जन मन शोषण,
क्षुद्र अहं की दासी बन, स्वार्थों को किए समर्पण;
अंतर्विश्वासों के उन्नत शृंग रहे ढह भू पर,
सूख गया चिर स्रोत प्रेरणा का, उर हुआ अनुर्वर!

आज जब कि मन प्राण इंद्रियों के क्षत विक्षत अँग-अँग,
पुनः चाहतीं वे गति लय में बँधना देवों के सँग;
ध्वंस भ्रंश हो गए विगत आदर्शों के जब खँडहर,
कुचल रहा मानव आत्मा को जड़ भौतिक आडंबर!-
आज जब कि बुझ गई चेतना अंधकार से उर भर,
चूर्ण हो गया हृदय सभ्यता का, नीरव संस्कृति स्वर!

(ब)

तुम्हें पुकार रहा तब अंतर, भावी मानव ईश्वर,
नव्य चेतना, नव मन, नव जीवन का भू को दो वर!
स्वर्ण चेतना द्रवित जलद तुम, रजत तड़ित् रुचि स्पंदित,
रत्नच्छाय सजल, रहस्यप्रभ, शत शत सुरधनु मंडित,
दिव्य प्रेरणाओं की जगमग किरणों से चिर गुंफित,
मनस् पंख में ज्वलित अमर पिण्डों को किए तिरोहित!

स्वर्मानस से उठ, उतरो, अब, जन मन के शिखरों पर,
सूक्ष्म चेतना वाष्प कणों में लिपटा मानव अंतर!
नव जीवन शोभा में बरसो, करो धरा मुख सस्मित,
अमृत चेतना के प्लावन में मर्त्य शोक कर मज्जित!
हे अतिचेतन, नव मानस वसनों में हो कर भूषित
नव आदर्श बनो तुम, जिसमें नव जीवन हो बिम्बित!
जीवन मन से ऊपर तुम नव जीवन में, नव मन में
मानवता को बाँधो अभिनव ऐक्य मुक्ति बंधन में!

रँग दो

रँग दो हे, रँग दो आकुल मन !
अमर रूप स्रष्टा, किरणों की
तूली से रँग दो उड़ते घन !
शशि से रँग छाया प्रभ अंतर,
क्षणप्रभा से इच्छा के पर,
बरसा दो उर के अंबर में
शोभा का नीरव सम्मोहन !
आशा का हो इंद्र चाप वर
इंद्र चाप में स्वप्नों के शर,
विरह अश्रु का भाव जलद हो,
रंग रहस्यों के हों गोपन !
रँग दो नव शोभा से लोचन,
प्रीति मधुरिमा से स्वर्णिम मन,
गीत चुंबनों से मदिराधर
स्वर्ग रुधिर से रँगो कर-चरण !
उलट रश्मियों के सतरँग घट
रँग दो मेरा प्राणों का पट,
रँग रँग की पंखड़ियों में हँस
फूट पड़े अंतर का यौवन !
रँग जाए जो मेरा अंतर
गोचर तुम बन सको अगोचर,
नव्य चेतना के पावक कण
मैं कर सकूँ धरा पर वितरण !

युग विषाद

गरज रहा उर व्यथा भार से
गीत बन रहा रोदन,
आज तुम्हारी करुणा के हित
कातर धरती का मन !
मौन प्रार्थना करता अंतर,
मर्म कामना भरती मर्मर,
युग संध्या : जीवन विषाद से
आहत प्राण समीरण !
जलता मन मेघों का सा घर
स्वप्नों की ज्वाला लिपटा कर
दूर, क्षितिज के पार दीखती
रेख क्षितिज की नूतन !
बढ़ते अगणित चरण निरंतर
दुर्दम आकांक्षा के पग धर,
खुलता बाहर तम कपाट,
भीतर प्रकाश का तोरण !

श्रांत रक्त से लथपथ जन मन,
नव प्रभात का यह स्वर्णिम क्षण,
युग युग का खँडहर जग करता
अभिनव शोभा धारण !

युग छाया

दारुण मेघ घटा घहराई,
युग संध्या गहराई !
आज धरा प्रांगण पर भीषण
झूल रही परछाँई !

तुम विनाश के रथ पर आओ,
गत युग का हत शव ले जाओ,
गीध टूटते, श्वान भूँकते,
रोते शिवा विदाई!

मनुज रक्त से पंकिल युग पथ
पूर्ण हुए सब दैत्य मनोरथ,
स्वर्ग रुधिर से अभिषेकित अब
नव युग की अरुणाई!

नाचेगा जब शोणित चेतन,
बदलेगा तब युग निरुद्ध मन,
कट मर जाएँगे युग दानव,
सुर नर होंगे भाई!

ज्ञात मर्त्य की मुझे विवशता,
जन्म ले रही नव मानवता,
स्वप्न द्वार फिर खोल उषा ने
स्वर्ण विभा बरसाई!

युग संघर्ष

गीत श्रांत रे इस युग के कवि का मन,
नृत्य मत्त उसके छंदों का यौवन!
वह हँस हँस कर चीर रहा तम के घन
मुरली का मधुरव भर करता गर्जन!
नवल चेतना से उसका उर ज्योतित,
मानव के अंतर वैभव से विस्मित!
युग विग्रह में उसे दीखती बिम्बित
विगत युगों की रुद्ध चेतना सीमित!

उसका जाग्रत मन करता दिग् घोषण,
अंतर्मानव का यह युग संघर्षण!
शोषक हैं इस ओर, उधर हैं शोषित,
बाह्य चेतना के प्रतीक जो निश्चित!

धनिकों श्रमिकों का स्वरूप धर बाहर
ह्रास शक्तियाँ आत्म नाश हित तत्पर,
क्षोभ भरे युग शिखर उभड़ते दुर्धर
टकराता भू ज्वार : क्षुब्ध भव सागर!

नृत्य कर रही क्रांति रक्त लहरों पर,
घृणा द्वेष की उठीं आँधियाँ दुस्तर!
कौन रोक सकता उद्वेग प्रलयकर,
मर्त्यों की परवशता, मिटते कट मर!
महा सृजन की तड़ित् टूटती दुःसह
अंधकार भू का विदीर्ण कर दुर्वह!
युग युग की जड़ता कँप उठती थर थर
आज स्वप्न प्रज्वलित चकित रे अंतर!

नव्य चेतना का विरोध करते जन,
यह जड़त्व भू मन का अंध पुरातन,
आज मनोजग में जन के भय संशय
द्वेष प्रेम का देता पहिला परिचय!
संभव है, नभ में छाएँ करुणा घन
अंतर मन में भर जाए युग क्रंदन,
बरसाए उर भू पर आभा के कण
द्रोही मानव के प्रति विद्रोही बन!

ध्यान मौन आराधक, साधक, गायक,
सोच मग्न रे मनोजगत के नायक,
आंदोलित मानवता के अभिभावक,
विश्व क्रांति यह : आपद् काल भयानक!
... ...

रक्त पूत अब धरा : शांत संघर्षण,
धनिक श्रमिक मृत : तर्क वाद निश्चेतन!
सौम्य शिष्ट मानवता अंतर्लोचन
सृजन-मौन करती धरती पर विचरण!

उज्ज्वल मस्तक पर मुक्ता-से श्रम कण,
शांत धीर मन से करती वह चिन्तन,
भू जीवन निर्माण निरत, नव चेतन
साधारण रे वास वसन, मित भोजन!

विद्युत् अणु उसके सम्मुख अब नत फन,
वसुधा पर बन स्वर्ग सृजन के साधन,
आज चेतना का गत वृत्त समापन
नूतन का अभिवादन करता कवि मन !

नव मानव

ओ अग्नि चक्षु, अभिनव मानव !
संपर्कज रे तेरा पावक
चेतना शिखा में उठा धधक,
इसको मन नहीं सकेगा ढँक !
यह ज्वाला जग जीवन दायक,—
स्वप्नों की शोभा से अपलक
मानस भू सुलग रही धक् धक् !
ओ नवल युगागम के अनुभव !
नव ऊषा सा स्वर्णाभ वरण
वह शक्ति उतरती ज्योति चरण,
उर का प्रकाश नव कर वितरण!
नव शोणित से उर्वर भू मन,
शोभा से विस्मित कवि लोचन,
अब धरा चेतना नव चेतन !

ओ अंतर्ज्ञान नयन वैभव !
भू तम का सागर रहा सिहर
जन मन पुलिनों पर बिखर बिखर,
उठ रश्मि शिखर नाचतीं लहर !
तिरते स्वप्नों के पोत अमर,
देवों का स्वर्णिम वैभव हर,
नव मानवीय द्रव्यों से भर !
लो, गूंज रहा अंबर में रव,—
मैं लोक पुरुष, मैं युग मानव,
मैं ही सोया भू पर नीरव,
मेरे ही भू रज के अवयव !
अपने प्रकाश से कर उद्भव,
मैं ही धारण करता हूँ भव,
नव स्वप्नों का रच मनोविभव
जय त्रिनयन, युग संभव मानव !

गीत विहग

मैं नव मानवता का संदेश सुनाता,
स्वाधीन लोक की गौरव गाथा गाता.
मैं मनःक्षितिज के पार मौन शाश्वत की
प्रज्वलित भूमि का ज्योतिवाह बन आता!
युग के खँडहर पर डाल सुनहली छाया,
मैं नव प्रभात के नभ में उठ मुसकाता,
जीवन पतझर में जन मन की डालों पर
मैं नव मधु के ज्वाला पल्लव सुलगाता!

आवेशों से उद्वेलित जन सागर में
नव स्वप्नों के शिखरों का ज्वार उठाता,
जब शिशिर क्रांत, वन-रोदन करता भू मन,
युग पिक बन प्राणों का पावक बरसाता!
मिट्टी के पैरों से भव-क्लांत जनों को
स्वप्नों के चरणों पर चलना सिखलाता,
तापों की छाया से कलुषित अंतर को
उन्मुक्त प्रकृति का शोभा वक्ष दिखाता!

जीवन मन के भेदों में सोई मति को
मैं आत्म एकता में अनिमेष जगाता,
तम पंगु बहिर्मुख जग में बिखरे मन को
मैं अंतर सोपानों पर ऊर्ध्व चढ़ाता!
आदर्शों के मरु जल से दग्ध मृगों को
मैं स्वर्गंगा स्मिता अंतर्पथ बतलाता,
जन जन को नव मानवता में जाग्रत कर
मैं मुक्त कंठ जीवन रण शंख बजाता!

मैं गीत विहग, निज मर्त्य नीड़ से उड़ कर
चेतना गगन में मन के पर फैलाता,
मैं अपने अंतर का प्रकाश बरसा कर
जीवन के तम को स्वर्णिम कर नहलाता!
मैं स्वर्दूतों को बाँध मनोभावों में
जन जीवन का नित उनको अंग बनाता,
मैं मानव प्रेमी, नव भू स्वर्ग बसा कर
जन धरणी पर देवों का विभव लुटाता!

मैं जन्म मरण के द्वारों से बाहर कर
मानव को उसका अमरासन दे जाता,
मैं दिव्य चेतना का संदेश सुनाता,
स्वाधीन भूमि का नव्य जागरण गाता!

जगत घन

जब जब घिरें जगत घन मुझ पर
करूँ तुम्हारा चिन्तन,
ढँक जाए जब अंतर्नभ मैं
करूँ प्रतीक्षा गोपन!

जब तम की छाया गहराए,
मानस में संशय लहराए,
युग विषाद का भार वहन कर
तुम्हें पुकारूँ प्रतिक्षण!

तुम तम का आवरण उठाओ,
करुणा कोमल मुख दिखलाओ,
मेरे भू मन की छाया को
निज उर में कर धारण!

तुम्हें करूँ जन मन दुख अर्पण,
आत्मदान दे भरूँ धरा व्रण,
भू विषाद गर्जन से, उर में
बरसें नव चेतन कण!

जो बाहर जीवन संघर्षण,
जो भीतर कटु पीड़ा का क्षण,
वह तुममें संतुलन ग्रहण कर
बने उन्नयन नूतन!

अंतर्व्यथा

ज्योति द्रवित हो, हे घन!
छाया संशय का तम,
तृष्णा भरती गर्जन,
ममता विद्युत् नर्तन
करती उर में प्रतिक्षण!

करुणा धारा में झर,
स्नेह अश्रु बरसा कर,
व्यथा भार उर का हर
शांत करो आकुल मन !

तुम अंतर के क्रंदन
अकथनीय चिर गोपन,
मंद्र स्तनित भर चेतन
करो अनिष्ट निवारण !
घट घट वासी जलधर,
तुमको ज्ञात निरंतर
अंतर का दुख निःस्वर,
करता जो नव सर्जन !

मन से ऊपर उठ कर,
विचर ऊर्ध्व शिखरों पर
स्वर्गिक आभा से भर
उतरो बन नव जीवन !
खोलो उर वातायन
आएँ स्वर्ग किरण छन,
भू स्वप्नों का नूतन
रचें इंद्रधनु मोहन !

आगमन

मौन गुंजरण जगता मन में,
मर्मर धूपछाँह के वन में !
आज भर गया प्राण समीरण
स्वर्ग मधुरिमा से रे नूतन,
दिखलाता जीवन प्रभात मुख
खोल क्षितिज उर का वातायन
लोक जागरण के इस क्षण में !
मन के भीतर का मन गाता,
स्वर्ग धरा में नहीं समाता,
स्वप्नों का आवेश ज्वार उठ
विश्व सत्य के पुलिन डुबाता,
लहरा शाश्वत के जीवन में !

आज आ रहीं लहर लहर पर
डूब रहे युग युग के अंतर,
यह अंतर्मन का आंदोलन,
असुर जूझते, जीतते अमर,—
धरा चेतना के प्रांगण में!

कहाँ बढ़ाते भीत जन चरण?
हुआ समापन बाहर का रण!
स्वर्ग चेतना के शोणित से
लथपथ आज मर्त्य भू का मन,—
मरते जड़, जग नव चेतन में!

मौन सृजन

मौन आज क्यों वीणा के स्वर?
इस नीरवता में तुम गोपन
कौन रच रहे नूतन गायन?
स्तब्ध हृदय कंपन में जगते
आशा भय, संशय जय थर थर!
स्वप्नों से मुँद जाते लोचन,
आकुल रहस प्रभावों से मन,
प्राणों में कैसा आकर्षण
बहता जाने सुख से मंथर!
तुम शाश्वत शोभा के मधुवन,
शिशिर निदाघ जहाँ रहते क्षण,
आज हृदय के चिर यौवन वन
भरते प्रिय, अंतर्मुख मर्मर!

रंगों में गाता कुसुमाकर,
सौरभ में मलयानिल निःस्वर,
नील मौन में गाता अंबर;
ध्यान लीन सुख स्पर्श पा अमर!
शोभा में गाते लोचन लय,
प्राण प्रीति के मधु में तन्मय,
रस के बस, उल्लास में अभय
गाता उर भीतर ही भीतर!
मौन आज क्या वीणा के स्वर?

युग विराग

भू की ममता मिटती जाती
मेघों की छाया सी चंचल,
सुख सपने सौरभ-से उड़ते
झरते उर के रंगों के दल !

पुँछतीं स्मृति पट की रेखाएँ
धुलते जाते सुख दुख के क्षण,
चेतना समीरण सी बहती
बिखरा ओसों के संचित कण !

वह रही राग में नहीं जलन
कुछ बदल गया उर के भीतर,
खो गया कामना का घनत्व
रीते घट सा अब जग बाहर !

यह रे विराग की विजय भूमि
मन प्राणों के साधन के स्तर,
तुम खोल स्वप्न का रहस द्वार,—
जो आते भीतर आज उतर,—

हँस उठता उर का अंधकार
नव जीवन शोभा में दीपित,
भू पुलिन डुबाता स्वर्ग ज्वार,
रहता कुछ भी न अचिर, सीमित !

फिर प्रीति विचरती धरती पर
झरती पग पग पर सुंदरता,
बंधन बन जाते प्रेम मुक्ति
देव प्रिय होती नश्वरता !

मेघों के पर्वत

यह मेघों की चल भूमि घोर
बह रहे जहाँ उनचास पवन,
तुम बसा सकोगे यहाँ कभी
क्या मानव का गृह, मनोभवन ?

जन जन का मन करता गर्जन
बरसातीं चितवन विद्युत् कण,
टकराते दुर्दम फेन शिखर
सागर सा उफनाता भू मन!

यह विश्व शक्तियों की क्रीड़ा
गत छायाएँ बनतीं चेतन,
जन मन विमूढ़ जिनका वाहक
बढ़ता जाता युग संघर्षण!

पर्वत पर पर्वत खड़े भीम,
अड़ते तृष्णा, अज्ञान, अहं,
उन्मथित धरा-चेतना सिन्धु
आंदोलित अवचेतन का तम!

मन स्वर्ग-शिखर पर मँडराता
उर में गहराता नव जीवन,
वह अंतर आभा से स्वर्णिम
झरता भू पर, स्वप्नों का घन!

मनोमय

तुम हँसते हँसते घृणा बन गए मन में,
जन मंगल हित हे!
अब काटो जग का अंधकार
भू के पापों का विषम भार,
मेटो मानव का अहंकार
चिर संचित तुम्हें समर्पित हे,
युग परिवर्तन में!

तुम तपते तपते द्वेष बन गए मन में,
जन मंगल हित हे!
अब करो जीर्ण से संघर्षण,
फिर हरो धरा मन के बंधन,
युग की जड़ता हो नव चेतन
गति दो नूतन को इच्छित हे,
जग जीवन रण में!

तुम सहते सहते रोष बन गए मन में,
जन मंगल हित हे!
फिर मृत्यु भीत जन हों निर्भय,
मन प्राण ले सकें नव निर्णय,
उर करे नहीं तुम पर संशय
तुम घट घट वासी परिचित हे,
चिर जन्म मरण में!

फिर प्रेम, बनो तुम न्याय, क्षमा मन मन में,
जन मंगल हित हे!
मानव अंतर हो भू विस्तृत
नव मानवता में भव विकसित,
जन मन हो नव चेतना ग्रथित
जीवन शोभा हो कुसुमित हे
फिर दिशि क्षण में!
तुम देव, बनो चिर दया, प्रेम जन जन में,
जग मंगल हित हे!

जीवन उत्सव

अरुणोदय नव, लोकोदय नव!
मंगल ध्वनि हर्षित जन मंदिर
गूंज रहा अंबर में मधुरव!
स्वर्णोदय नव, सर्वोदय नव!

रजत झाँझ-से बजते तरुदल
स्वर्णिम निर्झर झरते कल कल,
मुखर तुम्हारे पग पायल
यह भू जीवन शोभा का उत्सव!

स्वप्न ज्वाल धरणी का अंचल,
अंधकार उर रहा आज जल,
स्वर्ण द्रवित हो रही चेतना
विजय दीप्त अब विश्व पराभव!

हरित पीत छायाएँ सुंदर
लोट रहीं धरती की रज पर,
स्वर्णारुण ग्राभाएँ झर झर
लुटा रहीं ग्रंबर का वैभव!

इंगुर रँग के खिलते पल्लव
उर में भर स्वप्नों का मार्दव,
रक्तोज्ज्वल यौवन प्ररोह में
फूट रहा वसुधा का शैशव!

यह जीवन मंगल का गायन,
यह संघर्षण निरत पुरातन
जन युग के कटु हाहारव में
मानव युग का होता उद्भव!

काव्य चेतना

तुम रजत वाष्प के ग्रंबर से
बरसातीं शुभ्र सुनहली झर,
शोभा की लपटों में लिपटा
मेघों का माया कल्पित घर!

सुर प्रेरित ज्वालाएँ कँपतीं
फहरा ग्राभाएँ ग्राभा पर,
शत रोहितप्रभ छायाग्रों से
भर जाता तड़ित् चकित ग्रंतर!

सुषमा की पंखुड़ियाँ खुलतीं
फैला रहस्य स्पर्शों के दल,
भावों के मोहित पुलिनों पर
छाया प्रकाश बहता प्रतिपल!

सतरंगे शिखरों पर उठ गिर
उड़ता शशि सूरज सा उज्ज्वल,
चेतना ज्वाल सी चंद्र विभा
चू पड़ती प्राणों में शीतल!

जलते तारों सी टूट रहीं
अब अमर प्रेरणाएँ भास्वर,
स्वप्नों की गुंजित कलिकाएँ
खिल पड़तीं मानस में निःस्वर!

तुम रहस द्वार से मुझे कहाँ
गीते, ले जाती हो गोपन,
शोभा में जाता डूब हृदय
पा स्पर्श तुम्हारा सुर-चेतन!

सम्मोहन

स्वप्नों की शोभा बरस रही
रिम झिम झिम अंबर से गोपन,
शत धूप छाँह सुरधनु के रँग
जमते अंतर पट पर प्रतिक्षण!
तुम स्वर्ग चाँदनी सी नीरव
चेतनामयी आती भू पर,
प्राणों का सागर चंद्र ज्वाल
लहराता इच्छा में नूतन!

जीवन की हरियाली हँसती,
कँपती छाया पर छायाएँ,
रँग रँग की आभाएँ बखेर
सजती आशा नव सम्मोहन!
सुख दुख में भर नव स्वर संगति
कल्पना सृष्टि रचती अभिनव,
कवि उर स्वप्नों के वैभव से
करता जन भू का अभिवादन!

हृदय चेतना

तुम चंद्र ज्वाल सी सुलग रही
जीवन की लहरों में चंचल,
स्वर्गिक स्पर्शों से अंतःस्मित
कँप कँप उठता चल मानस जल!

तुम स्वप्न द्वार पट हटा रहस,
लिपटातीं शोभा में दिशि पल,
निज स्वर्ण मांस का वक्ष खोल
सुषमा के मुकुलों का कोमल!

तुम मौन शिखर से बरसातीं
लावण्य प्रीति उल्लास नवल
मिट्टी के तंद्रिल रोग्रों में
प्राणों का पावक भर विह्वल!
अब मंथित विश्व विरोधों में
जन जीवन वारिधि क्षुब्ध विकल,
तुम चूम घृणा अधरों का विष
तम का मुख करतीं स्वर्णोज्ज्वल!

निर्माण काल

लो, आज झरोखों से उड़ कर
फिर देवदूत आते भीतर,
सुरधनुओं के स्मित पंख खोल
नव स्वप्न उतरते जन भू पर!
रँग रँग के छाया पंखों सी
आभा पंखड़ियाँ पड़तीं झर,
फिर मनोलहरियों पर तिरतीं
बिम्बित सुर अप्सरियाँ निःस्वर!

यह रे भू का निर्माण काल
हँसता नव जीवन अरुणोदय,
ले रही जन्म नव मानवता
अब खर्व मनुजता होती क्षय!

धू धू कर जलता जीर्ण जगत
लिपटा ज्वाला में जन अंतर,
तम के पर्वत पर टूट रही
विद्युत् प्रपात सी ज्योति प्रखर!

संघर्षण पर कटु संघर्षण
यह दैविक भौतिक भू कंपन,
उद्वेलित जन मन का समुद्र
युग रक्त जिह्व करता नर्तन!

ढह रहे अंध विश्वास शृंग,
युग बदल रहा, यह ब्रह्म अहन्!
फिर शिखर चिरंतन रहे निखर
यह विश्व संचरण रे नूतन!

बज रहे घंटियों-से तरुदल
छवि ज्वाल पल्लवित जग जीवन,
नव ज्योति चरण धर रहा सृजन
फिर पुष्प वृष्टि करते सुरगण!

अब स्वर्ण द्रवित रे अंतर्नभ
झरते नीरव शोभा निर्झर,
अवतरित हो रही सूक्ष्म शक्ति
फिर मौन गुंजरित उर अंबर!

बँधता प्रकाश तम-बाँहों में
सुर मानव तन करते धारण,
फिर लोक चेतना रंग भूमि
भू स्वर्ग कर रहे परिरंभण!

अनुभूति

तुम आती हो,
नव अंगों का
शाश्वत मधु विभव लुटाती हो!
बजते निःस्वर नूपुर छम छम,
साँसों में थमता स्पंदन क्रम,
तुम आती हो,
अंतस्तल में
शोभा ज्वाला लिपटाती हो!

अपलक रह जाते मनोनयन,
कह पाते मर्म कथा न वयन,
तुम आती हो,
तंद्रिल मन में
स्वप्नों के मुकुल खिलाती हो!

अभिमान अश्रु बनता झर झर
अवसाद मुखर रस का निर्झर,
तुम आती हो,
आनंद शिखर
प्राणों में ज्वार उठाती हो!

स्वर्णिम प्रकाश में गलता तम,
स्वर्गिक प्रतीति में ढलता भ्रम,
तुम आती हो,
जीवन पथ पर
सौन्दर्य रहस बरसाती हो!
जगता छाया वन में मर्मर,
कँप उठती रुद्ध स्पृहा थर, थर,
तुम आती हो,
उर तंत्री में
स्वर मधुर व्यथा भर जाती हो!

आवाहन

तुम स्वर्ण चेतना पावक से
फिर गढ़ो आज जग का जीवन,
मधु के फूलों की ज्वाला से
रँग धरणी के उर का यौवन!

आदर्शों का जलता प्रकाश
तुम दो उडेल भू आँचल में,
स्वप्नों की लपटों में लिपटा
मन के अँधियाले को पल में!

जलता तरु के तम में पलाश
जीवन की इच्छा से लोहित,
जग की डाली कर दो शाश्वत
शोभा के शोणित से मुकुलित!

कामना वह्नि से दहक रहा
भूधर सा भू का वक्षःस्थल,
तुम अमृत प्रीति निर्झर-से फिर
उतरो, हों ताप अखिल शीतल!

ममता विद्युत् सी मचल रही
छाया - वाष्पों का अंतस्तल,
तुम शुभ्र किरण - से फूट, उसे
रँग दो स्वर्गिक स्मिति से सतजल!
युग युग के जितने तर्कवाद
मानव ममत्व से वे पीड़ित,
तुम आओ, सीमा हो विलीन
फिर मनुज अहं हो प्रीति द्रवित!

स्वर्ग विभा

कैसी दी स्वर्ग विभा उडेल
तुमने भू मानस में मोहन,
मैं देख रहा, मिट्टी का तम
ज्वाला बन धधक रहा प्रतिक्षण!
नव स्वप्नों की लपटें उठतीं
शोभा की आभाएँ बखेर,
शत रँग की छायाएँ कँपतीं
उपचेतन मन का गहन घेर!
ज्यों उषा प्रज्वलित सागर में
डूबता अस्तमित शशि मंडल
चेतना क्षितिज पर आभा स्मित
भूगोल उठ रहा स्वर्णोज्वल!
लिपटीं फूलों से रंग ज्वाल,
गूँजते मधुप, गाती कोयल,
हरिताभ हर्ष से भरी धरा
लहरों के रश्मि ज्वलित अंचल!
भौतिक द्रव्यों की घनता से
चेतना भार लगता दुर्वह,
भू जीवन का आलोक ज्वार
युग मन के पुलिनों को दुःसह!
चेतना पिंड रे भू गोलक
युग युग के मानस से आवृत,
फिर तप्त स्वर्ण सा निखर रहा
वह मानवीय बन, सुर दीपित!

नव पावक

अब नव ऊषा के पावक का,
पल्लवित हो रहा भू - जीवन,
शोभा की कलियों का वैभव
विस्मित करता मन के लोचन !
मैं रे केवल उन्मन मधुकर
भरता शोभा स्वप्निल गुंजन,
कल आएँगे उर तरुण भृंग
स्वर्णिम मधुकण करने वितरण !

यह स्वर्ण चेतना की ज्वाला
मानव अंतःपुर की गोपन
जो कूद कूद नव सन्तति में
बढ़ती जाएगी नव चेतन !
वह पूर्ण मानवों का मानव,
जो जन में धरता क्रमिक चरण,
वह मर्त्य भूमि को स्वर्ग बना
जन भू को कर लेगा धारण !

अब धरा हृदय - शोणित से रँग
नव युग प्रभात श्री में मज्जित,
अब देव नरों की छाया में
भू पर विचरेंगे अंतःस्मित !

शोभा क्षण

फूलों से लद गए दिशा क्षण
भरता अंबर गुंजन,
पुलकों में हँस उठा सहज - मन
निर्जर करते गायन !

अवचेतन में लीन पुरातन,
स्वप्न वृष्टि अब करता नूतन,
तन्मय हुआ अहं युग युग का
बाँहों में बँध चेतन !

यह क्या भावी का संवेदन
या देवों का मौन निमंत्रण !
देह प्राण के पुलिन डुबाकर
बहता अंतर यौवन !

धरा शिखर का रे यह मधुवन
भू मन अहरह करता क्रंदन—
मृण्मय पलकों पर फिर उतरे
यह शाश्वत शोभा क्षण !

आओ हे, यह निभृत प्रीति मग,
धरो ध्वनित पग-चिह्नों पर पग,
अश्रुत पद चापों से गुंजित
आज धरणि का प्रांगण !

रजत घंटियाँ बजतीं छन छन,
स्वर्णिम पायल झंकृत झन झन,
स्वप्न मांस के इन चरणों पर
करो प्राण मन अर्पण !

पद गति से शोभा पड़ती झर,
पग छवि उठती भावों से भर,
सृजन नृत्य रत रे कवि अंतर
सुन नूपुर ध्वनि गोपन !

युग दान

जीवन - बाँहों में बाँध सकूँ
सौन्दर्य तुम्हारा नित नूतन,
जन मन में मैं भर सकूँ अमर
संगीत तुम्हारा सुर मादन !

आनंद तुम्हारा बरस सके
भव व्यथा क्लांत उर के भीतर,
जग जीवन का बन सके अंग
देवत्व तुम्हारा लोकोत्तर !

करुणा धारा से मानव का
भू निर्मम अंतर हो उर्वर,
संयुक्त कर्म जग जीवन के
तुमको अर्पित हों उठ ऊपर !

अब मनुष्यत्व से मनोमुक्त
देवत्व रहा रे शनैः निखर,
भू मन का गोपन स्पृहा स्वर्ग
फिर विचरण करने को भू पर!

यह अंधकार का घोर प्रहर
हो रहा हृदय चेतना द्रवित,
फिर मानवीय बन जाग रहीं
जड़ भूत शक्तियाँ अभिशापित!

तरुओं के सिर पर पुष्प मुकुट
ज्यों गंध पवन उर में मादन,
जीवन से मन से फूट रहे
तुम नव श्री शोभा में चेतन!

जीवन कोपल

क्या एक रात ही में सहसा
ये हरित शुभ्र कोंपल फूटे?
क्या एक प्रात में स्वप्न निद्र
जीवन तरु के बंधन टूटे?
पत्रों की मर्मर में झंकृत
अब सुर वीणाओं के प्रिय स्वर,
शोभा की अरुण शिखाओं से
प्रज्वलित धरा के दिक् प्रांतर!
यह विश्व क्रांति : मानव उर में
सौन्दर्य ज्वार उठता नूतन,
मन प्राण देह की इच्छाएँ
करतीं शिखरों पर आरोहण!

तुम क्या रटते थे, जाति, धर्म,
हाँ, वर्ग युद्ध, जन आन्दोलन,
क्या जपते थे, आदर्श नीति—
वे तर्क वाद अब किसे स्मरण!
गोपन सा कुछ हो रहा आज
जन मन के भीतर परिवर्तन,
अंतश्चेतन तारुण्य फूट
गढ़ता अब नव जग का जीवन!

यह मानवीय रे सत्य अखिल
आधार चेतना, कला कुशल,
वह सृजन प्राण : होती विकसित
जड़ से जीवन मन में अविकल!
वह विस्मृत कड़ी जगत क्रम की
जिससे समृद्धि परिणति संभव,
फिर आने को ऐश्वर्य ज्वार
अब लोक चेतना में अभिनव!

जीवन दान

मैं मुट्ठी भर भर बाँट सकूँ
जीवन के स्वर्णिम पावक कण,
वह जीवन जिसमें ज्वाला हो
मांसल आकांक्षा हो मादन!
वह जीवन जिसमें शोभा हो,--
शोभा सजीव, चंचल, दीपित,
वह जीवन जिसको मर्म प्रीति
सुख दुख से रखती हो मुखरित!

जिसमें अंतर का हो प्रकाश
जिसमें समवेत हृदय स्पंदन,
मैं उस जीवन को वाणी दूं
जो नव आदर्शों का दर्पण!
जीवन रहस्यमय, भर देता
जो स्वप्नों से तारापथ मन,
जीवन रक्तोज्वल, करता जो
नित रुधिर शिराओं में गायन!

इसमें न तनिक संशय मुझको
यह जन - भू जीवन का प्रांगण,
जिसमें प्रकाश की छायाएँ
विचरण करतीं क्षण-ध्वनित चरण!
मैं स्वर्गिक शिखरों का वैभव
हूँ लुटा रहा जन धरणी पर
जिसमें जग जीवन के प्ररोह
नव मानवता में उठें निखर!

देवों को पहना रहा पुनः
मैं स्वप्न मांस के मर्त्य वसन,
मानव आनन से उठा रहा
अमरत्व ढँके जो अवगुंठन!

संवेदन

छाया सीता सी आ चुपके
जाने, तुम क्या कहती निःश्वर,
सुन पड़तीं परिचित चरण चाप
कँप उठता स्वप्न ध्वनित अंतर!

खिल पड़ते उर में ज्योति चिह्न
नीरव शोभा लाली से भर,
आनंद मधुरिमा से गुंजित
आभा पंखड़ियों-से झर झर!

अंतर पा प्रीति परस अदृश्य
खोजता तुम्हें बाहर विस्मित,
युग युग का उर का व्यथा भार
गा उठता शाश्वत-क्षण पुलकित!

स्मृतियों के स्वर्गिक संवेदन
लहराते मानस में गोपन,
मैं सुन सुन कर मोहित पग ध्वनि
बढ़ता जाता निर्दिष्ट चरण!

तुम सूक्ष्म स्वप्न देही बन कर
आतीं अंतर पथ से प्रतिक्षण
मैं रहस निमंत्रण पा तुमसे
अभिनव जग में करता विचरण!

है ज्ञात मुझे, तुम भू घट से
फिर फूट रही करुणा धारा,
तुम मातृ मूर्ति, चिर मंगलमयि,
शोभा चेतन हो पुनः धरा!

वैदेही

स्वप्नों के मांसल शिखरों में
मैंने निज छिपा लिया आनन,
यह शोभा का प्रिय वक्षःस्थल
जिसका संगीत हृदय स्पंदन!
चेतना स्वयं ज्यों स्वर्ण गौर
कोमल उर-कलियों में पुंजित,
उल्लास अमर साँसों में बह
रखता इनको आभा दोलित!

इनमें अंतरतम सुषमा के
खिलते नित रत्न प्रभा पल्लव,
नव ऊषा का स्वर्गिक पावक
जलता इच्छाओं में अभिनव!
यह रुद्ध बद्ध लालसा नहीं
जो नारी प्रतिमा में मूर्तित,
यह देवों के उर में बसती
श्रद्धा प्रतीति से अभिषेकित!

जन इसे कला मंदिर में नित
करते अंतर्मन के स्थापित,
शिव सुंदर सत्य चयन कर चिर
प्रिय चरणों पर करते अर्पित!
शत इंगित बनते मुखर नृत्य,
पलकें रुक, छवि करतीं अंकित,
जीवन के सुख दुख इसे देख
स्वर गीतों में होते झंकृत!

शरदागम

आज प्राण चिर चंचल!
नवल शरद ऋतु, ओस धुला मुख,
धूप हँसी सी निश्छल!
गौर वक्ष शोभा सी उज्ज्वल
दिन की कोमल आभा मांसल,
स्वप्नों की स्मृतियाँ उकसाती
पुलकित कर अंतस्तल!

खिले अधखिले फूलों के अँग,
मर्म स्पृहा-से खुले मुक्त रँग,
प्राणों को निज स्पर्श ज्वाल से
दीपित करते प्रतिपल!

खोल निसर्ग रहा निज अंतर,
मधुर संतुलन में खिल सुंदर,
फैलाती कामना प्रकृति की
रँग रँग के चंचल दल!

कँपता तरुओं का तम मर्मर,
कँपता मारुत लालस मंथर,
कँपती स्रस्त वस्त्र सी छाया,
कँपता नव दूर्वादल!

जी करता शोभाऽतप में मिल,
विचरूँ छाया वन में झिलमिल,
जाने किस पथ से निसर्ग में
खो, हो जाऊँ ओझल!

कौन भेजता मौन निमंत्रण
मुझे निभृत देने हृदयासन,
स्वप्नों के पट में लपेट उर,
तन मन करता शीतल!

आज मिलन को उर अति विह्वल
मानस में स्वप्नों का बादल,
झर झर पड़ता, किन स्मृतियों में
सुलगा चिर विरहानल!

तुम आओगी, कहता है मन
खिलता ही क्यों ऋतु का आँगन?
निखर मेघ से शरद रेख सी
बरसाओगी मंगल!

शरद चेतना

तुम फिर स्वप्नों का पट बुनती
ले जीवन से छाया प्रकाश,
फिर गीत स्वरों का जाल गूँथ
उलझाती सुख दुख अश्रु हास!

अब बिखर गया पावस का धन,
ठंडा निदाघ का खर अँगार,
अब हँसती उज्ज्वल धुली धूप
उजियाली में आया निखार!

ऋतु आर्द्र जलद के वस्त्र फेंक
अलसाई अंगों में कोमल,
फिर गूढ़ प्रकृति का मौन स्पर्श
अंतर को छू करता शीतल!

फूलों के रंगों की ज्वाला,
तरु वन का छायातप कंपित,
तुममें भू का कलरव कूजन
सौरभ गुंजन मर्मर गुंफित!

तुम स्वप्नों का नीरव पावक
सुलगाती प्राणों में पुलकित,
तुममें रहस्यमय मौन भरा
तुम स्निग्ध शांति सी विरह द्रवित!

ज्यों बादल के अंचल से छन
आभा रह जाती क्षण-छाया,
तुम मन के गुंठन में जगती
लिपटा इच्छा, ममता, माया!

तुम मुझे डुबा लो अपने में
या मुझमें जाओ स्वयं डूब,
तुम फूटो मेरा मोह चीर
ज्यों कढ़ती भू को चीर दूब!

जगता, लो, तरुण प्ररोह एक
अब फाड़ धरित्री का अंचल,
कँपता अंगों में हरित रुधिर,—
उड़ने को पंख खोल विह्वल!

तुम खोल देह मन के बंधन
चेतना बन गई फिर उज्ज्वल,
उमगा प्राणों का मेघ, लिपट,
निखरी तुम,—अब बादल ओझल!

शरद श्री

सौम्य शरद श्री का यह आँगन
जीवन आतप लगता कोमल,
हरियाली के अंचल में बँध
धरती का तम जलता शीतल!
निखर उठा प्राणों का यौवन
फूल मांस के खिले चपल अँग,
नीले पीले लाल पाटली
हँसते आकांक्षाओं के रँग!

मिट्टी की सोंधी सुगंध से
मिली सूक्ष्म सुमनों की सौरभ,
रूप स्पर्श रस शब्द गंध की
हरित धरा पर झुका नील नभ!
क्या समीर ने लिपट, विटप को
किया पल्लवों में रोमांचित?
अँगड़ाई ले, बाँह खोलना
सिखलाया डालों को कंपित!

क्या किरणों ने चूम, खिलाए
रंग भरे फूलों के आनन?
सृजन प्राण रे स्पर्श प्रेम का
सच है, जीवन करता धारण!
मूलभूत कामना एक ज्यों
पत्रों में कँप उठती मर्मर,
प्रिय निसर्ग ने अपने जग में
खोल दिया फिर मेरा अंतर!

एक शांति सी, पावनता सी
विचर रही धरती पर निःस्वर,
छायातप में, तृण-अंचल में,
ज्वाल वसन कुसुमों के तन पर!
रंग प्राण से प्रकृति लोक यह
यहाँ नहीं दुख दैन्य अमंगल,
यहाँ खुला श्री शोभा का उर
यहाँ कामना का मुख उज्ज्वल!

ममता

ग्रब शरद मेघ सा मेरा मन
हो गया ग्रश्रु झर से निर्मल,
तुम कँपती चपला सी भीतर
शोभातप में लुक-छिप प्रतिपल!
विद्युत् दीपित करती घन को
वह नहीं ज्वाल में उठता जल
वह उसके ग्रंतर की ग्राभा
तुम मेरी हृदय शिखा उज्ज्वल!

यह प्रीति द्रवित हलका बादल
मेरे ममत्व की छाया-भर,
तुम तड़िल्लता सी खिल पड़ती
जिसमें बन जीवन सत्य ग्रमर!
इस विरल जलद पट से छनकर
तुम बरसाती ऐश्वर्य ज्वार,
छाया प्रकाश के पटल खोल
भावों की गहराई निखार!

तुम विद्युत् प्रभ कर पलक पात
करतीं नीरव मिथ संभाषण,
वाष्पों के ग्रावृत मानस में
ग्रंकित कर भेद रहस गोपन!
यह मौन मंद्र गर्जन भरता
युग युग की प्रिय स्मृतियाँ जगतीं,
शोभा की, स्वप्नों की, रति की—
ग्राशा ग्रभिलाषाएँ कँपतीं!

चाँदनी चार दिन रहती है
तुम क्षण भर में होती ग्रोझल,
तुम मुझे चाँदनी से प्रिय हो
चपले, मैं ममता का बादल!

फूल ज्वाल

फूलों की ज्वालाएँ भरतीं
मेरे ग्रंतर में उद्दीपन,

जीवन के शोभा तम के प्रति
मेरे मन में चिर आकर्षण !

इस धरती के उर से लिपटे
कितने प्रकाश के रंग चपल,
मेरी इच्छाओं से उपमित
किरणों में, प्राणों में ओझल !

मिट्टी के तंद्रिल मानस में
जगते उज्ज्वल फूलों के पल,
मैं शोभा स्रष्टा, ज्ञात मुझे
ज्वाला का उसका अंतस्तल !

ये निःस्वर, सहज मधुरिमा से
अंतरतम कर देते झंकृत,
मैं वाणी का सुत, विदित मुझे
रमणीय अर्थ व्यंजित अकथित !

इनमें न भले ही आएँ फल
जग का मग सतत धरें कुसुमित,
सौरभ से भर न सकें नभ को,
दृग अपलक कर दें, उर पुलकित!

मैं स्वप्नों का प्रेमी, मुझको
करता न सत्य जग का मोहित,
मैं बढ़ूँ ज्वार सा डुबा पुलिन,
कूलों में बंदी बहे सरित !

मैं फूलों के कुल में जनमा
फल का हो मूल्य जगत के हित,
उर शोभा का दे अमर दान
मैं झर, चरणों पर हूँ अर्पित !

स्मृति

परित्यक्ता वैदेही सी ही
अब हृदय कामना उठी निखर
प्राणों की ममता, अश्रु स्नात
कृश, शरद शुभ्र, लगती सुंदर !

प्रेयसि की मुख छबि मेघ-मुक्त
शशि रेखा सी उगती मन में,
नीरव नभ में विद्युत् घन सी
एकाकी स्मृति जगती क्षण में!
ज्योत्स्ना में झंझा से कंपित
हलकी फुहार सी पड़ती झर
वह भीगी स्मृति, मानस तट पर
छाया लहरी सी बिखर बिखर!

सुख दुख की लपटों में लिपटी
भू के अंगारों पर पग धर,
वह बढ़ती स्वप्नों के पथ पर
शत अग्नि परीक्षाएँ दे कर!

अब प्रेमी मन वह नहीं रहा
ध्रुव प्रेम रह गया है केवल,
प्रेयसि स्मृति भी वह नहीं रही
भावना रह गई विरहोज्वल!
बाहर जो कुछ भी हो बदला
मन का पट बदल गया भीतर,
विकसित होती चेतना, उधर
परिणत जग जीवन सा संगर!

नमन

नमन तुम्हें करता मन!
हे जग के जीवन के जीवन,
प्रीति-मौन प्रति उर स्पन्दन में
स्मरण तुम्हें करता मन!
अश्रु सजल अब मेरा आनन
तुहिन तरल वारिज के लोचन,
यह मानस स्थिति, स्मृति से पावन
करता तुम्हें समर्पण!
तुम अंतर के पथ से आओ,
चिर श्रद्धा के रथ से आओ,
जीवन अरुणोदय सँग लाओ,
नव प्रभात, युग नूतन!

बहे रुधिर में स्वर्गिक पावक,
स्वप्न पंख लोचन हों अपलक,
रँग दे श्री शोभा का जावक,
जीवन के पग प्रतिक्षण!

आज व्यक्ति के उतरो भीतर,
निखिल विश्व में विचरो बाहर,
कर्म वचन मन जन के उठ कर
बनें युक्त आराधन!
असफल हो जब श्रांत मनोबल
आवेशों से अंतर विह्वल,
तुम करुणा कर से छू उज्ज्वल
जड़ता कर दो चेतन!

मानव ईश्वर

नव जीवन शोभा के ईश्वर
स्वर्गिक करुणा के वर,
स्वर्ण शुभ्र चेतना मुकुल तुम
खिलते उर में सुंदर!
शांत अभय हो जाता अंतर
ध्यान तुम्हारा स्नेह मौन धर,
श्रद्धा पावन हो उठता मन
हर्ष प्रणत चरणों पर!

सो जाता ममता का मर्मर
खुलता अंतरतम का अंबर,
दिव्य दूत-से पंख खोल स्मित
स्वप्न उतरते निःस्वर!
अवचनीय आकांक्षा के स्वर
तन्मय करते मुझे निरंतर,
ज्योति शक्ति के नीरव निर्झर
मानस में पड़ते झर!
जगतीं मानव में देवोत्तर
मिट्टी की प्रतिमाएँ नश्वर,
युग प्रभात छवि स्नात निखरते
भू जनपद पुर प्रांतर!

अभिलाषा

एक कली यह मेरे पास!
तुम चाहो, इसको अपना लो,
कर दो इसका पूर्ण विकास!
तुम इसमें स्वर्गिक रँग भर दो,
निज सौरभ में मज्जित कर दो,
उर को अक्षय मधु का वर दो,
अधरों पर धर शाश्वत हास!
तुम्हीं मूल इसके बन जाओ,
मधुकर बन इसके ढिग गाओ,
प्राण वृंत पर इसे झुलाओ,
स्वर्ग किरण बन, करो विलास!

देखे एक तुम्हारा यह मुख,
अपलक ऊपर को हो अभिमुख,
दुख में भी माने असीम सुख
काँटों में बिखरा उल्लास!
मलयानिल दे भले निमंत्रण,
पंख खोल उड़ना चाहे मन,
तोड़े यह न प्रणय का बंधन,
करे हृदय डाली पर वास!
नयन रहें स्वप्नों से रंजित,
विरह अश्रु हिम से पलकें स्मित,
उर असीम शोभा से विस्मित
छोड़े जब यह अंतिम श्वास!
यह हँसते हँसते झर जाए
जग में निज सौरभ भर जाए,
भू रज को उर्वर कर जाए
नव बीजों से, हो न विनाश!
एक कली जो मेरे पास
वह अभिलाष!

वसंत

फिर वसंत की आत्मा आई,
मिटे प्रतीक्षा के दुर्वह क्षण,
अभिवादन करता भू का मन!

फूलों में मृदु अँग लपेट कर,
किरणों के सौ रँग समेट कर,
कूजन गुंजन से जग को भर
फिर वसंत की आत्मा आई,
हरित शुभ्र स्वर में भर मर्मर,
अरुण पीत लौ में कँप कँप कर!

दीप्त दिशाओं के वातायन,
प्रीति साँस सा मलय समीरण,
चंचल नील, नवल भू यौवन,
फिर वसंत की आत्मा आई,
आम्र मौर में गूँथ स्वर्ण कण,
किंशुक को कर ज्वाल वसन तन!

सिहरी मांसल वन श्री थर थर
अंगों पर काँपा छायांबर,
सहसा पुष्प शिखर उठे उभर,
फिर वसंत की आत्मा आई,
पल्लव क्षितिज बना परिरंभण,
शोभा करती आत्म समर्पण!

देख चुका मन कितने पतझर,
ग्रीष्म शरद, हिम पावस सुंदर,
ऋतुओं की ऋतु यह कुसुमाकर,
फिर वसंत की आत्मा आई,
विरह मिलन के खुले प्रीति व्रण,
स्वप्नों से शोभा प्ररोह मन!

सब युग सब ऋतु थीं आयोजन,
तुम आओगी वे थीं साधन,
तुम्हें भूल कटते ही कब क्षण?
फिर वसंत की आत्मा आई,
देव, हुआ फिर नवल युगागम,
स्वर्ग धरा का सफल समागम!

फूलों का देश

(नव वसंत सूचक वाद्य संगीत)

पुरुष स्वर

यह फूलों का देश, ज्योति मानस का रूपक,
जहाँ विचरते अंतर्द्रष्टा कलाकार कवि
निभृत कल्पना पथ से नित, भावोन्मेषित हो !
यहाँ प्रेरणाओं की स्मित अप्सरियाँ उड़कर
बरसातीं आभा पंखड़ियाँ शत रंगों की,
स्वप्नों से गुंजरित : यहाँ स्वर्णिम भृंगों की
रजत घंटियाँ बज उठतीं हर्षातिरेक से—
देवों का संगीत अमर वाहित कर भू पर !
यहाँ काँपती छायाएँ, शोभा वसनों सी,
गोपन मर्मर ध्वनि भरतीं मानस श्रवणों में,—
भावी की अश्रुत चापों सी आकृति धरतीं !

स्त्री स्वर

यहाँ प्राण पुलिनों को भावों से स्पंदित कर
जीवन की आकांक्षा बहती कल कल ध्वनि में,
प्रीति श्वास सी समुच्छ्वसित रहती मलयानिल
नाम हीन सौरभ से आकुल कर अंतर को !
यह मोहित अभिसार भूमि है गंधर्वों की,
जहाँ दूर वास्तविक जगत के कोलाहल से
स्वर्णिम द्वाभा में रचती है सृजन कल्पना
सूक्ष्म विश्व मानव भावी का सतरँग कल्पित !
यहाँ गूंजता रहता है संगीत अहर्निशि,
भाव प्रवण मानव द्रव्यों से प्रवहमान हो !

(वाद्य संगीत : समवेत गान)

यह फूलों का देश !
यहाँ निरंतर जीवन शोभा
सजती नव नव वेश !

यहाँ लोटते इंद्रचाप शत,
हँसते अपलक स्वप्न मनोरथ,
यहाँ झूलता रश्मि दोल में
मानस का उन्मेष!
स्वर्णिम निर्झर झरते कल कल,
भरते प्राणों में स्वर कोयल,
सुंदरता को देती स्वर्गिक—
प्रीति, हर्ष - संदेश!
यहाँ गूंजते अहरह दिशिपल,
बरसा करता जीवन मंगल,
सृजन चेतना की यह स्वप्निल
लीला भूमि अशेष!

(तानपूरे के स्वर)

पुरुष स्वर

यहाँ विजन छाया वन में रहता एकाकी
एक स्वप्न द्रष्टा कवि, तरुण अरुण सा सुंदर,
लता प्रता से मंडित कुसुमित पर्ण कुटी में!
जीवन का संघर्ष, करुण क्रंदन, चीत्कारें
उसके भाव जगत को छू कर मर्म गीत में
परिणत हो जातीं, युग जीवन के स्वप्नों की
शोभा से वेष्टित हो, नव संतुलन ग्रहण कर!
खोजा करता वह विनाश के महाध्वंस में
नवल सृजन की स्वर संगति, उड़ते मेघों के
त्रस्त जाल में घिरती तिरती शशि रेखा सी!
भावोद्वेलित वक्ष, खड़ा तृण कक्ष द्वार पर
सोच रहा वह स्वगत, गंध गुंजित मधुकर सा—

(स्वप्न वाहक वाद्य संगीत)

कवि

यह छाया का देश, कल्पना का क्रीड़ा स्थल,
वस्तु जगत अपना घनत्व खोकर इस जग में
सूक्ष्म रूप धारण कर लेता, भाव द्रवित हो!
जीवन के संघर्षों की प्रतिध्वनियाँ उठ कर
यहाँ बदलती रहतीं उर संगीत में विकल!
इस मानस भू पर निःस्वर चलते नित सुरगण
स्वप्नों के धर चरण चिह्न आशाऽकांक्षा स्मित!

यहाँ बिछातीं शत शत रंगों की ज्वालाएँ
अपलक इंद्रजाल शोभा का, जन मन मोहन :
सुन पड़तीं अप्सरियों की पदचाप रुपहली,
कँपती छायाओं के पुलकित दूर्वांचल में—
आँखमिचौनी खेला करतीं जो जीवन से !

बड़ी बड़ी चट्टान यहाँ धरती की आदिम
चुप्पी सी दम साधे नीरव चिन्तन करतीं !
अर्धरात्रि में झिल्ली तरु कोटर में झन झन
स्वर भर, सूनापन विदीर्ण करती वन भू का,—
घोर गुह्य आकांक्षा सी जग निश्चेतन की !
यहाँ भयानकता सुंदरता प्रीति पाश में
बँधकर क्षण उपहास नियति का करतीं निर्मम !

(गंभीर प्रसन्न वाद्य संगीत)

कवि

शांत, सौम्य, सोई वन श्री अब जाग रही है
नव प्रभात के स्पर्शों से स्वर्णिम चेतन हो,
बरस रहा नीड़ों से कलरव सृष्टि गान सा,
सिहर रहे पत्ते थर् थर् सुख से बिभोर हो !
गंध पवन में धरती भीनी साँस ले रही,
जाग रहीं वन छायाएँ अँगड़ाई भरतीं !

तरुण मधुप षट्पद से हटा पँखुरियों के पट
अर्धस्मित कलियों के मृदु मुख करते चुंबन !
यह प्रभात भी संसृति का आश्चर्य है महत्,
मौन प्रार्थना सा, पवित्र आशीर्वाद सा !—
विस्मित कर देता जो भू मानस पलकों को,
दिव्य स्वप्न सा, अमर स्वर्ग संदेश सा उतर !

धरती का जीवन सहसा निज ज्योति केन्द्र से
पुनः युक्त होकर, हो उठता पूर्ण काम है !
यह फूलों का देश आज फिर धन्य हो उठा
वाहित करता जो धरती की ओर निरंतर
देवों का ऐश्वर्य अतुल,—शोभा सुंदरता,
ज्योति प्रीति आनंद अलौकिक स्वर्ग लोक का !
जाग रही हैं सुप्त प्रेरणाएँ मानस में,
यह अंतर्नभ का प्रभात है जन मंगलकर !

तरु पत्रों के अंतराल से छन नव किरणें
लोट रहीं भू रज पर, ज्योति प्ररोहों सी हँस !

(हर्ष वाद्य संगीत)

युग प्रभात यह : एक वृत्त हो रहा समापन
धरा चेतना में संस्कृति का आज पुरातन !
नव युग की प्राणों की आशा अभिलाषाएँ
मर्म मधुर संगीत लहरियों में मुखरित हो
गूँज रही हैं, छाया वन के नव मुकुलों को
घेर चतुर्दिक् ! सद्यः स्फुट कुसुमों के मुख पर
विहँस रहे हैं स्वर्णिम ओसों के मुक्ता कण
स्वप्नों की पद चापों से कँप उठता भूतल !
देख रहा मैं मनश्चक्षु से, ताल में ध्वनित,
अगणित निर्भय चरण क्षितिज की ओर बढ़ रहे !

(वाद्य संगीत : दूर से आता हुआ नर-नारियों का समवेत गान)

युग प्रभात,
रक्त स्नात, युग प्रभात !
अंधकार गया हार
मानस का हटा भार,
मुक्त पंथ, मुक्त द्वार,—
गई रात !
सागर में बाँध सेतु
अंबर में उड़ा केतु
मानव की विजय हेतु
बढ़ो तात, बढ़ो भ्रात !
पर्वत के गिरें शिखर,
मरुथल हों नव उर्वर,
विघ्नों पर, रहो निडर
करो घात, करो घात !
करो घात !

(नर-नारियों का प्रवेश)

स्त्री स्वर

कौन कौन तुम, अरुण, वसंत, मदन-से सुंदर
पत्रों के प्रच्छाय नीड़ में यहाँ छिपे हो
पक्षी-से एकाकी ? नगरों से, वासों से

दूर, सभ्यता के केन्द्रों से विरत, विमुख हो
युग जीवन संघर्षण से, जन आकर्षण से ?

कवि

अरुण वसंत मदन सा ! पक्षी सा एकाकी ?
कलाकार हूँ मैं, पर जीवन संघर्षण से
विरत नहीं हूँ !—देखो, मेरी स्वप्न निमीलित
आँखों में भावी का स्वर्णिम बिम्ब पड़ा है !

पुरुष स्वर

(साश्चर्य) भावी का प्रतिबिम्ब ?

कवि

स्वर्ग की वेणी से मैं
इन्द्र धनुष को छीन, धरा के तिमिर पाश में
उसे गूँथ जाऊँगा,—देवों की विभूति से
मनुष्यत्व का पद्म खिला जीवन कर्दम में !
ताराओं के छायातप से रँग रँग कर मैं
जन भू की उपचेतन रज की पंखड़ियों को
अंतः सुरभित कर जाऊँगा, नंदन वन के
फूलों की शाश्वत स्मिति भर मृण्मय अधरों में,—
मैं नव मानवता की प्रतिमा नहीं गढ़ रहा
अंतर्मन के सूक्ष्म द्रव्य से !

जनगण

हः हः हः हः !!

कवि

मैं विराट् जीवन का प्रतिनिधि हूँ ! मैं वन के
मर्मर से, युग के जनरव से चिर परिचित हूँ !
भौरों का मधु गुंजन कोयल का कल कूजन
मेरे ही स्वर हैं ! स्वर्णातप मेरी स्मिति है !
मेरे उर के स्वप्न तितलियों की फुहार-से
रँग रँग की शोभा बखेरते जन मानस में !
ऊषा, ज्योत्स्ना, ओस और तारे मेरा ही
चिर संदेश वहन करते ! पर्वत निर्झर-से
मेरे गायन फूट, दग्ध युग मन के मरु में
प्राणों का कलरव, जीवन हरियाली भरते !

धरा स्वर्ग को स्वप्न सेतु में बाँध सुनहले
मैं सोपान बना जाऊँगा सुर नर मोहन !

प्रथम स्वर

खूब ग्रहंता का ऐश्वर्य मिला है तुमको !

द्वितीय स्वर

ग्रात्म वंचना का उन्माद पिए हो मादक !

प्रथम स्वर

कलाकार हो, तभी हवा में महल बनाते !
रिक्त स्वर्ग में रहते ग्रात्म पलायन के हो !

कवि

तुम जो ग्रस्त्रों शस्त्रों से सज्जित सेना ले,
विजय ध्वजा ऊँची कर, चलते संख्याग्रों में,
तुम भी मेरा कार्य कर रहे,—धरा धूलि में
जो जीवन तृष्णा, भुजंग सी शत फन फैला
लोट रही है नीचे, मैं ऊपर से उसकी
शोभा रेखाएँ ग्रंकित करता तटस्थ हो,
व्यापक युग पट में सँवार कर : उसकी घातक
विष की फुंकारों को पीकर, मर्माहत हो,
हृदय दाह में जलता प्रतिपल, मैं उस पर हूँ
बरसाता चेतना ग्रमृत निज, तिक्त घृणा को
मधुर प्रीति में, कटु तमिस्र को उर प्रकाश में
ग्रात्म विद्रवित कर ! केवल स्वर शब्दों की ही
रिक्त साधना मात्र नहीं होती युग कवि की,
उसे साम्य, संगति, सार्थकता भरनी होती
जीवन विशृंखलता में सौंदर्य खोज कर,
मानस कमल खिला कर्दम में !

प्रथम स्वर

बहुत हुग्रा बस !
रहने दो यह वाक् चपलता ! वह शोभा की
सीमा लाँघ चुकी है ! मृगतृष्णा के पूजक,
तुम ग्रपने को जीवन का प्रतिनिधि बतलाते ?
ग्रौर विधाता बन बैठे हो मनुज नियति के !

द्वितीय स्वर

हम हैं भावी के निर्माता, मानवता के
जीवन शिल्पी, भू के जनगण, जो युग युग की
लौह श्रृंखला तोड़, वज्र संगठित हुए हैं,
बंधन मुक्त, नई जन मानवता के रक्षक!
हम वन पर्वत, सागर मरुथल में मानव की
विजय ध्वजा फहराएँगे! इस वन प्रांतर में
जहाँ बनैले पशुओं की हैं गुहा, वहाँ हम
सेना शिविर बनाएँगे निज, जहाँ खगों के
नीड़ मात्र हैं, वहाँ जनों के धाम बनेंगे!
हमको सामूहिक जीवन की आवश्यकता
समतल मनुज बनाने को है बाध्य कर रही!
तभी तुम्हारे-से आदिम जन, युग जीवन के
नव स्पर्शों से विकसित, संस्कृत हो पाएँगे!

कवि

निःसंशय, आदिम हूँ मैं!

कुछ स्वर

(दर्प से) हम चिर नवीन हैं!

स्त्री स्वर

नहीं, नहीं,—परिहास कर रहे हो तुम हम से!
तुम कवि हो, तुम कलाकार हो, तुम युग युग के
अभिशापित, शोषित जनगण के साथ रहोगे
युग संकट में उद्‌बोधन के गान छेड़ कर
तुम जनता को साहस दोगे, संबल दोगे

कवि

अगर साथ रहने देंगे जनगण के नायक!

स्त्री स्वर

देखो, तुम देखो इन हड्डी के ढांचों को—

एक स्वर

वज्र बन चुके हैं दधीचियों के ये पंजर!

स्त्री स्वर

देखो, नग्न क्षुधित मनुष्यता की छलना को...
रक्त क्षीण निष्ठुर विषण्णता को जीवन की!

वर्तमान का भीषण उत्पीड़न है इनको
निर्ममता से कुचल रहा! यदि एक बार तुम
आँख खोल कर इन्हें देख लोगे जो सचमुच,
करुणा से विगलित उर हो, मर्माहत हो तुम
सहम उठोगे, हे फूलों के जंग के स्वामी!

एक स्वर

और क्रोध से पागल हो जाओगे शायद
आदर्शों के मूर्ति पूजकों के इन कुत्सित
दुष्कर्मों को देख, घृणा से आँख फेर कर!
मृत प्रतिमाओं के पूजक जीवित जनता के
पूजक कभी नहीं हो सकते—जीवन-मृत जो!

कवि

देख रहा हूँ, मैं लज्जा से गड़ा जा रहा!
कब से मेरे मन की आँखों के सम्मुख उठ
नाच रही हैं छायाएँ संक्रांति काल की!
भूखों के कंकाल खड़े चीत्कार कर रहे,
अवचेतन के प्रेत भर रहे अट्टहास हैं!
क्रूर, ह्रास युग के लोभी असुरों से पीड़ित
मानवता कातर वन-रोदन छोड़, एक हो,
आज क्रुद्ध ललकार रही, हुंकार भर रही!

(तुमुल वाद्य संगीत : समवेत गान)

भूत के कंकाल हैं हम,
क्रुद्ध रुद्ध कराल हैं हम!
कंठ से लिपटे त्रिशूली के
भयंकर व्याल हैं हम!
मनुजता के प्रेत हैं हम
आज सब समवेत हैं हम,
बीज हैं हम, खेत हैं हम,
शक्ति अमिट विशाल हैं हम!
खड्ग हैं हम, ढाल हैं हम,
ज्वार से उत्ताल हैं हम,
रुद्र की दृग ज्वाल हैं हम
धरणि की जयमाल हैं हम!

कुछ स्वर

मिथ्या है, सब मिथ्या जग में आज चतुर्दिक,
केवल सत्य मनुज के उर की घोर घृणा है!
मिथ्या नैतिकता, मिथ्या आदर्श हैं सकल,
जन पीड़न शोषण के हित जो उद्धृत होते!
केवल सत्य विषमताएँ हैं, प्रतिहिंसा है,
केवल सत्य अतृप्त पिपासा है, तृष्णा है!
उबल रहा है द्वेष गरल से जनगण का मन,
भभक रहा है क्रोध अग्नि से मानव अंतर,
फटने को है आज विकट ज्वाला का पर्वत,
थूकेगा वह, उगलेगा दाहक लपटों को,
और जला देगा छल झूठ कपट के जग को,
मानव उर की निर्ममता को, नृशंसता को,—
भस्मसात् कर देगा जग के दु:स्वप्नों को!

(विवर्तन संगीत)

कुछ स्वर

छायाएँ हैं, छायाएँ आदर्श भयानक,
छायाओं को कुचलेंगे हम, आभासों को
रौंदेंगे पाँवों के नीचे, युग युग के मृत
संस्कारों को खोद, मिटा देंगे जन मन से!

(उत्तेजना द्योतक संगीत)

कवि

इसीलिए तुमने सम्मानित जीवन श्रम को
छोड़, अहेरी जीवन फिर स्वीकार किया है!—
देख रहा हूँ, आज संगठित मन युग युग का
सामूहिक जन बर्बरता में बिखर रहा है!
आदर्शों के स्वर्ग विचुंबी शिखर टूट कर
भू लुंठित हो रहे विवर्तन की आँधी में,
और नाश के घने अँधेरे के उतने ही
गहरे गर्तों में गिर, धरती के अंतर को
क्षत विक्षत कर रहे, चूर्ण हो!
जीवन की वे
पावन, मोहित, निभृत घाटियाँ, जो, चिर करुणा
ममता के स्वर्णिम प्रकाश से भरी हुई थीं,
जहाँ सभ्यता का क्रंदन न पहुँच पाया था,—

पद मर्दित हो रहीं आज वे अविश्वास के
प्रतिहिंसा के दैत्यों के निर्मम चरणों से !
मानव की निर्दयता उनके भीतर घुस कर
बोल रही तोपों के मुँह से विकट नाद कर !
भले बुरे, काले सफेद औ' सत्य झूठ के
सभी मान इस सतत बढ़ रही अँधियाली के
प्रलय ज्वार में डूब रहे हैं किमाकार हो !

(विप्लव सूचक वाद्य संगीत)

एकाकार हुए जाते हैं पाप पुण्य सब,
मानव के अंतरव्यापी घन अंधकार से
घृणा, द्वेष, अन्याय, कपट, छल, स्पर्धा, हिंसा
आज पुकार रहे चिल्लाकर—बाह्य संगठन
मात्र सत्य है ! बाह्य संगठन चरम लक्ष्य है !
बाह्य आसुरी एका ही सब कुछ है जग में,
अंतर्जगत, हृदय का एका,—केवल भ्रम है !
अंतर्मुख संगठन पलायन, बहलावा है !
संस्कृति ? वर्गों के हित साधन की दासी है !
युग अपनी मुट्ठी में अणु संहार लिए है !
विज्ञापन करता विनाश भीषण शब्दों में !
हिल हिल उठते आज चेतना भुवन, मनुज की
भावी की आशंका से ! अह, आज मनुज का
आत्म प्रतारक द्वेष बन गया विश्व विनाशक !

कुछ स्वर

कायर हो तुम कायर ! जो उपदेश दे रहे
नंगे भूखे लोगों को अध्यात्मवाद का !
कलाकार तुम नहीं, तुम्हारे दुर्बल उर में
वज्र घोष विद्रोह नहीं युग की प्रतिभा का !
खौल न उठता रक्त तुम्हारा घृणा क्रोध से
शोषित पीड़ित मानवता की नग्न व्यथा पर !
दया द्रवित भी नहीं दिखाई देते हो तुम !
जग जीवन से विरत, निरत फूलों के वन में,
स्वप्न लोक में रहते हो तुम आत्मतोष के !
साथ नहीं दोगे तुम जन का युग संकट में,
रिक्त कला, सुंदरता के थोथे आराधक !
धिक् तुमको ! यह व्यक्ति अहं जन पथ कंटक है !

कवि

किन्तु हाय, यह संघ अहं दुर्गम पर्वत है!
भीतर भी हैं जनगण, भीतर ही जन का मन,
भीतर भी हैं सूक्ष्म परिस्थितियाँ जीवन की,
भीतर ही रे मानव, भीतर ही सच्चा जग,
जाति वर्ग श्रेणी में नहीं विभाजित है जो,—
उसे नव्य संगठित, पूर्ण सक्रिय, चेतन कर
बहिर्जगत में स्थापित करना है मानव को!

कुछ स्वर

चलो, बढ़ो हे भूजन, असि धारा के पथ पर,
सागर को मथने, पर्वत का शीश झुकाने,—
विजय ध्वजा स्थापित करने देवों के सिर पर!
रौंदेंगे हम परियों की चापों से गुंजित
इन वन फूलों की घाटी को! बिखरा देंगे
इसकी स्वप्न भरी पंखड़ियाँ धरा धूल में!
तोड़ मोड़ इसकी शोभा पल्लव शाखाएँ
लूटेंगे रस के मटकों-से भरे फलों को,
जो खगोल-से, चेतन भुवनों-से लटके हैं!
ध्वंस भ्रंश कर देंगे हम इस आदर्शों की
माया मोहक पंचवटी को, भटकाती जो
मानव मन को नित नव स्वर्ण मृगों के पीछे!
बहिर्जगत की लौह मुष्टि फिर अंतर जग का
नव निर्माण करेगी जीवित आघातों से!—
नहीं रहेगा बाँस, बजेगी तब क्या वंशी?
हम युग विद्रोही हैं, आज हमारी इच्छा
सत्य न्याय की उद्घोषक है!—शेष झूठ है!

(प्रयाण संगीत)

चलो तात, बढ़ो भ्रात!
गौरव के गिरें शिखर
जन भू हो नव उर्वर,
जड़ता पर, रहो निडर,
करो घात, करो घात,
करो घात!

(प्रस्थान)

(तानपूरे के स्वर)

कवि

धरती का निस्तल अवचेतन उमड़ रहा है
बर्बर युग के आवेशों से आंदोलित हो,
जग जीवन की क्रूर विषमताओं में फिर से
नव युग का मांसल समत्व भरने जन वांछित,—
मानव उर की मोह दंभ की वज्र शिला पर
शत निष्ठुर प्राकृत प्रहार कर प्रतिहिंसा के!
विस्मित हूँ मैं! आज उपेक्षित जन धरणी का
भू विस्तृत समतल जीवन जब विहँस चतुर्दिक्
प्रथम बार पल्लवित, लोक संगठित हो रहा
भौतिक स्तर पर, दैन्य दुःख से अखिल मुक्त हो:
छूट रहा जब करुण पराभव संख्याओं का
विगत युगों की निठुर नियति से भाल पर लिखित,—
प्रथम बार जब युग युग का भू कल्मष कर्दम,
आज धुल रहा प्रणत रीढ़ जनगण के मुख से,
खड़े हो रहे जो अगणित पैरों पर फिर से
दैन्य गर्त से निकल, असंख्य भुजाएँ फैला,
अँगड़ाई भरते प्रचंड जीवन लपटों से,
अग्नि शस्य से लहरा भू पर प्राण-प्ररोहित,—
ऐसे युग में एक ऊर्ध्वदिक् दिव्य संचरण
जन्म ले रहा अंतर नभ में युग मानव के,
निज अपूर्व चेतना शिखा से आलोकित कर
जीवन मन की अतल गहनताओं का वैभव,
सूक्ष्म प्रसारों की अतुलित दिग् व्यापी शोभा,—
मानव मन को ज्योति चमत्कृत कर, जीवन का
स्वर्गिक रूपांतर कर, स्वर्णिम ऊँचाई से!
देख रहा मैं, स्वर्ग क्षितिज से उतर रही है
नव जीवन शोभा की प्रतिमा आभा देही,
नव संस्कृति की अंतःस्मित किरणों से मंडित,
जो बहिरंतर ऐक्य साम्य मानव जीवन में
पुनः प्रतिष्ठित कर देगी, ऊर्ध्वग भू व्यापक!
—किन्तु कौन तुम, मौन ज्योति विद्रवित जलद-से
चिन्तन की मुद्रा में, यहाँ खड़े हो कैसे?
छोड़ साथियों को अपने,—किस अभिप्राय से?

वैज्ञानिक

किस आशा से ? वैज्ञानिक हूँ मैं ! इतना ही
मेरा परिचय ! मैंने ही चंचल विद्युत् को
वाष्प रश्मि को बाँध, बनाया युग मानव की
क्रीता दासी ! मैंने अणु का गर्व चूर्ण कर
भूत प्रकृति की मूल शक्ति को किया निछावर
मानव के चरणों पर ! आज मनुज स्वामी है
सिन्धु गगन का, देश काल का, निखिल प्रकृति का !
और अनेकों चमत्कार मैंने इस युग में
दिखलाए हैं यंत्रों के बल से मनुष्य को,
जो पिछले युग के मंत्रों तंत्रों के छल से
कहीं सत्य, विस्मयकारी हैं,—उन्हें गिनाना
आत्म प्रशंसा कहलाएगा, पातक है जो !

कवि

परिचित हूँ मैं सुहृद, तुम्हारे अमर दान से,
व्याप्त तुम्हारी शुभ्र कीर्ति है दशों दिशा में,
रूपांतर कर दिया मनुज जीवन का तुमने
भूत परिस्थितियों में उसकी महत् क्रांति कर !
किन्तु पूछता हूँ मैं तुमसे, आज मनुज क्या
स्वामी है या दास प्रकृति का ? वह विद्युत् पर
शासन करता है, या विद्युत् वाष्प यंत्र ही
अधिकृत उसे किए हैं ?—हाय, मनुज का अंतर
चूर्ण हो रहा आज दर्प से, बहिर्जगत की
अंध वीथियों में शत खोकर, लक्ष्य भ्रष्ट हो !
हृदय हीन कर दिया उसे जड़ भौतिकता ने !
आज प्रकृति की मूल शक्ति देकर, मानव को
महानाश के पथ पर तुमने छोड़ दिया है !

वैज्ञानिक

स्यात् बदल जाती जग की कटु अर्थ व्यवस्था,
बाह्य विषमताएँ पट जातीं युग जीवन की :
स्वार्थ लोभ के पैने पंजों से मानव पशु
मानव का मुख नहीं नोंचता रक्त सिक्त कर !—
लौह अस्थि पंजर में भीषण यांत्रिक युग के—
मनुज हृदय की धड़कन पुनः सुनाई पड़ती !

क्रूर वाष्प विद्युत् के दानव मानवीय बन
शोषक से सेवक बन जाते जन समाज के!

कवि

यदि अन्तः संगठित आज हो जाता युग मन,
मनुज हृदय का परिवर्तन सार्थक हो सकता,
तो आदिम संस्कार उभड़ते नहीं धरा के
युग जीवन का स्वर्णिम रूपांतर हो उठता!
हिम फुहार सी बरस सुनहली शांति चतुर्दिक्
शुभ्र हास्य से अभिषेकित करती भू प्रांगण,
जीवन मन के मूल्य निखिल अंतः परिणत हो
व्यापक, उर स्पर्शी बन जाते स्वर्ग क्षितिज छू!
अंतर जीवन की ऊर्ध्वग महिमा से मंडित
नव चेतन हो उठती जड़ धरणी सुर प्रहसित!

वैज्ञानिक

अगर मुक्त हो सकती रचना शक्ति जनों की,
समुचित वितरण हो पाता जीवनोपाय का,
सामाजिक संतुलन ग्रहण कर लेता भू श्रम,
बँट जाता यंत्रों का बल आर्थिक समत्व में,—
स्वार्थ लोभ, अन्याय द्वेष स्पर्धा उठ जाते,
भूव्यापी जन रक्तपात टल जाता युग का,
मानव के संयुक्त कर्म से स्वर्णिम चेतन
युग प्रभात हँस उठता भू तम को निरस्त कर!

कवि

और साथ ही अगर ऊर्ध्वचेता बन जाता
समदिक् मानव अतिक्रम कर मन की सीमाएँ,
मिट जाते खंडित भू जीवन के विरोध सब,
भौतिक नैतिक मान नियोजित होते युगपत्!
मानवीय संतुलन ग्रहण कर लेता जन युग
यंत्रों की जलती साँसें ठंडी पड़ जातीं!
मनुज चेतना के पारसमणि स्निग्ध स्पर्श से
लोहे की निर्ममता स्वर्ण द्रवित हो उठती!
नई चेतना के प्रकाश में केन्द्रित मानव
पुनः सत्य का मुख विलोकता नए रूप से,
नई दृष्टि मिल जाती उसको जीवन के प्रति,
मिट जाती सब विगत युगों की घृणित क्षुद्रता!

बाह्य रुद्ध बौनेपन से निज ऊपर उठ कर
ऊर्ध्व मुक्त, अंतश्चेतन बन जाता जन मन,
अंतःस्थित, अंतःस्मित हो, अंतःकृतार्थ हो!

वैज्ञानिक

यही सोचता हूँ मैं भी अब! आज मुझे है
महत् प्रेरणा मिली : मनुज अंतर्जीवी है!
स्पष्ट देखता हूँ मैं, अंतर का विधान ही
मानव है! अंतः संयोजित, ऊर्ध्व समन्वित!
आज मनुज मर गया! पराजित हो भीतर से
दौड़ रहा है वह बाहर, व्यक्तित्व हीन हो!
व्यक्तिहीन सामाजिकता निर्जीव ढेर है!
ढेर हो गया मानव का मन, यांत्रिकता से
चूर्ण हो गया मनुज हृदय! वह अब समूह है!
यंत्रों से चालित इच्छाओं का समूह है,
घृणा, द्वेष, स्पर्धा, तृष्णाओं का समूह है!
नारकीय कटुता निर्ममता का समूह है!
अवचेतन की अंध वासना का समूह है!
महत् व्यक्ति चाहिए आज सामूहिक युग में,—
दुर्निवार कामना किन्तु है मुक्त हो उठी,
रौंद रही जो मानव के मिथ्याभिमान को!
आज निखिल विज्ञान शक्ति मानव हाथों में
विश्व प्रलय कारिणी बन गई, लोक विनाशक!
कापालिक बन गया मनुज है, जीवन बलि प्रिय
मानव शव का पूजक, साधक भू श्मशान का!!

कवि

यद्यपि अब भी लहरों की रुपहली पायलें
बजतीं छम छम, खेतों में हँसमुख हरियाली
सोना उगला करती है, नव मुग्धाओं की
चल चितवन से स्वर्ग झाँकता, नव शिशुओं को
घेर स्वर्ग की परियाँ मँडरातीं लुक छिप कर,—
किन्तु चतुर्दिक् गरज रहे युग संघर्षण में
हिंस्र सभ्यता की हुंकारों में, जीवन की
मोहकता सब बिखर गई है!—मानस सूना,
जग फीका लगता है मरुस्थल सा निरर्थ, मृत,—

जीवन इच्छा तुच्छ, रूप चल मृग तृष्णा सा,
आशा का इंगित निष्प्रभ, भूतल मरघट सा!

(आशाप्रद वाद्य संगीत)

अमृत पुत्र है पर मानव;—है व्यर्थ निराशा!
मांस पेशियाँ आज पर्वताकार खड़ी हो
भले रोकती हों अंतः केन्द्रित प्रकाश को,
फूट पड़ेगा वह स्वर्णिम निर्झर बन उर से!
पतझर आया है यह फूलों के प्रदेश में,—
झरने दो मानस के मुरझाये वैभव को,
अरुण किसलयों से, कलियों के अवगुंठन से
झाँक रहा फिर नवल रुपहला आशा का जग!
फिर से बहिरंतर संयोजित होगा मानव,
पुनः ज्ञान विज्ञान समन्वित होगा जीवन!
व्यक्ति समाज परस्पर अन्योन्याश्रित होकर
बढ़ते जाएँगे विकास के स्वर्णिम पथ पर!
बहिर्जगत के शिखर ज्वार पर आरोहण कर
नव्य चेतना उतरेगी किरणों से मंडित,
सत्य अहिंसा होंगे भावी के पथ दर्शक,
विचरेगी मानवता फूलों के प्रदेश में
नव संस्कृति की श्री शोभा सौरभ से पोषित!

(हर्ष सूचक वाद्य संगीत)

वैज्ञानिक

स्वप्न नहीं है यह, निःसंशय मूर्त सत्य है!
मनुज सदा अपने को अतिक्रम कर, अंतर्मुख
आदर्शों के नित नूतन ऊर्ध्वग प्रकाश को
नवल वास्तविकता में बाँधेगा जीवन की,—
मानवीय होगी निश्चय वास्तविकता वही!

कवि

तुमसे यह सुनकर कृतकार्य हुआ अब जीवन!
आओ, हम दोनों बहिरंतर के प्रतिनिधि मिल
अमृत चेतना को इस फूलों के प्रदेश की
नव युग जीवन में परिणत कर, सत्य बनाएँ!

(जन रव : रण वाद्य)

देखो, लौट रहे हैं जनगण श्रांत क्लांत मन,
शोणित पंकिल तन,—धरणी को रक्त पूत कर!

आज प्रार्थना जन श्रम मिल कर ज्योति शक्ति-से
शांति धाम, जन मंगल ग्राम बनाएँ भू को!

(समवेत गीत)

मंगलमय पूर्ण काम,
जन मन का लो प्रणाम!
द्वेष रहित हो भू मन,
शोभा स्मित जन जीवन,
सृजन स्वप्न भरे नयन,
कर्म जनित हो विराम!
विश्व शांति बने ध्येय,
श्रेय ग्रथित रहे प्रेय,
लोक ऐक्य हो अजेय,
पावन जन वास, ग्राम!
शांत नील विश्व गगन,
शांत हरित सिन्धु गहन
शांत नगर पर्वत वन
जन भू हो शांति धाम!

(रजत शिखर से)
सन् १९५१

शरद चेतना

(आकाश गीत)

शरद चेतना!
प्रीति द्रवित अमृत स्रवित
शुचि हिम हसना!
चंद्र वदन, कुंद दशन,
उडु स्मित सर उर चेतन,
स्वप्न पलक पद्म नयन,
निःस्वर चरणा!
सौम्य स्निग्ध वयस कांति,
मूर्तिमती खड़ी शांति,
मिटी विश्व जनित क्लांति
भू तम अशना!

स्वर्ग स्नात भू रज तन,
कौश शुभ्र काँस वसन,
निखर उठा उर यौवन,
अंतर्वंचना !

धुले निखिल रूप रंग,
धुले मधुर प्राण अंग,
निर्मल जीवन तरंग,
कल्मष शमना !

गंध अनिल रजत श्वास,
तृण तरु पर मुक्त हास,
लहरों पर ज्योति लास,
सारस रसना !

(हेमंत गीत)

जीर्ण पलित पीत पात,
कंपित हेमंत गात !

हैम धवल पक्व केश,
क्षीण काय, सौम्य वेश,
मंथर गति, मंद कांति !
नत दृग, मुख - वारिजात !

रजत धूम भरे अंग,
फूलों के उड़े रंग,
सरसि में न अब तरंग,
शीत भीत श्वास वात !

मौन स्वल्प दिवस मान,
रवि में ज्यों चंद्र भान,
मुक्त अब न विहग गान,
अश्रु सजल हिम प्रभात !

सिमटे मन देह प्राण,
अधरों का राग म्लान,
प्राणों के निकट प्राण,
दीर्घ स्वप्न भरी रात !

(शिशिर का गीत)

सन् सन् बहता समीर,
बेधते सहस्र तीर!
शिशिर सीत्कार भीत
कँपता रज का शरीर!
झरते मर शीर्ण पत्र,
गिरते कँप विटप छत्र,
विचर रहा दुर्निवार
क्रांति दूत सा अधीर!
बो रहा प्रचंड बीज
जड़ता पर खीझ खीझ,
जीवन के नव प्ररोह,
विहँसें भू गर्भ चीर!
सिहर रहे तृण तरु खग,
सिहर रहा धूसर जग,
सिहर उठे भूधर पग
सिहर रहा लहर नीर!
नग्न भग्न विश्व डाल
सृजन ध्वंस रे कराल,
सुलगें स्वर्णिम प्रवाल
मिटे निखिल दैन्य पीर!

(वसंत का गीत)

नव वसंत आया!
कोयल ने उल्लसित कंठ से
अभिवादन गाया!
रंगों से भर उर की डाली
अधर पल्लवों में रच लाली,
पंखड़ियों के पंख खोल स्मित
गृह वन में छाया!
सौरभ की चल अलकें मादन,
फूल धूलि में लिपटा मृदु तन,
नव किशोर वय, क्रीड़ा चंचल,
अग जग को भाया!

मधुपों के सँग कर मधु गुंजन
मंजरियों में पिरो स्वर्ण कण,
दिशि दिशि में नव फूल वाण भर
मन्मथ मुसकाया !

धरा पुत्र यह, फूलों के अँग
प्राणों में इच्छाओं के रँग,
जीवन के श्री सुख वैभव में
ऋतुपति कहलाया !

(ग्रीष्म का गीत)

तरुण तापस वीर !
उग्र रूप, प्रचंड त्रिनयन सा
निदाघ गभीर !

धूलि से धूसर जटा घन,
मौन वचन, मुँदे विलोचन,
रुद्ध श्वास, सुखद तृणासन,
वस्त्र विरत शरीर !

तप रहे क्या व्योम भूतल
वह्नि लगती दाह-शीतल,
तप्त कांचन देह निश्चल
ध्यान में रत धीर !

दौड़ता पागल प्रभंजन,
अग्नि के बरसा ज्वलित कण,
म्लान फूलों का लता तन,
शेष तट अब नीर !

रुद्र चक्षु कराल अंबर,
कृश सरित, पंकिल सरोवर,
तड़पते खग मृग, अगोचर
चुभ गया हो तीर !

(वर्षा का गीत)

नीलांजन नयना,
उन्मद सिन्धु सुता वर्षा यह
चातक प्रिय वयना !

नभ में श्यामल कुंतल छहरा
क्षिति में चल हरितांचल फहरा,
लेटी क्षितिज तले, अर्धोत्थित
शैल माल जघना!

इच्छाएँ करतीं उर मंथन,
चिर अतृप्ति भरती गुरु गर्जन,
मुक्त विहँसती मत्त यौवना
स्फुरित तड़ित् दशना!

रजत बिन्दु चल नूपुर झंकृत
मंद्र मुरज रव नव घन घोषित,
मुग्ध नृत्य करती बर्ह स्मित
कल बलाक रसना!

बकुल मुकुल से कबरी गुंफित
श्वास केतकी रज से सुरभित,
भू नभ को बाँहों में बाँधे,
इंद्र धनुष वसना!

(शरद का गीत)

अब शुभ्र गगन में शुभ्र चंद्र
नव कुंद धवल तारावलि री,
अब शुभ्र अवनि में शुभ्र सरसि,
सरसी में श्वेत कमल दल री!

भू वासिनि ऋतुएँ अन्य सभी,
तुम नभ वासिनि चिर निर्मल री,
वे धरती की रज में लिपटीं
तुम स्वर्गंगा सी उज्ज्वल री!

अब काँस हास से श्वेत धरा,
सरसिज से सित सरिता जल री,
चल हंस पाँति से शुभ्र पवन,
शशि मुख से स्मित नभ मंडल री!

बेला जूही के फूल धवल
हिम धवल कुंद कलियाँ कल री,
तुम चंद्र शिखा की स्नेह विभा
जो स्वर्ण शुभ्र चिर शीतल री!

आतीं जातीं ऋतुएँ जग में
कर जातीं भू उर चंचल री,
तुम शरद चेतना स्वर्गोज्ज्वल
बरसाती नित जन मंगल री!

वे जीवन रंगों का मोहक
फैलातीं छाया अंचल री,
तुम प्रीति द्रवित स्वर्गाभा सी
पावन कर जाती भूतल री!

तुम पारदर्शिनी, ज्योतिर्मयि
अंतः शोभामयि निश्छल री,
अस्पृश्य अदृश्य विभा उर की,
वे रूपमयो रज मांसल री!

(रजत शिखर से)
सन् १९५१

ध्वंस शेष

(अणु विनाश)

(अस्तव्यस्त देश में सहसा भयभीत नागरिकों का प्रवेश)

नागरिक

दौड़ रहे शत प्रलय धरा का वक्ष चीरते,
रौंद रहीं लपटें पावक के भूधर पग धर,
टूट पड़े शत नरक, बरसते रुंड मुंड हत,
छूट गए रौरव के भूत पिशाच प्रेत हों!
कड़ कड़ करते क्रुद्ध वज्र, फट फट पड़ते सिर,
रक्त मांस मज्जा उड़ते क्षण धूम भाप बन,—
फूट गया पृथ्वी के भीषण पापों का घट!
लुंज पुंज मांसल तन पल में होते ओझल,
चटक अस्थि पंजर क्षण में मिटते भू रज में!
तंतु जाल सी त्वचा सिहरती झुलस ताप से,
छिन्न पसलियाँ छितर टहनियों सी पतझर की
चरमर जल उठतीं पल में शत मोम शिखा सी!
चीत्कारें करतीं चीत्कारें छूट कंठ से,
गूंज प्रतिध्वनियों सी, तत्क्षण देह मुक्त हो,
बाल वृद्ध स्त्री पुरुष युवक, अगणित निरीह जन
निर्मम वेदी पर चढ़ते दारुण विनाश की!
महामृत्यु मुँह फाड़ भयानक नरक गुहा सा
निगल रही भू को, साँसों में खींच मशक सी,—
औंधे मुँह गिर नगर लोटते धरा गर्भ में,
गर्तों में धँस, उछल स्फीत धूमिल शिखरों-से!
छायाओं-से कँपते उड़ते दृश्य पुरों के
भस्म शेष प्रासाद दीखते खड़े यथावत्—
घूम रहे भू प्रांत, भँवर में पड़ी नाव-से!
छाई घोर तुमुल विभीषिका जन धरणी पर
बरस रहीं पावक धाराएँ रक्त सूर्य से!

भय, विभीत हो रहा भयंकरता से अपनी,
भगदड़ हो मच गई प्रकृति के तत्त्वों में ज्यों—
भाग रहा जीवन अपनी ही छाया से डर,
निज अंतिम चरणों पर लँगड़ाता, डगमग डग!

(तेजी से प्रस्थान)

(सैनिकों तथा श्रमिकों के वेश में कुछ लोगों का प्रवेश)

कुछ स्वर

जूझ रहे अणु के दानव से भू के जनगण,
जूझ रहे हैं महानाश से अपराजित जन,
अब निसर्ग के तत्त्वों ने अपना अदम्य बल
जन मन में भर दिया, मनुज की मांस पेशियाँ
पर्वत सी उठ, रोक रहीं दुर्धर्ष शत्रु को!
नाच रहा जन के शोणित में जीवन पावक,
दौड़ रहीं उन्मत्त शिराओं में शत विद्युत्,
बहते हैं उनचास पवन उनकी श्वासों में!
भीत नहीं होगा मानव इस महानाश से,
विश्व ध्वंस से लोक करेंगे नव जग निर्मित,—
श्री समत्वमय मनुष्यत्व को नव्य जन्म दे!

कुछ स्वर

फिर से मानव शिशु खेलेंगे भू श्मशान में,
पुनः बहेगी जग के मरु में जीवन धारा,
मरुत भर रहे प्रबल शक्ति जन के प्राणों में,
विस्तृत करता वरुण तरुण वक्षःस्थल उनका,
भस्मसात कर रही अग्नि जीवन का कर्दम,
मुक्त हो रहा इंद्रासन फिर महाव्याल से,—
शेष ऊर्ध्व फन खोल उठाता भू को ऊपर
फहराते दिङ्नाग मनुज की विजय ध्वजा को!

ध्वंस शेष

(तृतीय दृश्य)

(काल यापन सूचक वाद्य संगीत : दस वर्ष के बाद का दृश्य : अग्नि का प्रकोप शांत हो गया है, कुछ बलिष्ठ हाथ फावड़े कुदाल आदि लेकर ध्वंस के ढेर को खोदते हुए बीच-बीच में गा रहे हैं।)

गीत

खोद, खोद रे, न हार!
शांत हुई अग्नि वृष्टि
ध्वंस शेष मग्न सृष्टि,
खोज रही नग्न दृष्टि
आर पार, आर पार!
रत्न गर्भ धरा धूल
मिट्टी में छिपे मूल,
वही बीज, वही फूल,
छान बीन, कर विचार!

एक स्वर

बीत गए दस वर्ष आज उस अग्नि प्रलय को,
ठंडी जीवन राख पड़ी, बुझ गए अँगारे,
कट छँट गए धुँए के बादल नए क्षितिज की
धुँधली रेखाएँ सुदूर दिखतीं विषण्ण सी!
रिक्त ताम्र का व्योम जल रहा युग संध्या में
झुलस रहे तन को झंझा के तप्त भभूके,
ध्वस्त पड़ा भू भाग, सभ्यता का गत खँडहर,
तृण तरु जंतु रहित मिट्टी के करुण दैन्य सा
घोर निराशा का विषाद तम के कपाट सा
प्राणों को जकड़े है, क्रूर प्रलय प्रहरी बन,
महा श्मशान बना धरणी का जीवन प्रांगण,
जहाँ भयावहता विभीत निज भैरवता से!
मृत्यु शून्य काँपता निदारुण सूनेपन से,
निर्जनता प्रतिफलित निबिड़ निर्जनताओं में!

दूसरा स्वर

इधर इधर हे, खूद खाद का ढेर हटाओ,
पूरे बल से खोदो, हाँ, कूड़े कचरे को
बाहर फेंको,—गड्ढे में झुक कर तो देखो,
यहीं कहीं पाषाण खंड से टकरा चट्‌चट्‌
उगल रहा चिनगारी क्रोध भरा कुदाल है!
कैसी है यह वज्र शिला, जो प्रलय अग्नि से
जल गल कर भी राख नहीं हो सकी जलमुँही!
निश्चय, यह पाषाण हृदय प्रतिमा है कोई!—

एक साथ वीरो, शाबाश!—इसे सब मिलकर
नरक योनि से बाहर लाकर सीधा रख दो!
झाड़ पोंछ कर इसकी एक झलक तो देखें,—
छिः छिः छिः, कैसा कुत्सित विकराल रूप है!
अह, यह क्या यमराज स्वयं?—या कोई दानव
काल ध्वंस से दब कर पथरा गया धरा में?

तीसरा स्वर

अरे नहीं! यह वज्र प्राण इतिहास मूर्ति है!
रक्त पंक हैं इसके अवयव, दारुण आकृति,
दुःस्वप्नों से जड़े पलक, दुःस्मृति पीड़ित उर,—
यह नृशंस आदिम बर्बरता का प्रतिनिधि है;
मानवता का निर्मम शिक्षक, चिर अन्यायी!
इसे दबा दो, पुनः गाड़ दो,—इसे अँधेरे
अतल गर्त में दफना दो! गत भू जीवन की
इस भीषण छाया को गहरे नरक कुंड में
दो धकेल—इस बलि को फिर पाताल भेज दो!

(मूर्ति को लुढ़काने का स्वर)

प्रस्तर युग से पूँजीवादी युग तक का यह
शोणित रंजित सर्ग, मनुज की निर्ममता का,
नई पीढ़ियाँ इसकी आकृति देख भयानक
आँख फेर कर, विरत न हो जाएँ जीवन से!—
एक वृत्त हो चुका समापन भू जीवन का,
बदल गया गत दृष्टिकोण जग जीवन के प्रति!
बदल रहा मानव मन, बदल गया भू आनन,
नया पृष्ठ खुल रहा चेतना का स्वर्णोज्ज्वल,
गत दुःस्मृति को निश्चेतन में मज्जित कर दो!
नया वृत्त उठ रहा, मात्र इतिहास नहीं जो,
नई चेतना का प्रकाश, भू स्वर्ग विधायक!

गीत

खोद खोद, कर प्रहार!
दबी कहीं मिले आग,
चिनगी फिर उठे जाग,
आशा को तू न त्याग
सोने को ले निखार!

भू के उर में विलीन
युग अनेक पुराचीन,
ध्वंस यह नहीं नवीन,
सृजन प्रलय दुर्निवार!

एक स्वर

रक्त मांस के सड़े पंक से उमड़ रही है
महाघोर दुर्गंध, रुद्ध हो उठती श्वासा,
तैर रहे गल अस्थि खंड शत, रुंड मुंड हत,
कुत्सित कृमि संकुल कर्दम में महानाश के!
दिग् व्यापी संहार असंख्य निरीह जनों का
भूत सभ्यता का दारुण उपहार है घृणित!
अगणित मनुजों की देहों की मांसल रज से
धरती की मिट्टी का नव निर्माण हो रहा,
कितने मन प्राणों हृदयों का भावुक स्पंदन
कितने उर्वर मस्तिष्कों का चेतन वैभव
धरा धूलि में सोकर एकाकार हो गया!
क्या वह जाग सकेगा स्वप्न प्ररोहों में नव?

दूसरा स्वर

थूः, यह कौन कराह रहा इस नरक कुंड में
औंधे मुँह गिर कर, आहत मन, क्षत विक्षत तन!
कोई अबला है यह क्या? नागिन सी वेणी
लोट रही है पृष्ठ देश पर बल खाई सी!
इसे खींच बाहर कर दूँ इस पाप कुंड से!
महिमामयी किसी नारी की रम्य मूर्ति यह!
दर्प भरे दृग, रंजित अधर, उरोज अधखुले,
अंगों से लावण्य टपकता श्री ह्री कोमल!
कुंचित भ्रू लतिका, इंगित पर नचा जगत को,
शांत भंगिमा में क्षण भर विश्राम कर रही!
मन मोहिनी रही होगी यह मुग्ध यौवना,
हाय, रुक गया सहसा क्यों इसका उर स्पंदन!

तीसरा स्वर

देखूं,—ओ, यह वर्ग सभ्यता की अनुकृति है,
शोभा सज्जा रूप मधुरिमा की प्रतिमा सी!
फूलों के मृदु अंग, हृदय पाषाण शिला सा,
इसके स्वर में जादू, अधरों में थी ज्वाला:

अधिकारों की मदिरा से आरक्त युग नयन,
जन धन से स्वर्णिम झंकृत चंचल प्रिय अवयव,
भ्रू विलास से महा समर छिड़ते थे जग में,—
निखिल धरा के कटु शोषण पीड़न से पोषित
निखरी थी इसके अंगों की मांसल शोभा!
स्वाभाविक ही अंत हुआ इसका, युग भू पर
पके विषमता के फल सी गिर पड़ी स्वयं यह!
ऐंठ रहा है तन मर कर भी लोक घृणा से!!

गीत

खोद, खोद रे उबार!
विश्व ध्वंस का श्मशान,
शेष अब न गीध श्वान,
विजन भीत शून्य प्राण
भरते कातर पुकार!
काल रात्रि का प्रसार
छाया घन अंधकार,
निगल रहा निराकार,
रुद्ध स्वर्ग ज्योति द्वार!

एक स्वर

फैल रहा कटु अनाचार अह, धरा नरक में,
चूर्ण हो गया विगत संगठन मानव मन का,
नैतिकता चीत्कार भर रही, सदाचार अब
दृष्टि हीन, घन अंधकार में राह टोहता!
बर्बर युग की ओर जा रहा फिर मानव पशु,
धर्म नीति आदर्श निखिल म्रियमाण पड़े हैं,
लूट पीट, हिंसा नृशंसता अट्टहास भर
खर तांडव कर, रौंद रहे मानव आत्मा को!
मर्माहत हो उठी मनुज की मूक चेतना
लोक विघातक विश्व युद्ध की निर्ममता से—
गहरे व्रण पड़ गए धरित्री के जीवन में
वज्र क्रूर, कटु अंध नियति निकली मानव की!
अतल गर्त में पड़ी, झींखती विश्व सभ्यता
उमड़ रहीं खल हिंस्र वृत्तियाँ अवचेतन की,—
मनुष्यत्व का रक्त चूस कर, कृमि सा मानव,
दानव बन कर रेंग रहा दिग्भ्रष्ट रीढ़ पर!

अन्न वस्त्र, गृह, आवागमनों के अभाव से
पुनः अहेरी जीवन बिता रहे नारी नर,
आधि व्याधि बहु रोग टूटते क्षुधित गीध-से,
काम क्रोध मद लोभ घूमते नग्न नृत्य कर!
राग द्वेष, स्पर्धा कुत्सा, कटु कलह परस्पर
नोंच रहे मानव का मुख पैने पंजों से!!

दूसरा स्वर

देखो हे, यह कैसी प्रतिमा यहाँ गड़ी है?
मूर्च्छित सी लगती विष वाष्पों के प्रभाव से!
इसे गर्त से बाहर ला, उपचार तो करो,
हिला डुला कर, संभव, यह प्रकृतिस्थ हो उठे!
हृष्ट पुष्ट हैं इसके पुट्ठे, लौह कलेवर,
जटिल शिरा तंत्रों में दौड़ रहीं शत विद्युत्,
टिक टिक करता हृदय पिंड लघु काल यंत्र सा
मंद पड़ रहा धीरे जिसका यांत्रिक स्पंदन!
यह नवीनतम प्रतिकृति है कोई गत युग की,
किसी सर्व संपन्न व्यक्ति की कीर्ति चिह्न हो!
आओ, इसको खुली हवा में रख दें क्षण भर
इसके मुरझाए मुख पर जल के छींटे दें!

तीसरा स्वर

आः, यह तो भौतिक युग की विज्ञान मूर्ति है!
दूर, दूर हट जाओ,—इसकी वज्र देह को
अणु विस्फूर्जित विद्युत् किरणें गला रही हैं!
श्लथ नथुनों से निकल रहीं विष की निःश्वासें,
वाम हस्त में रुज् कृमियों से भरा पात्र है,
दक्षिण कर का संजीवन घट फूट गया है!
भस्मासुर सा, अणु बल का वरदान प्राप्त कर
यह अपने ही वरद हस्त से भस्म हो गया!

एक स्वर

नहीं, नहीं—यह अधिक समय तक भस्मावृत हो
नहीं रहेगा! यह अपने ही भस्म शेष से
नव्य जन्म ले, पुनः जी उठेगा पृथ्वी पर!
इसके भीतर भूत सत्य का अमृत अंश है,
इसको अपने ही विनाश से पाठ सीख कर
विध्वंसक से निर्मायक बन कर जगने दो!

गीत

खोद, खोद रे सँवार !
जीवन तम हो अछोर,
मन से हो दूर भोर,
होगी फिर कृपा कोर
बीती को दे बिसार !
अतल उदधि में अकूल
खिला एक नित्य फूल
बिना नाल, बिना मूल
गंध अतुल मुक्त भार !

एक स्वर

इस मिट्टी की अंध योनि में जाने कैसे
कब जीवन का बीज गिर पड़ा अक्षय वट से,
जो प्राणों की हरियाली में रोमांचित हो
अग जग में छा गया असंख्य प्ररोहों में हँस;
सुनता हूँ, जो गहराई में पैठ खोजते,
पाते वे नित गूढ़ रत्न, पर यह मानव मन
अतल अकूल गुहा है, जिसके रहस मर्म को
भेद नहीं पाई मानव सभ्यता अभी तक !

दूसरा स्वर

यहाँ कौन लेटा है यह कर्दम में लिपटा
जीवन श्रांत पथिक सा, जगती से विरक्त मन ?
काल स्थविर कोई ऋषि चिर निद्रा में सोया
देख रहा है स्यात् स्वप्न वैकुंठ लोक के !
उन्नत, निष्प्रभ सा ललाट, श्रुति दीर्घ-से नयन,
भरा झुर्रियों से आनन, चंदन चर्चित तन,
स्फटिक माल स्मित वक्ष, यंत्र बाँधे बाँहों में
वृद्ध पुजारी सा लगता सूने मंदिर का
दीपशिखा बुझ गई आरती करते जिसकी !

तीसरा स्वर

भाई, यह तो दारु मूर्ति है जीर्ण धर्म की
जिसके सम्मुख प्रणत रहे युग युग से भू जन,
तर्क जाल फैला जिसने आकाश बेलि-से,
पाप पुण्य में, स्वर्ग नरक में उलझाया मन !

रक्तपात बहु हुए धरा में इसके कारण
जीवन से हो विमुख, बने जन निर्जन सेवी,
घोर अंध विश्वासों के कुहरे में लिपटा,
रूढ़ि रीतियों में जकड़ा इसने जीवन को!
राजनीति ने सिंहासन च्युत कर फिर इसको
भौतिक बल से वशीभूत कर, किया पराजित,
गत युग की बौद्धिकता ने, जीवन दर्शन ने
चीर फाड़ कर, इसके शव का किया परीक्षण!
घनन, घनन...बज रहीं घंटियाँ अंतरिक्ष में
घनन घनन...हो रहा समापन एक महा युग!
स्वर्ग लोक हे, मिले पलित इस पुण्य मूर्ति को,
जनगण सेवक महाप्राण युग वृद्ध धर्म को!
रणन झनन...मानव के अंतःस्मित शिखरों पर
नव आध्यात्मिकता विचरे नव जीवन चेतन,
खन खन खन बज रजत घंटियाँ अंतर्मन में
नव्य चेतना का आवाहन करतीं भू पर!

गीत

खोद, खोद खोज सार!
चूर्ण चूर्ण मनुज मान,
खंड खंड बहिर्ज्ञान,
योग भ्रष्ट आत्मध्यान,
बहिरंतर कर सुधार!
बाहर ही तू न दौड़,
भीतर ही दृग न मोड़,
दोनों के सूत्र जोड़
दोनों को ले उबार!

एक स्वर

कितने ही दर्शन विज्ञान गढ़े मनुष्य ने,
रीति नीतियों की बाँधीं शत मर्यादाएँ,
नगर तंत्र से राजतंत्र औ' प्रजातंत्र बहु
परिचालित नित करते रहे मनुज समाज को!
पर मिट्टी की अंध अहंता को मानव मन
दीपित हाय, न कर पाया अंतः प्रकाश से,
उसकी जड़ निर्ममता को कर प्रीति विद्रवित
सँजो नहीं पाया विस्तृत जीवन शोभा में!

जाति वर्ण के, वर्ग श्रेणि के, अंधकार को
खंड युगों की संस्कृतियों के संस्कारों को,
राष्ट्रों की स्पर्धाओं, भिन्न मतों वादों को
मनुष्यत्व में ढाल न पाया वह भू व्यापक!
संस्कृति का मुखड़ा पहने, छल सभ्य वेश में
प्रणत रीढ़ पशु मात्र रहा गत युग का मानव!

दूसरा स्वर

यह सिर के बल खड़ी मूर्ति है किस नर पशु की?—
मानव के पूर्वज सा लगता भाव मूढ़ जो!
पुच्छ विषाण विहीन, भरा बहु रोओं से तन,
दृप्त मद्यपी के-से दृग, भौंड़ी मुख आकृति,
मत्त वृषभ का सा मांसल निचला तन इसका,
कौन पड़ा यह गड्ढे में, कीचड़ में डूबा?

तीसरा स्वर

किसी मनोविश्लेषक की प्रतिमा लगती यह,—
सीढ़ी सीढ़ी उतर गहन वासना गर्त में
अवचेतन के अंधकार में भटक गया जो!
ऊर्ध्व श्रेणियाँ छोड़ चेतना की, जो निम्नग
निश्चेतन में विचरा पशु मानस के स्तर पर,
उलझ ग्रंथियों में असंख्य इंद्रिय भ्रम पीड़ित,—
खोज न पाया आत्मशुद्धि का पथ अंतर्मुख,—
उभरे मोटे ओठों में लालसा दबाए,
कुंठाओं की रेखाओं से जर्जर आनन!

एक स्वर

और अनेकों खंडित चिह्न यहाँ गत युग के
पड़े धूल में,—अंकित जिनमें धुँधली स्मृतियाँ
प्राण वनस्पति जग के जीवन वैचित्र्यों की!
यह डार्विन है क्या? जिसने जीवन विकास की
विस्तृत कड़ियाँ गुंफित की निज जीवशास्त्र में,
वर्ग चयन, परिवेश, परिस्थिति को महत्त्व दे:
जल थल नभचर के विकास का क्रम सुलझा कर
सिद्ध किया मानव को वंशज शाखा मृग का,—
निष्क्रिय, परवश मात्र मान जीवनी शक्ति को!

दूसरा स्वर

यह संभवतः कार्लमार्क्स ! समदिक् जीवन का
विश्लेषण संश्लेषण कर जिसने दिग् व्यापक
नव द्वन्द्वात्मक भूतवाद का युग दर्शन दे
आंदोलित कर दिया लोक जीवन समुद्र को,—
अर्थशास्त्र का नव संजीवन पिला जनों को !
वर्ग क्रांति का दूत, साम्य जन तंत्र विधायक !

तीसरा स्वर

देखो हे, यह जुड़वों सी म्रियमाण पड़ी हैं
युगल मूर्तियाँ लुंज पुंज हो यहाँ घिनौनी,
बर्बर गर्हित आकृति इनकी, बौना सा कद,
वक्र भृकुटि, दर्पोन्नत शिर, पद मद स्फारित दृग,
रक्त सिक्त पृथु हस्त, क्रोध से फूले नथुने,
भारी भद्दे पैर रौंदते हों ज्यों भू को ! !

दूसरा स्वर

राजनीति औ' अर्थनीति की प्रतिमाएँ ये,-
सँग सँग जो नित रहीं स्वार्थ की गलबाँही दे,
दुरभिसंधि करतीं, कुचक्र रचतीं जन भू पर,
आंदोलन संग्राम छेड़ती रहीं निरंतर
जन संगठनों के मिस नव अधिकार भोगतीं !
आकृति में ठिगनी, क्षमता में महाकाय ये
महाध्वंस लाईं भू पर अणबल संग्रह कर !
चूर्ण चूर्ण कर दो इनका स्मृति शेष रूप हे,
मिट्टी में मिलने दो मिट्टी के दैत्यों को,
बहिर्जगत के अंध तमस में रहें भटकते
यमज प्रेत ये निर्मम, जग जीवन के घातक !

गीत

खोज, खोज, उर उदार !
तमस में छिपा प्रकाश,
प्रलय में सृजन विकास,
मृत्यु अमर का विलास
जगत रे नहीं असार !

पतझर में नव वसंत,
सीमा में चिर अनंत,
खुल रहा नवल दिगंत
युग प्रभात मुख निहार !

एक स्वर

तिमिर तोम छँट रहा, कट रहे धूमिल पर्वत,
स्वर्ण बिम्ब नव उदित हो रहा मनोगगन में,
नवल चेतना किरणों से दीपित आशाएँ,
उतर रही है दिव्य ज्योति अंत:शिखरों पर !
ध्वस्त विगत मानस का खँडहर पड़ा धरा पर,
भूमिसात् गत भेद भित्तियों के दुर्गम गढ़,
उड़ा भाप बन भू शोषक भौतिक आडंबर,
निखर रही नव भूतों से संपन्न धरित्री !
ऊर्ध्व पंख उड़ती अभिनव प्राणों की शोभा,
स्वर्ण हंस सी उतर रही नि:स्वर जन भू पर
ज्योतिर्मयी नवल आध्यात्मिकता नव चेतन !

दूसरा स्वर

यह किसकी प्रतिमा है स्वर्गिक आभा मंडित ?
जीवन सुषमा से निर्मित जिसके प्रिय अवयव,
विश्व प्रीति से स्पंदित विस्तृत कोमल अंतर,
करुणा विगलित दृष्टि, ज्ञान से दीपित मस्तक,
दक्षिण कर में अभय, वाम में संजीवन ले,
कौन उतर आई भू तम में यह सुरबाला ?
धरती की रज को शोभित करता इसका तन,
उमड़ रहा चेतना सिन्धु नव, निस्तल घट में !

तीसरा स्वर

इसे देखते ही पहचान गया मेरा मन !
यह संस्कृति की प्रतिमा है नव आभा देही,
अपने ही उर के प्रकाश से, रहस नियम से,
जिसका रूपांतर होता रहता युग युग में !
बाह्य शक्तियाँ जब अपने ही युग विप्लव में
ध्वंस भ्रंश हो जातीं, कटु संघर्ष में निरत,
अंतर के शाश्वत प्रकाश से यह नव जीवन
नव मन निर्मित करती रहती नव चेतन हो !

समाधिस्थ सी यहाँ पड़ी यह आत्मलीन हो,—
इसे देख कर नव जीवित हो उठी हृदय में
नव जीवन, नवज्योति प्रीति, श्री सुख की आशा !
जय हो नव मानवता की, जय नव संस्कृति की,—
जिसके पावन अमृत स्पर्श से, ध्वंस शेष से
धरा स्वर्ग नव निखर रहा जन मनः क्षितिज में !

(आशा आनंद उत्साह द्योतक वाद्य संगीत)

(शिल्पी से)
सन् १९५२

(अंतिम अंश)

स्वर्दूती

पौ फट चुकी ! सुनहला क्षण युग की द्वाभा का
मोहित करता चित्त, रुपहली झंकारों की
स्वर-संगति में सूक्ष्म चेतनातप सा गुंफित !
मौन लालिमा लोक रक्त शतदल सा प्रहसित
खोल रहा दल पर दल,—निखिल दिगंत पल्लवित !
ज्वलित प्रवालों के पर्वत-से खड़े हिम शिखर !
रक्त पीत सित नील कमल जग स्वप्न वृंत पर
सस्मित पलकें खोल रहे निज अर्ध निमीलित !
जाग रहे फूलों के वक्षोजों पर सोए
प्रेम मुग्ध बंदी मधुकर, उन्मन गुंजन भर !
पारिजात मंदार लताएँ लगीं सिहरने
मुग्धाओं सी हरि चंदन तरुओं से लिपटी,—
खिलने लगे अशोक पदाघातों की स्मृति से,
देवदारु के शिखर हो उठे, लो, स्वर्णप्रभ !
निश्चय, देवों के सँग रहता स्वर्ग निरंतर
तपोभूमि को सृजन भूमि में बदल अलौकिक !
सुनो, जागरण गीत गा रहे वैतालिक सुर
कमलों की अंजलि भर, जो प्रतिमान सृष्टि के !

(प्रभात वादित्र संगीत तथा सहगान)

रक्त कमल, श्वेत कमल,
खुले ज्योति पलक नवल !
रक्त कमल जीवन स्मित,
श्वेत कमल शांति जनित,
खोल रहे रश्मि स्फुरित
मानस में ज्वाला दल !

नील कमल श्रद्धा नत,
स्वर्ण कमल भक्ति प्रणत,
कर्दम में खिले सतत,
प्रीति मधुर अंतस्तल!
अमित सुरभि रही निखर,
गूंज उठे लोक निकर,
जाग उठा जीवन सर
स्वर्णिम लहरें उच्छल!
नई चेतना हिलोर,
शोभा छाई अछोर,
होने को नया भोर,
गाओ सुर, जन मंगल!

स्वर्दूत

देखो, कौन खड़ा हिम अंचल में वह तापस
आरोहण करता मन के दुर्गम शिखरों पर,
जीवन की मधुभूमि छोड़ कर कैसे मानव
यहाँ पहुँच पाया?—देवों के हित जो रक्षित!
वह क्या कोई प्रेमी, पागल अथवा साधक,
या वह जीवन द्रष्टा कोई उर्ध्वारोही?
अन्न प्राण मन के प्रिय भुवनों को अतिक्रम कर
अधिमन के शिखरों पर जो अटका त्रिशंकु सा,
हाय, असंभव इच्छाओं की बलि का अज बन!

स्वर्दूत

ओः, वह कोई क्रान्त दृष्टि कवि लगता निश्चय,
लोक प्रेम के महत् ध्येय से प्रेरित हो जो
सूर्य मनस् में देख रहा मानव भविष्य को,
स्वर्ण मुकुर सा ज्योति स्फुरित जो मनोगगन में!
अपलक अंतर्दृष्टि महत् स्वप्नों से विस्मित
पार कर रही रहस भविष्यत् का स्वर्णिम नभ,
कुंचित अलकों पर उलझीं सौन्दर्य रश्मियाँ,
सौम्य कांत मुख, भाव प्रतनु, कल्पना विहग वह
संप्रति भू जीवन मन से सूक्ष्मग, अति चेतन!
सृजन प्राण वह, निखिल असंभव संभव उसको!
सुनो, ध्यान से सुनो, स्वगत भाषण करता वह
अर्धस्वरों में,—आत्म व्यथित, स्वप्नों से पीड़ित!

(भावोद्वेलन सूचक वादित्र संगीत)

क्रांत द्रष्टा

व्यक्ति समाज, समाज व्यक्ति,—कैसी विडंबना !
साध्य प्रथम या साधन,—कैसा तर्क वृत्त है !
अनेकता में एक, एकता में अनेकता,—
बाहर भीतर,—शब्द जाल सब, केवल वाग्छल !
यांत्रिक बौद्धिक तत्त्व, रिक्त दर्शन के क्षेपक,
भ्रांत बुद्धि की प्रेत समस्याएँ मानव कृत,
जो अरण्य रोदन करतीं युग के मानस में,
निर्जन खँडहर में झिल्ली सी झींख झींख कर !
सत्य एक है,—व्यक्ति समाज, अनेक एक, जड़
चेतन, बाहर भीतर सब जिस पर अवलंबित !
आवर्तन गति से विरोध जग के अनुप्राणित,
विश्व संचरण जीवन का वैषम्य संतुलित !

स्वर्दूत

मानस मंथन चलता युग मानव के भीतर !

क्रांत द्रष्टा

देख रहा मैं, बरफ बन गया, बरफ बन गया,
बरफ बन गया पथरा कर, जम कर, युग युग का
मानव का चैतन्य शिखर,—नीरव, एकाकी,
निष्क्रिय, नीरस, जीवन-मृत, सब बरफ बन गया !
राख मात्र, जड़, शीतल,—ताप प्रकाश नहीं कुछ,
ठंडे, बुझे हुए अंगारों में प्राणों का
ताप नहीं, मन का जीवंत प्रकाश नहीं अब !
चट्टानों पर चट्टानें सोईं शतियों की,
जमे फलक पर फलक शवों-से श्वेत रक्त के,
अट्टहास भरते जो निःस्वर खीस काढ़ कर
महाकाय कंकालों के अवशेष पुरातन !
चमक चमक चिल्ला उठतीं किरणें प्रकाश की
सतरंगे छायाभासों की चकाचौंध में,
प्रतिध्वनित हो मनःशिलाओं पर चिर निद्रित !

स्वर्दूत

आत्म विघातक देन रिक्त थोथे दर्शन की!

क्रांत द्रष्टा

राग विरत, निर्वाण शून्य का मूर्त रूप यह,
निरासक्त, निश्चेष्ट, शांति का स्तूप सा खड़ा,
जीवन प्रत्याख्यानों के ऋण अस्थि सौध सा,
नेति नेति का, आत्म निषेधों का दुर्गम गढ़!
सूख गए प्रेरणा स्रोत बाहर भीतर के
शीतल, हिम शीतल जीवन की जड़ समाधि यह!
स्पंद शून्य भैरव नीरवता महाशून्य की
घेरे इसको महामृत्यु के बृहत् पंख सी!
रिक्त ज्योति बन हाय, जल गया जन धरणी का
रूप रंग रस स्पर्श मुखर जीवन उर्वर मन,
प्राणों के सौरभ पंखों में मर्म गुंजरित!!

स्वर्दूत

मध्य युगों के जड़ निषेध, जीवन वर्जन ने
कुंठित कर दी मुक्त प्रगति मानव विकास की!!

क्रांत द्रष्टा

बिखर शिखर पर जातीं जीवन स्वर्णिम किरणें,
मरु की सूनी कँपती निर्जल छायाओं सी,
हँसती वहाँ न प्राणों की मर्मर हरियाली
लोट रुपहली लहरों में धरती की रज पर!
प्रणय गीत गाती न मधुकरी, मधु अधरों से
मुकुलों का मुख चूम, झूम गुंजित पंखों में,
कूक न पाती पिकी मंजरित डालों पर उड़
सृजन प्रेरणा शून्य, अमूर्त विदेह लोक में!

स्वर्दूती

विद्या और अविद्या में संतुलन खो गया!

(भावोद्दीपक वादित्र संगीत)

क्रांत द्रष्टा

आह, इसे प्राणों का स्पंदित ताप चाहिए,
जीने को जन-मन का भावोच्छ्वास चाहिए,
हरित-प्राण—उल्लास से रहित इस युग-युग के
पतझारों के निर्जन, करुण, कराल ठूँठ को
गंध गुंजरित, रस कुसुमित मधुमास चाहिए!

गला सके जो इसके भस्मावृत तुषार को,
मिटा सके भीषण विराग, भारी विषाद को,
आलोकित कर सके घोर नैराश्य तिमिर को,
जकड़े है जो इसे श्वेत कंकाल हास्य से!
हाय, सो गया शून्य अतंद्रा में जाग्रत् मन,
भटक गए बीहड़ मरुपथ में बुद्धि के चरण,
देशकाल से परे, नास्ति में, मन के लोचन
स्वप्नहीन तंद्रा में कब खुल गए निर्निमिष,—
ध्यानावस्थित, स्थिर, निष्कंप, अरूप प्रताड़ित!
आत्म नग्न नर, रिक्त देह मन के वैभव से,
अम्ल धौत पट-सा,—धुल गए प्रकृति के सब रँग!

(निर्जन विषादपूर्ण वादित्र संगीत)

स्वर्दूत

बौद्धिक मरु में लुप्त हो गया उत्स भाव का!

क्रांत द्रष्टा

इसे इंद्रियों के स्वर्णिम पट में लिपटाओ
रूप गंध रस से झंकृत भूषण पहनाओ,—
इसे खुले द्वारों से, भाव पगों से गुंजित,
जन मन के विस्तृत पथ पर चलना सिखलाओ!
इसे ऊर्ध्व नभ के प्रकाश को आत्मसात् कर
जन भू जीवन में मूर्तित करना बतलाओ!—
जिससे फिर चल सके अचल, स्वर्णिम स्रोतों में
झर झर कर बह सके वेग से, नव गति पाकर,
शोभा में हो द्रवित मूक प्राणों की जड़िमा,
लोट लिपट भू-रज में हो नव भाव प्ररोहित!

(जीवनोल्लास सूचक वादित्र संगीत)

स्वर्दूती

महत् समन्वय आज चाहिए युग मानव को
देव मनुज पशु जिसमें हों अंतः संयोजित!

क्रांत द्रष्टा

देख रहा मैं खड़ा धरा चेतना शिखर पर
युग प्रभात नव जन्म ले रहा विश्व क्षितिज में
स्वर्ण शुभ्र धर रश्मि मुकुट भू-स्वर्ग भाल पर!—
युग युग से स्तंभित, निरुद्ध, आत्मस्थ, स्वार्थरत
मानव के अध्यात्म जाड्य को ज्योति मुग्ध कर!

द्रवित हो रहा शतियों का चैतन्य सनातन
विरह मूढ़ जो रहा वियुक्त धरा से होकर,
जीवन से ऊपर उठ मन के अहं शूल पर!—
फूट रहे शत स्रोत विकल प्राणों में मुखरित
धरती को निज प्रीति स्रवित बाँहों में भरने!
शांत हो रहे मानव के अभिशाप युगों के,
पुनः मिल रहे बिछुड़े जड़ चेतन, जीवन मन,
मानव की आत्मा में नव प्राणों से स्पंदित,
एक विश्व-जन-जीवन निश्चय,—वसुंधरा ही
मनुज सत्य की अमर मूर्ति, जीवित प्रतीक है—
अमित चराचरमयि जो, शाश्वत जीवनमयि जो!
एक छोर चैतन्य चिरंतन, रश्मि पंख स्मित,
भावों का सतरँग प्रकाश बरसाता अविरत,
गुह्य दूसरा छोर, अकूल अतल जड़ तम है,
धारण करता जो अपने अविकार गर्भ में
जन्म मरण, भव जीवन क्रम, सुख-दुख के स्पंदन!
देख रहा मैं, मूक धरा के अतल गर्भ से
अग्नि स्तंभ उठ रहा तप्त हेमाभ शैल सा,—
महा आगमन का सूचक यह ज्योति पंख क्षण!

(युगान्तर सूचक मधुर भीषण वादित्र संगीत)

स्वर्दूत

निश्चय, यह मानव भविष्य द्रष्टा नव युग कवि,
भूत भविष्यत् के पुलिनों पर बाँध रहा जो
स्वप्न पग ध्वनित भाव सेतु, शत इंद्रधनुष स्मित,—
गरज रहा नीचे उद्वेलित जन युग सागर!

(तीव्रतर वादित्र संगीत)

स्वर्दूती

वह देखो, वह झंझा रथ पर चढ़ कर आता
नव युग का मानव, प्रदीप्त जीवन पर्वत सा,
धरा पंक को दग्ध, मनोनभ को दीपित कर!
युग-युग के पतझर झर पड़ते उसके भय से
धूल धुंध पंखों से बिखरा अग्नि बीज नव,
क्रुद्ध बवंडर, अंधड़ उसके साथ खेलते
मत्त तुरंगों-से उड़, दिक् कंपित कर भूतल—
रथ चक्रों के दारुण रव से बधिर कर गगन!

नव मधु के फूलों की ज्वाला में वह वेष्टित,
रूप रंग शोभा सौरभ के अंग गुंजरित,—
दीपित उससे सूक्ष्म भुवन, युग-स्वप्न-मंजरित!
जाग उठे, लो, सुरगण, महाऽगमन की ध्वनि सुन,
ध्यान मौन निज स्वप्न कक्ष में चौंक अचानक,
आंदोलित हो उठे सूक्ष्म भावों के आसन,
दीप्त प्रेरणाओं से स्पंदित अर्पित-अंतर,—
गलित रश्मियों सी बहतीं जो उर के भीतर!
देखो, मणि आवास छोड़, समवेत देवगण,
चकित दृष्टि से देख चतुर्दिक् आत्म मूढ़ हो,
गुप्त मंत्रणा करते मिलकर—कौन पुरुष वह?
विस्फारित दृग सोच रहे सब,—कौन पुरुष वह?
भय विस्मय में डूब पूछते,—कौन पुरुष वह?

(दूर आँधी तूफान के उठने का शब्द)

एक देव

कौन आ रहा वह भीषण सुंदर, भुवनों को
अपनी दुर्धर पद चापों से कंपित करता?
झंझा सा, जन मन में भैरव मर्मर रव भर
भू समुद्र को हिल्लोलित, भय मंथित करता!
क्या यह महा प्रलय, कि प्रभंजन महानाश का?
जन धरणी को वरने आया महाकाल या?
दौड़ रहे उनचास पवन, कँपते मनो भुवन,
निश्चय, यह नव कल्पांतर, यह महा युगांतर!
नया सृजन आ रहा सूर्य के स्वर्णिम रथ पर
अग्नि पुरुष यह, प्राण पुरुष यह, लोक पुरुष यह!

कुछ देव

आओ हे, आओ, अभिवादन, शत अभिवादन!

स्वर्दूत

शांत हो गया क्रुद्ध वेग स्वागत नत होते!

(रथ चक्रों के आगमन का रव)

देवी

कौन, कौन तुम तप्त स्वर्ण-से दारुण सुंदर,
धरा गर्भ के गुह्य तमस से प्रकट सूर्य-से?
मरुतों के तुरगों पर चढ़, मर्मर हर हर भर,
जन मन को करते आंदोलित, सिन्धु उच्छ्वसित!

जीवन क्रंदन में बज उठता नया गान अब,
मन की मूर्च्छा में जग पड़ती नई चेतना !
प्राणों के अवचेतन तम में धँसी ज्योति नव,
क्षुब्ध स्नायुओं के दीपन में रजत शांति सी !...
शून्य निराशा में आशा, संशय में आस्था,
अविनय में श्रद्धा, सम्मान उपेक्षा पट में,
संघर्षों में जय, संकल्प अहंता में अब
छिपा प्रलय में सृजन, घोर तम में प्रकाश नव !
हाय, कौन तुम विद्रोही जन के ईश्वर-से ?
उलट पुलट कर दिया निखिल जीवन क्रम तुमने !

सौवर्ण

(आत्म विश्वास भरा सौम्य स्वर)

मैं हूँ वह सौवर्ण, लोक जीवन का प्रतिनिधि !
नव मानव मैं, नव जीवन गरिमा में मंडित,
युग मानस का पद्म, खिला जो धरा पंक में,
जड़ चेतन जिसमें सजीव सौन्दर्य संतुलित !—
प्रथम एक, अविभक्त सत्य मैं, फिर जड़ चेतन !
मैं ही मूर्त प्रकाश, सूक्ष्म औ' स्थूल जगत के
सतरँग छायातप में विकसित ! मर्त्य अमर मैं,
जिसके अंतर में भविष्य के शत स्वर्णिम युग
नव जीवन की शोभा में सागर-से स्पंदित,
विश्व चेतना से मेरी अहरह अनुप्राणित !
मैं हूँ श्रद्धा का भविष्य, जो व्यक्त जगत के,
काल ग्रसित, खंडित मानों के भूत भविष्यत्
वर्तमान को अतिक्रम कर, उनमें प्रविष्ट हो,
विकसित करता अग जग को नव सीमाओं में !
मैं ही वह निरपेक्ष, विश्व सापेक्षों में जो
अभिव्यक्त हो, जग जीवन मन के मूल्यों में,—
उसके संक्रमणों में,—उदय, विकास, ह्रास में,
उनके भीतर स्थित, निरपेक्ष बना रहता हूँ !
क्या आश्चर्य कि तुम्हें कल्पनावत् लगता हूँ !

स्वर्दूती

कला सृष्टि यह,--महत् कल्पना जन भविष्य की !

सौवर्ण

ऊपर मैं रत्नाभा सा छहरा देवों में,
सृजन चेतना के प्रतीक जो सूक्ष्म अगोचर,
नीचे मानव जग में मूर्तित, प्रिय जो मुझको,
देवों को कर आत्मसात् विकसित होता जो!
तुम दीपक से भिन्न समझते दीप शिखा को?
विस्मय करते कैसे आँधी तूफ़ानों में
जीवित रहती है वह? मैं तूफ़ानों ही में
जलने वाली अमर ज्योति हूँ! मैं रहस्य हूँ!
भंगुर मिट्टी के प्रदीप ही में पलता हूँ!
झंझा के पंखों पर चढ़ जीवन ज्वाला सा
सँग सँग फिरता मैं अंबर, सागर, कानन में!
भूत भविष्यत् वर्तमान मुझमें ही जीवित,
विश्व समन्वय से मैं महत्—समष्टि प्रेरणा,
सृजन प्रेरणा,—मूर्तिमान जीवन स्पंदन में!

स्वर्दूती

लोक काव्य यह, जिसमें सूक्ष्म मूर्त हो उठता!

सौवर्ण

ध्यान मौन तुम, शून्य अतीन्द्रिय नभ में खोए,
मुझे खोजते जीवन से निष्क्रिय निरीह हो?
यहाँ नहीं मैं—अतिवादों से दूर निरंतर
जग जीवन ही में निविष्ट, अति से अतितम हूँ!
आत्म ज्योति औ' भूत तमस से अंध, उभय ही
एक समान मुझे हैं,—ज्योति-तमस से पर मैं
स्वयं सत्य हूँ!--ज्योति-तमसमय, जड़-चेतनमय,
मन-जीवनमय, मुझमें जो वागर्थ-से जुड़े!

स्वर्दूत

देव काव्य यह, जिसमें तत्त्व निहित रहता नित!

सौवर्ण

ओ प्रकाश के पागल प्रेमी, दग्ध पंख
शिशु-शलभ, करोगे क्या प्रकाश, छूंछे प्रकाश से?
क्या प्रकाश करता जो होती नहीं मातृ-भू?
किरणों में हँसने को सतरँग फूल न होते,
उन्हें चूमने को न मचलतीं चपल लहरियाँ,
और साँस लेती न कहीं होती हरीतिमा?

होता तप्ताकाश शून्य, जलता जीवन मरु—
होता एकाकी प्रकाश, कुछ और न होता !
मैं प्रकाश का हूँ प्रकाश, मैं अंधकार का
अंधकार हूँ !—मैं, जो जन भू जीवनमय हूँ !
मेरे लिए प्रकाश-तमस हैं,—मैं ही जीवित
सार्थकता हूँ सत्ता के निष्क्रिय छोरों की !
मैं ही शाश्वत रस समुद्र, अमृतत्व तत्त्व हूँ,
जीवन सत्य अमर,—जड़ चेतन उपादान भर !
ओ ईश्वर के विरही, मैं संयुक्त सभी से,
कैसा कल्पित विरह तुम्हारा तुहिन अश्रुमय ?
चिर साध्वी जन प्रकृति, विरहिणी हो सकती वह ?—
नित नव नव रूपों में जो आलिंगित मुझसे !
तुमको ईश्वर पर विश्वास नहीं ? जो नित नव
सत्यों में विकसित होता जग जीवन क्रम में !
तुम केवल विधिवत् सत्कर्म किए जाते हो ?—
जो अकर्म औ' असत्कर्म बन गए युगों से ! !

स्वर्दूती

अमर काव्य यह, परंपरा को करता विकसित !

सौवर्ण

प्राण हरित जीवन पादप मैं,—मूल सत्य में,
सुदृढ़ स्कंध संयम, संकल्प महत् शाखाएँ,
मानस विकसित सुमन, सूक्ष्म स्मित भाव रंग दल,
सुरभि चेतना, सुख विकास, मधु प्रेम मर्म धन,—
आशाऽकांक्षा के मधुपों से शाश्वत गुंजित !
नव युग में मैं जन मानवता का प्रतीक हूँ,
ज्योति प्रीति, आनंद मधुरिमा में नव स्पंदित !
नव संस्कृति का सारथि, नव आध्यात्मिकता मैं,
नव विकसित इंद्रिय, मन प्राणों से अतिचेतन !
तत्त्व रूप में नहीं समझ पाते जो मुझको,
वे मूर्तित देखें मुझको नव जन जीवन में !
युग युग के जीवन का पर्वत सुलग उठा अब
नव शोभा लपटों में,—जाग्रत् जन समूह जो !
मैं भावी चैतन्य, मूर्त कल्पना गात्र में,
मैं धन मानव,—सर्व श्रेष्ठ, जन श्रेयस्कर जो
उसे बाँधने आया भू जीवन अंचल में,
शोषण, दुख, अन्याय, दैन्य का भूमि भार हर !

शतियों के पतझारों में भरने आया मैं
नव मधु की गुंजरित मधुरिमा ज्वाल पल्लवित !
सप्त चेतना भुवनों के अक्षय वैभव को
लोक चेतना में करने आया हूँ मूर्तित !
एक धरा जीवन में जन के मन प्राणों के
रुचि स्वभाव वैचित्र्यों को कर नव संयोजित,
युग युग के मानस संचय का समीकरण कर
नव मानवता में करने आया हूँ वितरित !
स्वप्न गवाक्षों-से दीपित अब मुक्त काल क्षण,
धरा वक्ष में देश खंड हो रहे समन्वित,
युग युग से विच्छिन्न चेतना के प्रकाश को
मैं जीवन सूत्रों में करने आया गुंफित !

स्वर्दूत

अजर काव्य यह, इसमें जन भावी अंतर्हित !

सौवर्ण

आज धरा जीवन अंचल में बँधी प्रेरणा,
आज जनों के साथ प्राणप्रद सृजन शक्ति नव,
अब न कला के स्वप्न निकुंजों में पल सकते,
अगणित वक्षों में अब स्पंदित नई चेतना !
नव जीवन सौन्दर्य उग रहा जन धरणी में,
मनुष्यत्व की फसल उगलती हँसती भू रज,
नव मूल्यों की स्वर्णिम मंजरियों से भूषित !

(झंझा रथ में प्रस्थान : नव वसंतागम का वादित्र संगीत)

स्वर्दूती

विस्मय-स्तंभित-से लगते निष्प्रभ हो सुरगण,
नवोन्मेष उद्वेलित, गोपन संभाषण रत !

एक देव

धरा गर्भ से प्रकट, धरा में समा गया, लो,
वह तेजोमय स्वर्ण पुरुष फिर, शत सूर्योज्ज्वल,
स्वर्णिम पावक से दीपित कर देवों का मन !
बरस रहे शत निःस्वर निर्झर अधिमानस से
उज्ज्वल तप्त हिरण्य द्रवित, नव युग प्रभात में,—
उतर रही हो स्वर्गंगा आलोक वारि स्मित,
स्वर्ण नूपुरों से मुखरित सुर बालाओं के,—
जीवन शोभा से उर्वर करने जन भू को !

देवी

चलो, चलें हम धरा स्वर्ग में, जन मानव बन,
छोड़ त्रिदिव की मानस रति प्रिय भोग भूमि को,
प्रगति विमुख जो, चिर निष्क्रिय, वंचित विकास से!
मर्त्य लोक ही निश्चय भावी का नंदन वन!

(देवों का अवतरण सूचक वादित्र संगीत)

स्वर्दूती

स्वर्ण पृष्ठ खुल रहा लोक जीवन का भू पर,
जन मानवता प्राण प्रेरणा से हिल्लोलित!
नव जन ग्रामों, नव जन नगरों में सुख मुखरित
नव युग अरुणोदय हँसता नव आशा दीपित!
स्वर्ण घंटियाँ सी बज उठतीं रजत अनिल में,
मुग्ध क्षितिज वातायन लगते स्वप्न मंजरित,
स्वर्ग दूत सा उतर रहा नव युग प्रभात अब
शुभ्र लालिमा भरा रश्मियों के निर्झर सा,
श्वेत कपोतों से अंबर पथ में अभिनंदित!
हर्ष मुखर खग मिथुन जग रहे ज्योति नीड़ में,
रत्न मर्मरित-से लगते तरुओं के पल्लव!
द्रवित हो उठी शून्य नीलिमा अपलक नभ की
देख धरा मुख, शत रत्नच्छायाओं में कँप!
निखिल विश्व आनंद छंद सा प्राण तरंगित
अगणित स्वर लय संगतियों में जीवन मुखरित!

स्वर्दूती

दैन्य दुःख मिट गए, छँट गए धूमिल पर्वत,
घृणा द्वेष स्पर्धा के, भय संशय पीड़न के,
जन शोषण, अन्याय, अनय से मुक्त धरा पर
एक छत्र अब शांति, साम्य, स्वातंत्र्य प्रतिष्ठित!
शुभ्र शांति, जो सर्व श्रेष्ठ गति मानव मन की,
जिसके स्वर्णिम पंखों में जन भू का जीवन,
सृजन हर्ष से स्पंदित, सतरँग श्री शोभा में
विचरण करता बाधा बंधन हीन, विश्व में!
नव युग उत्सव मना रहे, उल्लसित धरा जन
प्रीति सूत्र में गुँथे, मंजरित तन मन लोचन,
नव वसंत में नव जीवन मधु संचय करने!

समवेत गीत

युग प्रभात नव, युग वसंत नव
जन भू का अभिनंदन गाएँ!

कितने हृदयों के मृदु स्पंदन
कितनों के मधु हास, अश्रुकण
कब से मधु सुमनों में संचित
आओ इनके हार बनाएँ!

आकुल उच्छ्वासों की सौरभ,
उत्सुक अपलक नयनों के नभ,
इन नीरव मुकुलों में मूर्तित,
स्मृतियों की माला पहनाएँ!

युग युग की वह मौन प्रतीक्षा,
मर्म गुंजरित जीवन दीक्षा,
सफल आज, जन भू में अर्जित,
इन्हें स्नेह से हृदय लगाएँ!

ये प्रतीक जन हृदय मिलन के,
जन पूजन, जन आराधन के,
भाव युगों के इनमें विकसित,
इन फूलों को शीश चढ़ाएँ!

(सौवर्ण से)
सन् १९५४

गीतों का दर्पण

यदि मरणोन्मुख वर्तमान से
ऊब गया हो कटु मन,
उठते हों न निराश लौह पग
रुद्ध श्वास हो जीवन!
रिक्त बालुका यंत्र,—खिसक हो
चुके सुनहले सब क्षण,
तर्कों वादों में बंदी हो
सिसक रहा उर स्पंदन!
तो मेरे गीतों में देखो
नव भविष्य की झाँकी,
निःस्वर शिखरों पर उड़ता
गाता सोने का पाँखी!
चीर कुहासों के क्षितिजों को
भर उड़ान दिग् भास्वर,
वह प्रभात नभ में फैलाता
स्वर्णिम लपटों के पर!

दुबिधा के ये क्षितिज,—
मौन वे श्रद्धा शुभ्र दिगंतर,
सत्यों के स्मित शिखर,
अमित उल्लास भरे वे अंबर!
नीलम के रे अंतरिक्ष,
विद्रुम प्रसार दिग् दीपित,
स्वप्नों के स्वर्गिक दूतों की
पद चापों से कंपित!
प्राणों का पावक पंछी यह,
मुक्त चेतना की गति,
प्रीति मधुरिमा सुषमा के स्वर,
अंतर की स्वर संगति!

उज्ज्वल गैरिक पंख, चंचु
मणि लोहित, गीत तरंगित,
नील पीठ, मुक्ताभ वक्ष,
चल पुच्छ हरित दिग्लंबित!

दृढ़ संयम ही पीठ, शांति ही
वक्ष, पक्ष मन चेतन,
पुच्छ प्रगति क्रम, सुरुचि चंचु,
लुंठित छाया भू जीवन!

हीरक चितवन, मनसिज शर-से
स्वर्ण पंख निर्मम स्वर,
मर्म तमस को बेध, प्रीति व्रण
करते उर में निःस्वर!

दिव्य गरुड़ रे यह, उड़ता
सत रज प्रसार कर अतिक्रम,
पैने पंजों में दबोच, नत
काल सर्प सा भू तम!

वह श्रद्धा का रे भविष्य,—
जो देश काल युग से पर,
स्वप्नों की सतरँग शोभा से
रँग लो हे निज अंतर!

मन से प्राणों में, प्राणों से
जीवन में कर मूर्तित,
शोभा आकृति में जन भू का
स्वर्ग करो नव निर्मित!

उस भविष्य ही की छाया
इस वर्तमान के मुख पर,
सदा रेंगता रहा रहस छवि—
इंगित पर जो खिंचकर!

यह भावी का वर्तमान रे
युग प्रभात सा प्रहसित,
कढ़ अतीत के धूमों से जो
नव क्षितिजों में विकसित!

यदि भू के प्राणों का जीवन
करना हो संयोजित,
तो अंतरतम में प्रवेश कर
करो बाह्य पट विस्तृत!

वर्तमान से छिन्न तुम्हें जो
लगता रिक्त भविष्यत्—
वह नव मानव का मुख,
अंकित काल पटी पर अक्षत!
नहीं भविष्यत् रे वह,
मानवता की आत्मा विकसित,
जड़ भू जीवन में, जन मन में
करना जिसे प्रतिष्ठित!

यदि यथार्थ की चकाचौंध से
मूढ़ दृष्टि अब निष्फल,—
डूबो गीतों में, जिनका
चेतना द्रवित अंतस्तल!
लहराता आनंद अमृत रे
इनमें शाश्वत उज्ज्वल,
ये रेती की चमक न,
प्यासा रखता जिसका मृग जल!

यदि ह्रासोन्मुख वर्तमान से
ऊब गया हो अब मन,
गीतों के दर्पण में देखो
अपना श्री-नव आनन!

जिज्ञासा

कौन स्रोत ये!
ये किन आकाशों में खोए
किन अवाक् शिखरों से झरते?
किस प्रशांत समतल प्रदेश में
रजत फेन मुक्ता रव भरते!

ये किन स्वच्छ अतलताओं की
मौन नीलिमाओं में बहते?
किस सुख के स्पर्शों से, स्वर्णिम
हिलकोरों में कँपते रहते!

कौन स्रोत ये !
किरणों के वृंतों पर खिलते,
भावों के सतरँग स्वप्नोत्पल,
मनोलहरियों पर बिम्बित कर
रक्त पीत सित नील ज्योति दल !
नामहीन सौरभ में मज्जित
हो उठता उच्छ्वसित दिगंचल,
रहस गुंजरण में लय होता
शब्दहीन तन्मय अंतस्तल !

कौन स्रोत ये !
श्रद्धा औ' विश्वास - रुपहले
राज मरालों के - से जोड़े
तिरते सात्विक उर सरसी में
शुभ्र सुनहली ग्रीवा मोड़े !
शोभा की स्वर्गिक उड़ान से
भर जाता सहसा अपलक मन,
बजते नव छंदों के नूपुर
अलिखित गीतों के प्रिय पद बन !

बह जाते सीमाओं के तट
हर्षों के ज्वारों में अविगत,
लहरा उठता अतल नील से
नाम रूप के ऊपर शाश्वत !
कौन स्रोत ये !

जन्म दिवस

(२० मई १६००)

आः, चौवन निदाध अब बीते,
जीवन के कलशों - से रीते ?
चौवन मधु निदाध अब बीते !

गत युग के ऐश्वर्य चिह्न- से, मधु के अंतिम
ताम्र हरित कुछ पल्लव, कुछ कलि कोरक स्वर्णिम
जाड़े से ठिठुरे, डालों पर बिलमाए थे,
रजत कुहासे पट में लिपटे अलसाए थे,—
धरती पर जब शिशु ने पहिले आँखें खोलीं !
(आँगन के तरु पर तब क्या गिरि कोयल बोली?)

विजन पहाड़ी प्रांत, हिमालय का था अंचल,
स्नेह क्रोड़ शैशव का, गिरि परियों का प्रिय स्थल;
धूपछाँह का स्वप्न नीड़, श्यामल, स्मृति-कोमल,
वन फूलों का गंध दोल, ऋतु मारुत चंचल!
नव प्रभात बेला थी, नव जीवन अरुणोदय,
विगत शती थी भुक्तप्राय, युग संधि का समय!
ओस हरी ही थी, तृण तरु की पलकों पर जल,
मातृ चेतना शिशु को दे प्राणों का संबल,
अंतर्हित जब हुई,—भाग्य छल कहिए विधि बल!
जन्म मरण आए थे सँग-सँग बन हमजोली,
मृत्यु अंक में जीवन ने जब आँखें खोलीं!

आ: समदृष्टि प्रकृति! विषण आँगन में स्वर्गिक स्मिति भर
फूल उठे थे आड़ू ललछौंहे मुकुलों में सुंदर!
सेबों की कलियाँ प्रभूत, रक्तिम छींटों से शोभित,
खिलीं मँझोले रजत फलों में करती थीं मन मोहित!
पइयों[1] की प्रमुदित पंखड़ियाँ उड़ती थीं पिछवारे,
महक रहे थे नींबू, कुसुमों में रज गंध सँवारे!
नारंगी, अखरोट, नाक के फूल, मंजरी, कलियाँ
बढ़ा रही थीं ऋतु शोभा, केले की फूलीं फलियाँ!
काफल[2] थे रँग रहे, फूल में थी फल लिए खुबानी,
लाल बुरूसों[3] के मधु छत्तों से थी भरी वनानी!
हँसती थीं घाटियाँ, हिसालू[4] खिले सुनहले क्षण में,
बेड़ू[5] थे बैंगनी, लसलसे, पके अधपके वन में!
लदे अमौए गुच्छों में थे जँगली मूँगी दाने,
टूट रहे थे तोते खटमिट्ठे वन-मेवे खाने!
देवदारु कुंकुम का स्वर्णिम टँगा सहन में था नभ,
साँसें पीती थीं चीड़ों की मर्मर, नीरुज सौरभ!
मूक नवागत का करती थी शैल प्रकृति अभिनंदन,—
वर्षों बाद किशोर हुआ इन दृश्यों के प्रति चेतन!
सोता था क्या भूँक रात भर झबरा कालू पाजी?
मस्त भोटिया शेर, बाघ से ली थी जिसने बाज़ी?
सी सी सीटी बजा, आ रहा होगा भाजी देने
मंगल बावर्ची का नटखट लड़का पैसे लेने!

---

१. पहाड़ी चेरी। २. छोटा लाल पहाड़ी फल। ३. रोडोडंड्रम के फूल।
४. पीले पहाडी फल। ५. पहाड़ी अंजीर।

उमड़ चीटियों-से, किलबिल कर, माली धर निज डलियाँ
चुनते होंगे हरी चाय की बटी सुनहरी कलियाँ !

हाथ जोड़ कर, बकता होगा खड़ा मसखरा बिस्ना,
'अब हज़ूर, पेंसन मिल जाए, और नहीं कुछ तिस्ना !
धौली के सींघों-से कँपते हाथ पैर कर लक़लक़,
पानी के बहँगे लाने में साँस फूल जाती थक !
जाड़े से हड्डी बजतीं,—सरकार, हुआ बूढ़ा तन,
मौना[1] के छत्ते करते फूटे कानों में भनभन !
अब मोती पर जीन कसेगी ? देखें आप किसी छिन,
कान खड़े कर, टाप उठाए, करता दिन भर हिनहिन !
आगे के सब दाँत निगल वह चुका साथ चारे के,
पीठ झुक गई, पेंसन के दिन अब उस बेचारे के !'
हीं हीं हँस, जुट गया काम में होगा तुरत लगन से,
भृत्य पुरातन, शुभ दिन की कर मौन कामना मन से !

निश्चय ही, कटती होगी तब जौ गेहूँ की बाली,
कटि में खोंस दराँती, सिर पर धर सोने की डाली,
जाती होगी खेतों में प्रातः मखमल की चोली,
मार छींट लँहगे में फेंटा,—बहू गाँव की भोली !
ढोरों के सँग निकल छोकरे खुले हरे गोचर में
रोल मचाते होंगे, खेल कबड्डी हो-हो स्वर में !
उचक चौंक खरहे झाड़ी में छिपते होंगे डर से,
हिरन चौकड़ी मार, भागते होंगे चकित उधर से !
कंधे से टाँगी उतार कर, हाथ कनपटी पर धर,
गाता होगा गँवई छैला खड़ा किसी चोटी पर !
घास छीलती होगी हरी तलैटी में नथवाली
देख सुवा[2] को छाई होगी आँखों में हरियाली !
छेड़ी होगी मस्त तान स्वर मिला मुखर मर्मर से,
मधुर प्रतिध्वनि आई होगी घाटी के भीतर से !

'बिजली बसती घन में,
आग लगा दी खिल बुरूँस ने वन में, तूने तन में !
मेंहदी पिसती सिल में,
तू न देख आए, तेरी ही रंगत टूटे दिल में !

---

१. मधुमक्खी; २. तोता, प्रेमिका।

मन उड़ता पाँखों में,
सुवा घूमता वन-वन, तू घूमा करती आँखों में!
साँझ हुई आँगन में,
तुझे देख कैसे बतलाऊँ क्या हो जाता मन में!
बदली छाई दिन में,
नई उमर की बाढ़ नवेली उतर जायगी छिन में!'

मीठे स्वर में देती होगी प्यार भरी धनि गाली,—
'क्या खाकर भुखमरे, करेगा तू मेरी रखवाली!
सास सिंहिनी सी है मेरी, ससुर एक में सौ-से,
जेठ बैल-से हैं मतवाले, देवर मेरे गौ-से!
सैंया मेरे कामधेनु-से, मैं जाऊँ बलिहारी,
वे चंदन मैं गंध-छाँह, वे चंदा मैं उजियारी!
वे हिरना मैं हिरनी, पीते मिल झरने का पानी,
तू प्यासा तो खोज कहीं जलधार, मूढ़ बकध्यानी!
ननदी मेरी काली नागिन, जी हो उसे खिझा तू,
वीर मरद जो, बीन बजा कर पहिले उसे रिझा तू,
और नहीं तो, क्या चुल्लू भर पानी तुझे नहीं है?'
'बहती गंगा छोड़ कहाँ जाऊँ धनि, क्या न सही है?'
गूँज रही होंगी, गिरि वन अंबर में दुहरी तानें,
और पास खिंच आए होंगे, दो जन इसी बहाने!

हाँ, तब ऊषा स्वर्ग क्षितिज पर स्वर्णिम मंगल घट भर
उतरी थी युग उदय शिखर पर माणिक सूर्य मुकुट धर!
पहिले से जग कर खग, ऊँचे गिरि बासों के कारण,
गाते थे नव स्वर लय गति में नवल जागरण चारण!
नील, प्रतीक्षा था नीरव,—अनुराग द्रवित थे लोचन,
गंध तुहिन से ग्रथित रेशमी पट सा मसृण समीरण!
रँग रँग के वन फूलों से गुंफित मखमल के शाद्वल
तल्प सँजोए थे स्मित, शैशव के हित, क्रीड़ा कोमल!

देख रहा था खड़ा निकट ही हिमवत् नव जन्मोत्सव,
गौरव से उन्नत कर मस्तक, बरसा आशीर्वैभव!
अमरों का अधिवास, पुण्य शिखरों से अक्षय कल्पित,
सात्विक आत्मोल्लास, चेतना में एकांत समाधित!
स्वर्गिक गरिमा में उठकर, नैसर्गिक सुषमा में स्थित
स्फटिक शृंग निर्वाक् नीलिमा में थे स्वर्ण निमज्जित!
उतर रहा था हेम गौर चूड़ों पर मौन अतंद्रित
ज्योति काय चैतन्य लोक सा नव प्रभात दिक् प्रहसित!

फहराते थे आरोहों पर नीहारों के केतन,
शुभ्रारुण छायातप कंपित, रश्मि ज्वलित नव चेतन!
अतल गहनताओं से जग उत्कर्षों में नभ चुंबित
आध्यात्मिक परिवेश शांत, लगता था विस्मय स्तंभित!
तभी अगोचर अंतरिक्ष में, अंतर्जग के भीतर
नए शिखर थे निखर रहे शत सूक्ष्म विभव के भास्वर!
जिन पर नूतन युग प्रभात था उदय हो रहा गोपन
रजत नील स्वर्णारुण शृंगों पर भर स्वर्गिक प्लावन!
नयी शती थी जन्म ले रही काल दष्ट्र में जीवित,
स्नेह मूर्ति सी विगत शती थी कृच्छ्र वेदना मूर्छित!
नव चेतन था अभिनव, मानस शव सा पुण्य पुरातन,
नाल मुकुल! ---पर इनका स्मृति पावन संबंध सनातन!
शिशु निमित्त था, नव्य युग था अवतरित हो रहा निश्चय,
बहिरंतर का धूम चीर हँसता था नव स्वर्णोदय!

इसीलिए, संभव, हिमाद्रि का स्वर्गोन्मुख आरोहण
युग सनाभि शिशु के मन के हित रहा महत् आकर्षण!
इंद्रचाप के ज्योति सेतु पर नव स्वप्नों के पग धर
विचरा वह मोहित शृंगों पर शोभा तन्मय अंतर!
महिमान्वित कर मनः क्षितिज को, दृष्टि सरणि को विस्तृत,
दीपित करते थे शैशव पथ सौम्य शिखर दिक् शोभित!
मुग्ध प्रकृति छबि नव किशोर मानस में तिरती थी नित
स्वर्ग अप्सरी सी तुषार सरसी सुषमा में बिम्बित!

काँव काँव कर आँगन में कौए गाते थे स्वागत,
गुह्य शक्तियाँ तब अलक्ष्य में निश्चय होंगी जाग्रत्!
अवचेतन निश्चेतन हो होना था युग के मंथित,
मानस को उन्नीत, देह के जड़ अणुओं को ज्योतित!
चिर विभक्त को युक्त, रुद्ध को मुक्त, खंड को पूरित,
रधा विरोधों को होना था विश्व-ऐक्य संयोजित!
कुत्सित को सुंदर, सुंदर को बनना था सुंदरतर,
शिव को शिवतर, लोक सत्य को मानव सत्य महत्तर!
दूर कहीं घिरते थे, संभव, धीरे, क्रांति बलाहक,
रक्तिम लपटों के पर्वत, भू के नव जीवन वाहक!
घुमड़ रही थी क्रुद्ध धरा उर में हुंकार भयानक,
ज्वालामुखी उगलने को था रुद्ध उदर का पावक!

झंझा का था जन्म दोल वह, ऋतु कुसुमों से गुंजित,
प्रलय सृजन थे साथ खेलते,—प्रभु की दया अपरिमित!
नहीं जानता, कब कृतार्थ होगा भू पर नव चेतन,
तम पर अमर प्रकाश, मृत्यु पर विजयी शाश्वत जीवन!
हिमवत् का विश्वास अटल ले, नव प्रभात की आशा,
नील मौन में खोए शृंगों की अनंत जिज्ञासा,—
प्रलय क्रोड़ में खींच प्रौढ़ शिशु अमृत प्राणप्रद श्वासा,
घृणा द्वेष में लिए हृदय में महत् प्रेम अभिलाषा!—
खोज रहा वह युग विनाश में नव जीवन परिभाषा,
विश्व ह्रास में—नवल चेतना, सृजन प्रेरणा, भाषा!

हाँ, चौवन निदाघ अब बीते,
रिक्त अमृत-विष के मटकों-से मीठे तीते,—
चौवन मधु निदाघ अब बीते!

आवाहन

ओ जन युग की नव ऊषाओ,
आओ, नव क्षितिजों पर आओ!
स्वर्गिक शिखरों के प्रकाश में
भू के शिखरों को नहलाओ!
आत्म मुक्त स्वर्णिम उड़ान भर,
शून्य नील के कूल पार कर,
शिखरों से समतल पर उतरो,
आगे के अरुणोदय लाओ!

महत् स्फुरण का यह नीरव क्षण,
पौ फटने के पहले का तम,
दीपित कर निशिएँ अतीत की
नव ज्वालाओं में लिपटाओ!
गीत अधजगे तरु नीड़ों में,
स्वप्न अधमुंदे उर पलकों में,
मौन प्रतीक्षा का अनंत यह,
वातायन से मुख दिखलाओ!
ओ नव युग की नव ऊषाओ,
जन मानस क्षितिजों पर आओ!

उच्च नभस्वत पथ की वासिनि,
तुहिन पंक्ति रजतोज्ज्वल हासिनि,
धूल धूसरित भू के मग में
विचरो, कंचन घट ढलकाओ!

ज्योतिर्मय नभ शतदल में जग,
शुभ्र पीत पंखड़ियों में हँस,
अमृत कोष भुवनों की सौरभ
जन की साँसों में भर जाओ!

शाश्वत ऊषाओं के क्रम में
नव चेतन केतन फहरा कर
तृण तरु पर, गिरि सरि सागर पर
रश्मि पंख शोभा बरसाओ!

अंध गुहाओं में प्रवेश कर
कुंठित सत्यों के सोए स्तर
प्रीति शिखाओं में प्रोज्वल कर
मनोभूमि पर उन्हें जगाओ!
ओ जन युग की नव ऊषाओ!
नव विकास क्षितिजों पर आओ!

सप्त वर्ण स्मित अश्वों पर चढ़,
मरुतों के पथ पर सवेग बढ़,
ज्योति रश्मियाँ निज कर में धर
भू का रथ निर्बाध चलाओ!
वस्तु तमस को दिक् प्रहसित कर,
रुद्ध दिशाओं को विस्तृत कर,
आने वाले सूर्योदय के
मुख से तेजः पटल हटाओ!

विगत नवागत ऊषाओं में
अंतः स्मित नव स्वर संगति भर,
ओ प्राचीन प्रभातों की श्री,
नए प्रभातों में मुसकाओ!

निज असीम आभा प्रसरित कर
भावी ऊषाओं के नभ में,
विगत अनागत के छोरों पर
रश्मि सेतु बन, उन्हें मिलाओ!

ओ नव युग की नव ऊषाओ
नव प्रकाश क्षितिजों पर आओ!
स्वर्गिक शिखरों के प्रवाह में
भू के शिखरों को नहलाओ!

स्वर्ण मरंदों से अयि विरचित,
सूक्ष्म रजत क्षौमों में भूषित,
शत सुरधनुओं से हो वेष्टित
जन युग का अभिवादन पाओ!

ओ नव युग की नव ऊषाओ,
युग प्रभात क्षितिजों पर आओ!

स्मृति

वन फूलों की तरु डाली में
गाती अह, निर्दय गिरि कोयल,
काले कौओं के बीच पली,
मुँहजली, प्राण करती विह्वल!
कोकिल का ज्वाला का गायन,
गायन में मर्म व्यथा मादन,
उस मूक व्यथा में लिपटी स्मृति,
स्मृति पट में प्रीति कथा पावन!

वह प्रीति तुम्हारी ही प्रिय निधि,
निधि, चिर शोभा की ! (जो अनंत
कलि कुसुमों के अंगों में खिल
बनती रहती जीवन वसंत!)
उस शोभा का स्वप्नों का तन,
(जिन स्वप्नों से विस्मित लोचन!—
जो स्वप्न मूर्त हो सके नहीं,
भरते उर में स्वर्णिम गुंजन!)

उस तन की भाव द्रवित आकृति,—
(जो धूपछाँह पट पर अंकित!)
आकृति की खोई सी रेखा
लहरों में वेला सी मज्जित!

यौवन बेला वह, स्वप्न लिखी
छबि रेखाएँ जिसमें ओझल,
तुम अंतर्मुख शोभा धारा
बहती अब प्राणों में शीतल!
प्राणों की फूलों की डाली
स्मृति की छाया मधु की कोयल,
यह गीति व्यथा, अंतर्मुख स्वर,
वह प्रीति कथा, धारा निश्छल!

आत्मबोध

आड़ू नीबू की डालों सी—
स्वर्ण शुभ्र कलियों में पुलकित,—
तुम्हें अंक भरने को मेरी
बाँहें युग युग से लालायित!
ओ नित नयी क्षितिज की शोभे,
पत्र हीन मैं पतझर का वन,—
शून्य नील की नीरवता को
प्राणों में बाँधे हूँ उन्मन!

मुझमें भी बहता वन शोणित
हरा भरा,—मरकत सा विगलित,—
मूक वनस्पति जीवन मेरा
मलय स्पर्श पा होता मुकुलित!
वन का आदिम प्राणी तरु मैं
जिसने केवल बढ़ना जाना,—
यह संयोग कि खिले कुसुम कलि,
नीड़ों ने बरसाया गाना!

माना, इन डालों में काँटे,
गहरे चिन्तन के जिनके व्रण,—
मर्म गूंज के बिना मधुप क्या
होता सुखी, चूम मधु के कण?
अकथित थी इच्छा,—सुमनों में
हँस, उड़ गई अमित सुगंध बन,
मूल रहे मिट्टी से लिपटे
आए बहु हेमंत, ग्रीष्म, घन!

अब फिर से मधुऋतु आने को,—
पर, मैं जान गया हूँ, निश्चित
मैं ही स्वर्ग शिखाओं में जल
नए क्षितिज करता हूँ निर्मित!
यह मेरी ही अमृत चेतना,—
रिक्त पात्र बन जिसका पतझर
नयी प्राप्ति के नव वसंत में
नव श्री शोभा से जाता भर!

शांति और क्रांति

शांति चाहिए शांति! रजत अवकाश चाहिए
मानव को, मानस वह: महत् प्रकाश चाहिए,
आत्मा वह: हाँ, अन्न, वस्त्र, आवास चाहिए,
देही भी वह:—आज मुख्यतः देही वह, क्षण—
मनोविलासी,—आत्मा बनना है कल उसको!

हाय, अभागा, बुरी तरह से उलझ गया वह
बाहर के अग-जग में, बाहर के जीवन में,—
जहाँ भयानक अंधकार छाया युगांत का!
मानव के भीतर का जग, भीतर का जीवन
आज खोखला, सूना, जीवन-मृत, छाया सा—
गत संस्कारों से चालित, प्रेतों से पीड़ित!
खाई खंदक में, खोहों में, बीहड़ मग में
भटक गए जन के पग संकट की रेती में!
दल दल में फँस गया मत्त भौतिक युग, गज सा,
अपनी ही गरिमा के दु:सह बोझ से दबा!
जीवन तृष्णा, चक्की के पाटों सी, उसके
घायल पैरों से है लिपट गई, बेड़ी बन!
धृष्ट, निरंकुश, उच्छृंखल नर, आज, शील के
स्वर्णांकुश के प्रति असहिष्णु, अहंता शासित!

सोच रहा मैं—नहीं स्पष्टतः देख रहा मैं,
महत् युगांतर आज उपस्थित मनुज द्वार पर!—
बदल रहे मानव के भौतिक, कायिक, प्राणिक
सूक्ष्म मानसिक स्तर, आध्यात्मिक भुवन अगोचर!

बदल रहा, निःसंशय मानव ईश्वर भी अब,—
युग युग से जो परिचालित करता आया नित
मानव जग को, लोक नियति को, जीवन मन को!
जैवी स्थिति से उच्च भागवत स्थिति तक; संप्रति,
घूम रहा युग परिवर्तन का चक्र अकुंठित!
आज घोर जन कोलाहल के भीतर भी मैं
सुनता हूँ स्वर शब्द हीन संगीत अतंद्रित,—
मन के श्रवणों में जो गूँजा करता अविरत!
इस अणु उद्जन के विनाश के दारुण युग में
सृजन निरत हैं सूक्ष्म सूक्ष्मतर अमर शक्तियाँ
मानव के अंतरतम में,—जिनका स्वप्नों का
अक्षय वैभव, अतिक्रम कर युग के यथार्थ को,
अकथित शोभा भुवनों में पल्लवित हो रहा
मानस की अपलक आँखों के सम्मुख प्रतिक्षण!
सूक्ष्म सृजन चल रहा नाश के स्थूल चरण धर!
कवि कपोल कल्पना नहीं,—अनुभूत सत्य यह,
घोर भ्रांतियों के युग का निर्भ्रांत सत्य यह,
आरोहण कर रही मनुज चेतना निरंतर
शिखरो से नव शिखरों पर अब, उठती गिरती
संघर्षण करती, कराहती,—चिर अपराजित!
इसीलिए, मैं शांति क्रांति,—संहार सृजन को,
विजय पराजय, प्रेम घृणा, उत्थान पतन को,
आशा कुंठा को, युग के सुंदर कुरूप को
बाँहों में हूँ आज समेटे,—उन्हें परस्पर
पूरक, एक, अभिन्न मान कर,—युग विवर्त के
क्रंदन किलकारों में ध्यानावस्थित रह कर!
विस्मय क्या, यदि बदल रहा आर्थिक, सामाजिक
धार्मिक, वैयक्तिक मानव? यदि मनुज चेतना
अब सामूहिक, वर्ग हीन बन रही बाह्यतः,
बिखर रहे यदि विगत युगों के मनः संगठन!—
क्या आश्चर्य, बदलता यदि आमूल मनुज जग!
स्वयं, युगों का मानव ईश्वर बदल रहा अब,
निश्चेतन, उपचेतन, अंतश्चेतन के जग
परिवर्तित हो रहे, नए मूल्यों में विकसित!
उन पर आश्रित निखिल सांस्कृतिक संबंधों का
रूपांतर हो रहा आज,—आवर्त शिखर में

धूम पुनः जो संयोजित हो रहे धरा पर !
विगत निषेधों, रूढ़ि, वर्जनाओं को सहसा
छिन्न भिन्न कर अपने प्रलयंकर प्रवेग में—
विस्तृत कर जीवन पथ, निःसृत प्राणों का रथ !
नैतिक आध्यात्मिक अतीत संक्रमण कर रहा,—
निखर रहे आदर्श लोक, सौन्दर्य तत्त्व नव !
आज नया मानव ईश्वर अवतरित हो रहा
स्वर्ण रश्मियों से स्मित ऊषाओं के रथ पर,
तड़ित स्फुरित लतिकाओं में लिपटे पर्वत सा,
अगणित सुर वीणाओं के झंकृत निर्झर सा,
उन्मद भृंगों से गुंजित नव कुसुमाकर सा !

भरते शत सीत्कार आज बाहर गत पतझर
सुलग रहा भीतर नव मधु का स्वर्गिक पावक !
आत्मा के गोपनतम अंतर में प्रवेश कर
मानव मन, हो अधिक पूर्ण, खुल रहा बहिर्मुख !
आज नाश के कर गढ़ रहे नवल मानव को
नव इंद्रिय वह, विकसित इंद्रिय, अति इंद्रिय अब !
बदल रहा अब मानव ईश्वर--बदल रहा अब
मानव अंतर, मानवता का रूपांतर कर !

सोनजुही

सोनजुही की बेल नवेली,
एक वनस्पति वर्ष, हर्ष से खेली, फूली फैली,--
सोनजुही की बेल नवेली !

आँगन के बाड़े पर चढ़ कर
दारु खंभ को गलबाँही भर,
कुहनी टेक कँगूरे पर
वह मुसकाती अलबेली !
सोनजुही की बेल छबीली !
दुबली पतली देह लतर, लोनी लंबाई,
—प्रेम डोर सी सहज सुहाई !
फूलों के गुच्छों-से उभरे अंगों की गोलाई,
—निखरे रंगों की गोराई—

शोभा की सारी सुघराई
जाने कब भुजगी ने पाई !
सौरभ के पलने में झूली
मौन मधुरिमा में निज भूली,
यह ममता की मधुर लता
मन के आँगन में छाई !
सोनजुही की बेल लजीली
पहिले अब मुसकाई !

एक टाँग पर उचक खड़ी हो
मुग्धा वय से अधिक बड़ी हो,
पैर उठा, कृश पिंडुली पर धर,
घुटना मोड़, चित्र बन सुंदर,
पल्लव देही से मृदु मांसल,
खिसका धूपछाँह का आँचल,—
पंख सीप के खोल पवन में
वन की हरी परी आँगन में
उठ अंगूठे के बल ऊपर
उड़ने को अब छूने अंबर !
सोनजुही की बेल हठीली
लटकी सधी अधर पर !

झालरदार गरारा पहने
स्वर्णिम कलियों के सज गहने
बूँटे कढ़ी चूनरी फहरा
शोभा की लहरी सी लहरा—
तारों की सी छाँह साँवली,
सीधे पग धरती न बावली,
कोमलता के भार से मरी
अंग भंगिमा भरी, छरहरी !
उद्भिद जग की सी निर्झरिणी
हरित नीर, बहती सी टहनी !
सोनजुही की बेल,
चौकड़ी भरती चंचल हिरनी !
आकांक्षा सी उर से लिपटी,
प्राणों के रज तम से चिपटी,

भू योजन की सी अँगड़ाई,
मधु स्वप्नों की सी परछाँई,—
रीढ़ स्तम्भ का ले अवलंबन
धरा चेतना करती रोहण—
आः, विकास पथ पर भू जीवन!
सोनजुही की बेल,
गंध बन उड़ी, भरा नभ का मन!

मूल स्थूल धरती के भीतर
खींच अचेतन का तम बाहर,
वह अपने अंतर का प्रिय धन
शांति ध्वजा सा शुभ्र मणि सुमन
कंपित मृदुल हथेली पर धर,
उठा क्षीण भुजवृत्त उच्चतर—
अर्पित करती, लो, प्रकाश को
निज अधरों के अमृत हास को,
प्राणों के स्वर्णिम हलास को!
सोनजुही की बेल
समर्पित करती अंतर्मुख विकास को,
उर सुवास को!

मानव मन कर रहा प्रतीक्षा
सोनजुही से ले नव दीक्षा,
उसके उर के अंध राग से
प्राणों की हुरिताभ आग से
फूटे चेतन शुभ्र शिखा,
जो सके दिखा
मानवता का पथ!
जीवन का रथ
— बढ़े !

प्रेम हो जग का इति अथ!
त्याग जन सारथि अभिमत
सोनजुही दृष्टांत,—
मनुज संघर्षों से श्लथ
रीढ़ कर्दम में लथपथ!!

यह धरती कितना देती है !

मैंने छुटपन में छिपकर पैसे बोए थे,
सोचा था, पैसों के प्यारे पेड़ उगेंगे,
रुपयों की कलदार मधुर फसलें खनकेंगी,
और, फूल फल कर, मैं मोटा सेठ बनूँगा !
पर बंजर धरती में एक न अंकुर फूटा,
बंध्या मिट्टी ने न एक भी पैसा उगला !—
सपने जाने कहाँ मिटे, कब धूल हो गए !
मैं हताश हो, बाट जोहता रहा दिनों तक
बाल कल्पना के अपलक पाँवड़े बिछा कर !
मैं अबोध था, मैंने ग़लत बीज बोए थे,
ममता को रोपा था, तृष्णा को सींचा था !

अर्धशती हहराती निकल गई है तब से !
कितने ही मधु पतझर बीत गए अनजाने,
ग्रीष्म तपे, वर्षा झूलीं, शरदें मुसकाईं,
सी-सी कर हेमंत कँपे, तरु झरे, खिले वन !
औ' जब फिर से गाढ़ी ऊदी लालसा लिए
गहरे कजरारे बादल बरसे धरती पर,
मैंने कौतूहल वश, आँगन के कोने की
गीली तह को यों ही उँगली से सहलाकर
बीज सेम के दबा दिए मिट्टी के नीचे !—
भू के अंचल में मणि माणिक बाँध दिए हों !
मैं फिर भूल गया इस छोटी सी घटना को,
और बात भी क्या थी, याद जिसे रखता मन !
किन्तु, एक दिन जब मैं संध्या को आँगन में
टहल रहा था—तब सहसा मैंने जो देखा
उससे हर्ष विमूढ़ हो उठा मैं विस्मय से !

देखा, आँगन के कोने में कई नवागत,
छोटी छोटी छाता ताने खड़े हुए हैं !
छाता कहूँ कि विजय पताकाएँ जीवन की,
या हथेलियाँ खोले थे वे नन्हीं, प्यारी—
जो भी हो, वे हरे हरे उल्लास से भरे
पंख मार कर उड़ने को उत्सुक लगते थे,—
डिम्ब तोड़ कर निकले चिड़ियों के बच्चों से !

निर्निमेष, क्षण भर, मैं उनको रहा देखता—
सहसा मुझे स्मरण हो आया,—कुछ दिन पहिले,
बीज सेम के रोपे थे मैंने आँगन में,
और उन्हीं से बौने पौधों की यह पलटन
मेरी आँखों के सम्मुख अब खड़ी गर्व से,
नन्हें नाटे पैर पटक, बढ़ती जाती है!

तब से उनको देखता रहा—धीरे धीरे
अनगिनती पत्तों से लद, भर गईं झाड़ियाँ,
हरे भरे टँग गए कई मखमली चँदोवे!
बेलें फैल गईं बल खा, आँगन में लहरा—
और सहारा लेकर बाड़े की टट्टी का
हरे हरे सौ झरने फूट पड़े ऊपर को,—
मैं अवाक् रह गया वंश कैसे बढ़ता है!
छोटे, तारों-से छितरे, फूलों के छींटे
झागों-से लिपटे लहरी श्यामल लतरों पर
सुंदर लगते थे, मावस के हँसमुख नभ-से,
चोटी के मोती से, आँचल के बूँटों-से!

ओह, समय पर उनमें कितनी फलियाँ टूटीं!
कितनी सारी फलियाँ, कितनी प्यारी फलियाँ,—
पतली चौड़ी फलियाँ! उफ, उनकी क्या गिनती!
लंबी लंबी अंगुलियों सी, नन्हीं नन्हीं
तलवारों सी, पन्ने के प्यारे हारों सी,
झूठ न समझें, चंद्र कलाओं सी नित बढ़तीं,
सच्चे मोती की लड़ियों सी, ढेर ढेर खिल,
झुंड झुंड झिलमिल कर कचपचिया तारों सी!
आः, इतनी फलियाँ टूटीं, जाड़ों भर खाईं,
सुबह शाम वे घर घर पकीं, पड़ोस पास के
जाने अनजाने सब लोगों में बँटवाईं,
बंधु बांधवों, मित्रों, अभ्यागत, मँगतों ने
जी भर भर दिन रात मुहल्ले भर ने खाईं!—
कितनी सारी फलियाँ, कितनी प्यारी फलियाँ!

यह धरती कितना देती है! धरती माता
कितना देती है अपने प्यारे पुत्रों को!
नहीं समझ पाया था मैं उसके महत्त्व को,—
बचपन में, छिः, स्वार्थ लोभ वश पैसे बोकर!
रत्न प्रसविनी है वसुधा, अब समझ सका हूँ!

इसमें सच्ची समता के दाने बोने हैं,
इसमें जन की क्षमता के दाने बोने हैं,
इसमें मानव ममता के दाने बोने हैं,—
जिससे उगल सके फिर धूल सुनहली फसलें
मानवता की,—जीवन श्रम से हँसें दिशाएँ! —
हम जैसा बोएँगे वैसा ही पाएँगे!

कौए, बतखें, मेंढ़क

कहाँ मढ़ा लाए सोने से अपनी चोंचें
सारे कौए, प्यारे कौए,
कहाँ मढ़ा लाए सोने से अपनी चोंचें!

कौन सँदेसा लाए घर घर,
कौन सगुन स्वर, कौन अतिथि वर,
काले पंखों के झुरपुट से
मन के रीते आँगन को भर!
कहाँ मढ़ा लाए सोने से अपनी चोंचें,
प्यारे कौए, न्यारे कौए,
कहाँ मढ़ा लाए सोने से अपनी चोंचें!
पौ फट गई! सुनहला युग-क्षण,—आओ, सोचें!

कहाँ जड़ा लाईं हीरों से अपनी पाँखें
गोरी बतखें, भूरी बतखें,
कहाँ जड़ा लाईं हीरों से अपनी पाँखें!

कौन झील, कैसा चेतन जल
जहाँ खिला वह स्वर्ण कमल दल,
पाप पंक में रहने वाली
कहाँ पा गईं पुण्य तेज बल!
कहाँ जड़ा लाईं हीरों से अपनी पाँखें
गोरी भोरी, भूरी बतखें,
कहाँ जड़ा लाईं हीरों से अपनी पाँखें!
नई दृष्टि यह! पाप पुण्य फल? खोलो आँखें!

कहाँ गढ़ा लाए कंठों में वीणा के स्वर
ये पीले मटमैले मेंढक,
कहाँ गढ़ा लाए कंठों में वीणा के स्वर!

भू का उपचेतन आवाहन
उत्कंठित करता रह रह मन,
कौन साध, किन श्रवणों के हित
करती क्या गोपन संभाषण ?
कहाँ गढ़ा लाए कंठों में वीणा के स्वर
पीले, हरे, मटैले मेंढक,
कहाँ गढ़ा लाए कंठों में वीणा के स्वर—
प्रेम तत्त्व यह ! सृजनातुर अग जग का अंतर !

ध्यान भूमि

आओ हे, सब ध्यान मौन, एकाग्र प्राण मन
जीवन का अंतरतम सत्य करें उद्घाटन !
पलक मूंद, अंतः स्थित, खोलें मन के लोचन,
घटवासी को करें पूर्ण हम आत्म समर्पण !

लो, सुन पड़ता सूक्ष्म स्वर्ण भृंगों का गुंजन,
मन, धीरे, श्रद्धा पथ से करता आरोहण !
देखो, छँटता घने कुहासे का छाया घन
पलता जिसमें हास अश्रु स्मित जग का जीवन,—
जिसकी चपल भृकुटि पर इंद्रधनुष सा प्रतिक्षण
हँसता मानव आशाकांक्षा का सम्मोहन !
ओझल होता अब वह बादल रश्मि विद्रवित
गर्जन संघर्षण मय, तृष्णा तड़ित् प्रकंपित !
नए रुपहले क्षितिज निखरते मन के भीतर
आभा के रस स्रोत फूटते, पुलकित अंतर !
जग के तम के साथ हुआ मैं का भ्रम भी लय,
लो, अवाक् आरोहों पर उड़ता मन निर्भय !
जहाँ शुभ्र सच्चिदानंद के शिखर अतंद्रित
निज असीम शाश्वत शोभा में निःस्वर मज्जित !
मानव मन की अंतिम गति, आत्मा की परिणति,
दिव्य स्पर्श पर निर्मल हो उठती पंकिल मति !

आः, वह ऊपर छाया स्वर्णिम ज्वाला का घन
दीप्त प्रेरणा तड़ितों में लिपटा अति चेतन !
बरस रहे शत सृजन प्रलय, शत देश काल क्षण,
श्री शोभा आनंद मधुरिमा का भर प्लावन !

अमृत बिन्दुओं - से झरते स्मित ज्योति प्रीति कण
अमरों के सुख वैभव में उर करता मज्जन !
भार हीन अक्षय प्रकाश से पीड़ित अंतर
रहस भावना के स्वर्गों में उठता ऊपर !
अंतर्मन का शांत व्योम रे यह निःसंशय
ऊर्ध्व प्रसारों में खो जाए चित्त न तन्मय !
आओ, इस स्वर्गिक बाड़व में अवगाहन कर
लौट चलें पावक पराग मधु का नव तन धर !
नव प्रकाश के बीज करें जन भू पर रोपण
शोभा महिमा से कृतार्थ हो मानव जीवन !

गिरि प्रान्तर

उन नीलम ढालों पर लिपटे
रेशम के सुरधनु फहराते !
मरकत की घाटी में सुलगे
वन फूलों के झरने गाते !
आरोहों पर मधु मर्मर पी
निःस्वर रजत समीर विचरती,
दूध धुली, ऊनी भापों की
किरणों की भेड़ें हिम चरतीं !

उन क्षितिजों की ज्योत्स्नाओं में
परियाँ अभिसारों को आतीं,
धूपछाँह बीथी में लुक छिप
हेम गौर शशि कला सुहाती !
घन नीहार ढली पीठों पर
साँझों की पग चाप बिछलतीं,
दिन में, धरती की सलवट सी
मसृण घनों की छाया चलतीं !

भुजगों सी कंधों पर लटकीं
रज की रश्मि रज्जु बल खातीं,
मंत्र मुग्ध पटबीजन झमका
जादू की कंदरा लुभातीं !

चीलों-से मँडरा वन अंधड़
गूँगी खोहों में खो जाते,
शिशुओं-से हिम ग्रीष्म मचल शत
निर्जन पलनों में सो जाते!
पौ फटते, सीपिया नील से
गलित मोतिया कांति निखरती,
उन शृंगों पर जगे मौन में
सृजन कल्पना देही धरती!
झाँक झरोखे से स्वप्नों के
सजल उषा नखशिख रँग जाती,
द्राभाएँ हँस गिरि प्रांतर में
दिक् प्रभूत वैभव बरसातीं!

स्फटिक वन

यह स्मृतियों का दग्ध स्फटिक वन!
शीत स्फटिक की शाखाओं पर
हिम जल धुले सीप के तरुदल
मन ही मन मधु मर्मर भरते,—
मंत्रों का जिनमें अमोघ बल!
गलित मोतियों की फुहार सी
फूलों की पंखड़ियाँ झर झर
शून्य मग्न करतीं अंतर को
गंध हीन सौरभ उसाँस भर!
खग पंजर बैठे पिंजर में
भरते अंबर में उड़ान स्मित,
निःस्वर कल कूजन स्तवनों से
माया कानन को रख मुखरित!
श्वेत अस्थि के हिरन, चौकड़ी
भरते, नभ में टँग कर निश्चल,
हरित नील हिलकोरों में हिल
बहता पुष्करिणी का स्थिर जल!
अश्रु धूम का रजत कुहासा
ओढ़े रहता शापित प्रांतर,
छाया सी ऊषा संध्याएँ
फिरतीं उन्मन चरण चाप धर!

यहाँ मौन स्वप्नों के पथ से
आता जाता विरह स्तब्ध मन,
जहाँ प्रेयसी की निर्मम स्मृति
रहती ध्यानावस्थित पावन,—
साँसों के सूने मंदिर में,
प्रतिपल उस स्पंदन पर स्थापित!—
प्रीति शिखा करती नीराजन,
प्राण अर्घ्य निज करते अर्पित!

द्रवित चाँदनी सी अपलक छवि,
छिटकी रहती वन में अविदित,
घटती बढ़ती चंद्र कला, पर
प्रीति नित्य रहती निश्छल स्थित!
विस्मृत स्मृति के ढूह ज्वार पर
बसा हुआ यह स्फटिक हृदय बन,
फेनिल भाव पुलिन प्लावित कर
खुलता स्वप्न कक्ष वातायन!

युग मन के प्रति

ओ तिक्त मधुर, कुंठा निष्ठुर,
पावक मरंद रज के युग मन,
ओ तड़ित् प्रज्वलित जीवन घन,
नव युग के दारुण प्रलय सृजन!
ओ मुक्त रुद्ध, ओ क्रुद्ध बुद्ध,
ओ शांति क्रांति के नव दर्शन,
ओ बहिरंतर के अंतिम रण,
ओ सूक्ष्म स्थूल के संघर्षण!

भू जीवन का कंकाल खड़ा
हँस रहा, युगों से क्षुधित घोर,
यह भोर निशा, तम का दानव
पकड़े प्रकाश के केश छोर!
ऊपर छायाप्रभ रश्मि बंध
चलते जिस पर अमरों के रथ,
नीचे धरती की खोहों में
फैले तम-के-फन अगणित पथ!

यह काँटों से बोया आँगन
तुम धरो फूल के घायल पग,
मत कुम्हलाओ भू ज्वाला में
विचरो, विहँसे उपचेतन जग!
श्रद्धा सूई की नोक, उसी पर
तुम्हें खड़े होकर अविचल
संकट के पर्वत झेल, ठेल
वितरित करना जीवन मंगल!

लो, अब अपने को अतिक्रम कर
पीओ जन मन का घृणा गरल,
यह प्रीति सुधा, जो भू घट में
वासना क्षुधा बन, रही मचल!
शत भू - कंपों में दौड़ रही
मानव प्राणों की रुद्ध साध,
ज्वालामुखियों के वमनों में
बह, उबल रही तृष्णा अबाध!

ओ ज्योति तमस के अमृत पुरुष,
यह जन समुद्र का आवाहन,
तुम कूदो अतल धरा तम में,
पार्थिव युग सेतु बनो नूतन!
ओ भीषण सुंदर, मेघ मौन
युग के विद्रोह भरे आनन,
गरजो, बरसो हे, मानस मरु
हो जीवन उर्वर, नव चेतन!

संदेश

मैं खोया खोया सा, उचाट मन, जाने कब
सो गया, तखत पर लुढ़क, अलस दोपहरी में,
दुःस्वप्नों की छाया से पीड़ित, देर तलक
उपचेतन की गहरी निद्रा में रहा मग्न!

जब सहसा आँख खुली तो मेरी छाती पर
था असंतोष का भारी रीता बोझ जमा!
मन को कचोटती थी उधेड़बुन जाने क्या
अज्ञात हृदय मंथन सा चलता था भीतर,—
अवसाद घुमड़ता था उर में कड़ुवा, फीका!

सब अस्तव्यस्त विशृंखल लगता था जीवन,—
मेरा कमरा वह परिचित कमरा नहीं रहा,
जी ऊब ऊब उठता था, मन बैठा जाता!
मैं सोच रहा था, जाने क्या हो गया मुझे,
मन किन अनजानी डगरों में है भटक गया,
कितने अँधियारे कोने हैं मानव मन के!
कुछ किए नहीं बनता, दिन यों ही बीत रहे,
पानी सी बहती आयु कभी क्या लौटेगी?
इस निरुद्देश्य जीवन से किसको लाभ भला?
भू भार बने रहने से तो मरना अच्छा!

इतने में मेरी दृष्टि फर्श पर जा अटकी,
जिस पर जाड़े की चिट्टी, ढलती, नरम धूप
खिड़की की चौखट को कुछ लंबी तिरछी कर
थी चमक रही टूटे दर्पण के टुकड़े सी,
पिघली चाँदी के थक्के सी छलकी चौड़ी!
जाजिम पर थी बन गई तलैया मोती की
जिसमें स्वप्नों की ज्वालाएँ लहराती थीं:
दूधिया भावना में उफान उठ आया हो!
मैं क्षण भर को मन के विषाद को भूल गया
वह धूप स्निग्ध चेतना स्पर्श सी लगी मुझे,
ज्यों राजहंस उतरा हो खिड़की के पथ से!
मेरा मन दुबिधा मुक्त हो गया, दुःख भूल,
घन के घेरे से निकल चाँद हँस उठता ज्यों!

वह मौन नीलिमा निलयों में बसने वाली
रुपहली घनों की अलकें सहलाने वाली,
वह सूर्यमुखी किरणों की परियों से वाहित
सुकुमार सरोरुह - से स्तनवाली सलज धूप!
वह रजत प्रसारों में स्वर्णिम अँगड़ाई भर
ऊषा की स्वप्निल पलकों पर जगने वाली,
वह हेम हंस पंखों पर नित उड़ने वाली
गोरी ग्रीवा बाँहों वाली चंपई धूप!
वह तुहिन वाष्प के धूपछाँह वल्कल पहनी
सौरभ मरंद तन वाली, मलयज सनी धूप,
वह फूलों के मृदु, मुखड़ों पर हँसने वाली
नीले ढालों पर सोने वाली सुघर धूप!

वह हरी दूब के पाँवड़ पर चलने वाली
रेशमी लहरियों बीच बिछल जाने वाली,
वह मुक्ता स्मित सीपी के सतरँग पंख खोल
शत इंद्रधनुष फहराने वाली सजल धूप,
वह चाँदी की शफरी सी उछल अतल जल से
चमकीला वक्ष दिखा अकूल के पावक का,
मेरे कमरे के तुच्छ पटल पर, धूल भरे
मखमली गलीचे पर, चुपके सहमी बैठी
मेरे कठोर उर को कृतज्ञता कोमल कर
सुख द्रवित कर गई, प्रीति मौन संवेदन दे!

मैं उसे देख, श्रद्धा संभ्रम से उठ बैठा,
वह मुझे देख स्नेहार्द्र दृष्टि, मुसकुरा उठी!
वह विश्व प्रकृति की दूती बन कर आई थी,
मैं स्मृति विभोर, स्वप्नस्थ हो उठा कुछ क्षण को,
वह मेरे ही भीतर से मुझसे यों बोली:
'क्या हुआ तुम्हें, ओ जीवन शोभा के गायक,
तुम ज्योति प्रीति आशा के स्वर बरसाते थे,
उल्लास मधुरिमा, श्री सुषमा के छंद गूँथ
तुम अमरों को कर स्वप्न मूर्त धर लाते थे!
क्यों आज तुम्हारी वीणा वह निःस्पंद पड़ी,
क्यों अब पावक के तार न मधु वर्षण करते?
कल्पना भोर के पंछी सी उठ लपटों में
क्यों नहीं स्वप्न पंखी उड़ान भरती नभ में?
'क्या सोच रहे हो? उठो, क्षुब्ध मन शांत करो,
तुम भी क्या जग की चिन्ता के कर्दम में सन
संदेह दग्ध, उद्भ्रांत चित्त हो खोज रहे—
क्या है जीवन का ध्येय, प्रयोजन संसृति का,
सुख दुख क्यों है, मानव क्यों है, या तुम क्यों हो?

'तुम भी वादों के वेष्टन में मन को लपेट
मानव जीवन के अमित सत्य का विकृत रूप
गढ़ने को आतुर हो?—सस्ता संस्करण एक
निर्मित कर उसका, थोथे तर्कों के बल पर!—
चिर सृजन चेतना को, विकास क्रम को अनंत
अंजलि पुट में बंदी करने का साहस कर!

'या भौतिक मूल्यों की वेदी पर बलि देकर
मानव मूल्यों की, तुम धरती पर नया स्वर्ग
रचने को व्याकुल हो, यंत्रों के चक्रों में
मानव का हृदय कुचल, लोहे की टापों से ?
अथवा तुम हिंसक स्वार्थों के पंजे फैला
नोचना चाहते जीवन के सुंदर मुख को ?
तुम भूल गए क्या मातृ प्रकृति को, तुम जिसके
आँगन में खेले कूदे, जिसके आँचल में
सोए जागे, रोए गाए, हँस, बड़े हुए !
जो बाल सहचरी रही तुम्हारी, स्वप्न प्रिया,
जो कला मुकुर बन गई तुम्हारे हाथों में,—
तुम स्वप्न धनी हो जिसके, बने अमर शिल्पी !

'जिसने कोयल बन सिखलाया तुमको गाना,
मृदु गुंजन भर बतलाया मधु संचय करना,—
फूलों की कोमल बाँहों के आलिंगन भर !
जिसके रंगों की भावुक तूली से तुमने
शोभा के पदतल रँगे, मनुज का मुख आँका,
जिससे लेकर मधु स्पर्श शब्द रस गंध दृष्टि
तुमने स्वर निर्झर बरसाए सुख से मुखरित !
'अब जन नगरों की अंधी गलियों में खोए,
ऊँचे भवनों की काराओं में बंदी हो,
तुम अपनी ही चिन्ता में घुलते जाते हो ?
क्या लोक मान मर्यादा की पा स्थूल दृष्टि
निज सूक्ष्म स्वप्नदर्शी दृग तुमने मूँद लिए ?

'लो, मैं असीम का लाई हूँ संदेश तुम्हें !
आओ, फिर खुली प्रकृति की गोदी में बैठो,
फिर दिक् प्रसन्न जीवन के आँगन में खेलो,
उद्देश्य हीन भी रहना जहाँ मधुर लगता !
फिर स्वप्न चरण धर विचरो शाश्वत के पथ में,
कल्पना सेतु बाँधो भावी के क्षितिजों में !
'मन को विराट् की आत्मा से कर सर्वयुक्त
तुम प्यार करो, सुंदरता से रहना सीखो,—
जो अपने ही में पूर्ण स्वयं है, लक्ष्य स्वयं !—
कवि, यही महत्तर ध्येय मनुज के जीवन का !

मैं मन की कुंठित कूप वृत्ति से बाहर हो
चिन्ताओं के दुर्बोध भँवर से निकल शीघ्र
पाहुन प्रकाश के निरवधि क्षण में डूब गया,—
सुनहली धूप के करतल के शाश्वत में लय!
मन से ऊपर उठ, तन की सीमाओं से कढ़,
फिर स्वस्थ समग्र, प्रफुल्ल पूर्ण बन, मोह मुक्त,
मैं विश्व प्रकृति की महदात्मा में समा गया!
मुझको प्रसन्न मन देख, धूप सकुचा-कुम्हला—
बोली, 'अब बिदा! मुझे जाना है! —वह देखो,
किरणें अस्ताचल पर कंचन पालकी लिए
मुझको ठहरी हैं, क्षितिज रेख का सेतु बाँध!

'युग संध्या यह : अस्तमित एक इतिहास वृत्त,
ढलने को ब्रह्म अहन्, बुझने को कल्प सूर्य,
मुँदने को मानस-पद्म,—उदित ज्योतिर्मय कवि,
घूमता विवर्तन चक्र, आज संक्रांति काल!
यदि अंधकार का घोर प्रहर टूटे तुम पर,
तो मुझे स्मरण रखना, यह ज्योति धरोहर लो,—
जब होगी मानस ग्लानि, घिरेगी मोह निशा
मैं नव प्रकाश संदेशवाह बन आऊँगी,
संध्या पलनों में झुला सुनहले युग प्रभात!'
यह कह, वह अंतर्धान हो गई पल भर में,
सिमटा अपने आभा के अंगों को उर में!

कूर्माचल के प्रति

जन्मभूमि, प्रिय मातृभूमि की शीर्षरत्न, शत स्वागत!—
हिम सौन्दर्य किरीटित जिसका शारद भाल समुन्नत
उषा रश्मि स्मित, स्फटिक शुभ्र, स्वर्णिम शिखरों में उठ कर
पुण्य धरा के स्वर्गोन्मुख सोपान पंथ सा विस्तृत
निज अवाक् गरिमा से करता नर अमरों को मोहित,
निखिल विश्व को दिग् विराट् भौगोलिक विस्मय से भर!

बाल प्रवासी शिशु घर लौटा, वह भी क्या अभ्यागत?
स्नेह उच्छ्वसित, हेमज पुलकित अंचल का शरणागत!
तेरी नैसर्गिक सुषमा में जननि, सदा से लालित,—

हँसमुख छायातप से गुंफित श्याम गौर जिसका तन,
थी शोभा स्वप्नों से निर्मित गीत भृंग गुंजित मन,
रजत अनिल सौरभ पलने में दोलित शैशव मुकुलित !
क्या न खगों ने मृदु कलरव भर प्रथम लोरियाँ गाईं ;
पंखों से बरसा कर सतरँग किरणों की परछाईं ?
स्मरण नहीं क्या तुझको ? तू रहती थी सतत उपस्थित,
चित्र लिखी सी उड़ती तितली के सँग सँग उड़ मन में
कैसे बड़ा हुआ मैं, घुटनों के बल चल आँगन में,—
माँ से बढ़ कर रही धात्रि, तू बचपन में मेरे हित !
धात्रि कथा रूपक भर : तूने किया जनक बन पोषण
मातृहीन बालक के सिर पर वरद हस्त धर गोपन !—
मातृभूमि में माँ का मुख शिशु ने पीछे पहचाना !
कूर्माचल, प्रिय तात, पुत्र मैं रहा कूर्मवत् दृढ़ व्रत,
खींच अधः इंद्रिय मुख भीतर, ऊर्ध्व पीठ पर अविरत
युग मन भार वहन करना जिसने स्वधर्म नित माना !
छुटपन से विचरा हूँ मैं इन धूपछाँह शिखरों पर,
दूर, क्षितिज पर हिल्लोलित सी दृश्य पटी पर निःस्वर
हलकी गहरी छायाओं के रेखांकित - से पर्वत
नील, बैंगनी, कपिश, पीत, हरिताभ वर्ण श्री छहरा
मोहित अंतर में भर देते आदिम विस्मय गहरा,
अंतरिक्ष विस्फारित नयनों को अपलक रख तद्वत् !
ऊपर, सीपी के रँग का नभ, नव मुक्तातप से भर,
रजत नीलिमा गलित, सहज हँसता सा लगता सुंदर !
ऊँचे उड़ने वाले, निर्जल, कोश-मसृण, रोमिल घन
चूर्ण रुपहली अलकों में उलझा रवि किरणें उज्ज्वल
मौन इन्द्रधनुषी छाया का स्वप्न नीड़ रच, चंचल
उड़ती चितवन के खग को बंदी कर लेते कुछ क्षण !
विजन घाटियों पर चढ़कर शिशु मेषों-से दुग्धोज्ज्वल
चित्रग्रीव हिम के घन पल में होते नभ में ओझल !
पावस में जब मिहिका में लिपटा रहता गिरि प्रांतर,
शैल गुहाओं में दहाड़ते सिंहों-से जग क्षण में
दुहरी तिहरी तड़ित् शृंखला तड़काते घन तन में,
बरसा कर आग्नेय सानुओं से स्फुलिंग के निर्झर !
षड् ऋतुएँ सुरबालाओं सी करतीं सजधज नर्तन,
वासंती किसलय कितने ही रँग करते परिवर्तन,
रजत ताम्र, पाटल ईंगुरी, हरित पीत, मृदु कंपित !

सलज मौन मुकुलों में बरसा अर्ध निमीलित चितवन
फूलों के अंगों की अप्सरि सी रंग प्रिय यौवन
उड़ती पर्वत घाटी सौरभ पंखों में रोमांचित !
उच्च प्रसारों में लेटा, छाया मर्मर परिवीजित,
श्रांत पांथ सा ग्रीष्म ऊँघता भरी दुपहरी में नित !
पागुर करते दृढ़ निर्द्वन्द्व ककुद्मत शैल वृषभवत्,
काले पड़ते तिग्म धूप से कुरँग तलैटी में रँग
कूटों पर लिपटा रहता नीलातप मेघों के सँग,
चारवायु हिम जलद पंख का चँवर डुलाती अविरत !
मसृण तुहिन सूत्रों में गुंफित रजत वाष्प रज के कण
मोती के रँग के धूमों से स्फटिक शिला के घन बन,
प्रावृट् में कर शंख नाद, घिरते नीलांजन श्यामल,
सुरधनुओं के दुहरे तिहरे फहरा छाया केतन,—
गिरि शृंगों पर तड़ित् स्खलित, भरते प्रचंड गुरु गर्जन,
नील पीत सित लोहित विद्युल्लतिका कंपित प्रतिपल !
मरकत हरित प्रसारों में हँस, दिक् प्रसन्न, तृण पुलकित,
फेनों के हीरक झरनों, मुक्ता स्रोतों में मुखरित
जब वर्षा के बाद निखरता हेम खंड स्निग्धोत्तर
इंद्रलोक सा रजतारुण स्वर्णिम छायाओं से स्मित,
सद्य धुले नव नीहारों का अर्ध नील कर विरचित,—
तब मन कहता, क्या न स्वर्ग सुख से निसर्ग मुख सुंदर !
गहरे सूर्यास्तों को रँग सित वाष्पों की पीठों पर
नृत्य मुग्ध, उड़ता मयूर पंखी मेघों में अंबर !
ज्योत्स्ना में लगते दिगंत जब स्वप्न ज्वार हिल्लोलित,
निखिल प्रदेश मनाता शोभा निर्निमेष शरदोत्सव,
जिस अकथित सम्मोहन का करता अवाक् मन अनुभव,
मुक्त नील तारा स्मित लगता मौन रहस्य निनादित !
राजहंस सा तिरता शशि मुक्ताभ नीलिमा जल में,
सीपी के पंखों की छहरा रत्न छटा जल थल में !
धुली वाष्प पंखड़ियों में रँग भरते कला सुघर कर,
सुरधनु खंडों में किरणों की द्रवित कांति कर वितरित,
रंग गंध के लता गुल्म से गिरि द्रोणी अतिरंजित
देवदारु रज पीत सुहाती ग्राम वधू सी सुंदर !
हिम प्रदेश के यमजों-से हेमंत शिशिर कंपित तन
रजत हिमानी से जड़ देते गिरि कानन, गृह प्रांगण
हिम परियों की निःस्वर पद चापों से कर दिशि मुखरित,

निशि के श्यामल मुख पर उज्ज्वल तुहिन दशन रेखा भर,
मंथित करती शीत वात शाखाओं के वन पंजर,
मुरझाता रवि आतप, दिशि मुख दिखते धूसर, कुंठित !
स्वर्ग हास हिम पात !—शुभ्रता में अनिमेष दिगंतर
उड़ता राजमराल गौर हर्षातिरेक में निःस्वर !
दिव्य रूप धरती निसर्ग श्री दुग्ध धौत भूतल में,
स्वप्न मौन ज्योत्स्ना सी निर्मल स्फटिक शांति में मूर्तित !
उड़ते रंगों के नृप, लोमश हिम खग, रवि कर चित्रित,
स्वर्गिक पावनता करती अभिसार मुग्ध दिशि पल में !
कौन तुम्हारी शोभा शब्दों में कर सकता कल्पित,
तुम निसर्ग सम्राट् रूप गरिमा प्रतिपल परिवर्तित !
निभृत कक्ष में रंग प्रकृति नित सज शृंगार मनोहर
सुरधनु पट स्मित, तड़ित् चकित, करती शिखरों पर नर्तन !
तलहटियों में रँग रँग के वन-फूलों से मुकलित तन
नव पल्लव अंचल में लिपटी वन श्री मन लेती हर !
मखमल के तल्पों - से श्यामल तरल खेत लहराए,
रोमांचित - से गिरि वन चीड़ों की सूची से छाए,
देवदारु वन देवों के हर्म्यों के स्तम्भों - से स्थित !
घनी बाँज की बनी मोहतीं हरित शुभ्र मर्मर भर,
शृंगों के दृढ़ आयामों की पृष्ठभूमि में अंबर,
लगता शाश्वत नील शांति सा नीरव, ध्यानावस्थित !
विहगों के स्वर उर में अलिखित गीतों के पद बनते,
तरु वन की अस्फुट मर्मर में, भाव अचेतन छनते,
क्षिप्र मुखर स्रोतों में रहते अगणित छंद तरंगित !
मूर्त प्रेरणा सी लहराती नभ में शतधा विद्युत्
साँझ प्रात के कांचन तोरण किसे न लगते अद्भुत,
रजत मुकुर सरसी में हँसता मुख अनंत का बिम्बित !
तैल चित्र सी उभरी गहरी शैल श्रेणि छायांकित
उड़ते मेघों के घन तंद्रिल धूपछाँह से गुंफित,
स्वर्गिक कोणों, वर्तुल शोभा क्षितिजों में छहराई,—
रश्मि वाष्प की सृष्टि सहस्रों रंगों से भर जाती,—
ताम्र हरित, नीलारुण, स्वर्णिम शिखरों पर मँडराती
धूली साँझ की भाव लीन हलकी कोमल परछाँई !
शिखरों पर उन्मुक्त साँस ले, स्निग्ध रेशमी मारुत
सहज लिपट जाता तन मन से, गंध मधुर, मंथर, द्रुत,
वाष्प मसृण, नीहार नील, हिम शीतल, किसलय कंपित !

रजत, तुषार सरों में थर थर कँपता निर्मल अंबर,
आदि सृष्टि संगीत सतत बहता श्रृंगों से झर झर
स्वच्छ चेतना के स्रोतों में, गिरि गह्नों में मुखरित !
तृण कोमल पुलिनों पर क्षण भर लेट उच्च समतल में
नाम हीन गंधों से तंद्रिल तरु छाया अंचल में,
गा उठता मन मुक्त स्वरों के पंख खोल निर्जन में !
कुदक निकट ही शशक कुतरते नव गुल्मों की कोंपल,
शाखा श्रृंगों वाले वन मृग पीते झरनों का जल,
मँडराती, निश्चल, आतप प्रिय चील सुदूर गगन में !
मृदु कलरव भर रँग रँग के खग वन-परियों के कुसुमित
क्रीड़ा कुंजों को रखते सुर वीणाओं से झंकृत,—
गीत वृष्टि कर तरु के नभ से मोहित वन श्रृंगों पर !
सद्यः स्वर्णिम नवल प्रवालों का रँग, हिम से पोषित,
प्रथम उषा के अंगराग सा लगता शाश्वत लोहित,
मधु मर्मर में कँपते वन के अगणित वर्णों के स्वर !
उदयाचल पर, कनक चक्र सा, रश्मि स्फुरित रवि उठ कर
दिग् भास्वर ऊषाओं से आरोहों को देता भर,
संध्या के नत मस्तक पर रक्तोज्ज्वल मणि सा विजड़ित !
दिव्य छत्र सा रजत व्योम किरणों से विरचित ऊपर
रत्न पीठ सा सानु सुहाता नीचे श्यामल सुंदर,—
इंद्रनील गोलार्ध जड़ित मरकत मंदिर सा शोभित !
आदि महत्ता पशु जग की अब भी वन करते घोषित
सिंह, ऋक्ष, वृक गिरि खोहों को रखते भीम निनादित,—
चकित, चौकड़ी भीत मृगों पर झपट टूटते नाहर !
श्वेत नील काले उपलों से कंठ वृषों के भूषित
भेड़ों की घंटी से रहतीं गिरि डगरें कल गुंजित
उच्च शाद्वलों से छनते चरवाहों के मुरली स्वर !
सुघर कृषक वधुएँ नित खेतों में सोना उपजातीं
कंठ मिला जन के सँग कृषि के गीत हुडुक पर गातीं,
त्योहारों में नाच गान रंगों के रच बहु उत्सव !
नीलारुण किरणों में पलते स्वस्थ सौम्य नारी नर
गौर कपोलों में ऊषा की लाली लिए मनोहर,
लज्जारुण लगतीं जिससे अज्ञात यौवनाएँ नव !
उग्र कराल शिलाए भरतीं मन में विस्मय संभ्रम,
घोर अँधेरी गहरी दरियों में बसता आदिम तम,
स्फीत नाद भर बहते ढहते - जल - स्तंभों - से - निर्झर !

निबिड़ गहन में सहसा जगमग जल उठते पट बीजन,
हिंस्र व्याघ्र के विस्फारित हरिताभ भयावह लोचन,—
सँकरी घाटी में सर्पों-से स्रोत सरकते सर मर!
झीने कंपित नील कुहासों से परिवृत हो सत्वर
बृहत् गरुड़ सा धँसता नभ में पंख मार गिरि प्रांतर,
अर्ध दृश्य गंधर्व लोक सा, छाया पथ में शोभित!
भ्रू विलास करतीं चपलाएँ, मंद हास कर प्रतिक्षण,
मुग्ध बलाकों के सँग उड़ता नभ में इच्छाकुल मन—
चीर वाष्प पट कढ़ता शशि सा रवि, किरणों से विरहित!

हिम के कंचन प्रात, साँझ पावस पंखों पर चित्रित,
स्वच्छ शरद चंद्रिका, दिवस मधु के—क्षितिजों पर मुकुलित,
मर्मर ग्रीष्म समीर लुभाती सौरभ-मंथर, शीतल!
अप्सरियों की पद चापों से कँपते झिलमिल सरि सर,
नृत्य चपल वनश्री के हित नित बिछते कलि किसलय झर,
रंग गंध मधु रज से रहता भू लुंठित छायांचल!
अमरों के मणि मुकुट श्रेणि-से लगते हेम शिखर स्मित
रजत नील नभ-नीहारों से रहते जो चिर वेष्टित,
इंद्रधनुष छायांशुक का प्रिय उत्तरीय छहराकर!
कल किंकिणि सी विद्युल्लेखा दिपती कटि पर कंपित,
मंद्र स्तनित भर मुरज बजाते घन गंधर्वों-से नित,
स्वतः दीप्त औषधियों से नीराजन करते किन्नर!

यह भौतिक ऐश्वर्य शुभ्र गरिमा से मन को छूकर
नीरव आध्यात्मिक विस्मय से अंतर को देता भर,—
एक महत् गुण अन्य गुणों को करता नित आकर्षित!
जग जीवन का क्रंदन शोषण हो जाता तुममें लय,
जगता प्राणों में अनंत भावों का वैभव अक्षय,
ऊर्ध्वारोही मौन शांति में भू मन को कर मज्जित!
अब मैं समझ सका महत्त्व इन शिखरों का स्वर्गोन्नत
नील मुक्ति में समाधिस्थ जो अंतर्नभ में जाग्रत,—
पृथ्वी के शाश्वत प्रहरी-से अंतरिक्ष में शोभित!
जहाँ शुभ्र सोपानों पर चैतन्य विचरता पावन,
स्वर्णिम आकाशों में उड़ता अपलक शोभा में मन,
उच्च नभस्वत में रहता संगीत अनश्वर गुंजित!

मुखरित तलहटियों को, निःस्वर क्षितिजों को अतिक्रम कर
सात्विक शिखरों में जग, मानस में श्रद्धा संभ्रम भर,
स्वर्ग धरा के मध्य शुभ्र दिग् विशद समन्वय-से स्थित,

भू से रूप विधान, व्योम से सार भाव ले निर्मल,
श्यामल, प्राणोज्ज्वल रखते तुम जग का उर्वर अंचल,
आरोहों के वैभव से अवरोहों को कर कुसुमित !
अप्रकेत तम सागर से उठ, भेद अचेतन के स्तर,
जल थल की अगणित, उपचेतन जीव योनियों को तर,
जीवन हरित प्रसार पार कर, रजत देश बहु समतल
ऊर्ध्वग उच्छ्रायों के निर्मल नीहारों में नीरव
सत रज के सतरँग आभासों का कर मन में अनुभव,
शाश्वत शिखरों में निखरे तुम लगते शांत समुज्ज्वल !
रुके मूक भू मानस गह्वर, रुके स्तब्ध गिरि कंदर
(शतियों के पुंजित तमिस्र से पीड़ित जिनका अंतर !)
बिछे प्रतीक्षा में प्रसार होने को तुमसे दीपित !
धूमिल क्षितिज, गरजता अंबर, उद्वेलित जन स[illegible],
जड़ चेतन की दृष्टि निर्निमिष लगी ज्योति शिखरों पर,
मानवता का दिक् प्रशस्त उन्नयन तुम्हीं पर आश्रित !
निश्चय, भूमा की आकृति में यह मृण्मय भू निर्मित,
अन्न प्राण मन जीवन के अक्षय वैभव से झंकृत,—
हरित प्रसारों, नीलोच्छ्रायों, स्वर्ण गहनताओंमय !
यशश्चूड़ तुम इस वसुधा के शाश्वत रश्मि मुकुट भृत,
दिक् शय्या पर चिदानंद-से कालोपरि सत् पर स्थित,
ध्यानावस्थित ऊर्ध्व भाल पर नव लेखा शशि स्मित, जय !

आत्मिका

(संस्मरण और जीवन दर्शन)

[एक]

महाकाल के नील हर्म्य में
मौन दिग् ध्वनित
बजतीं प्रिय पद चाप तुम्हारी
मेघ मंद्र नित !
सुनता आया हूँ शैशव से
विस्मय पुलकित,
अश्रुत स्वर्णिम पग ध्वनियाँ
अंतर में कंपित !

(२)

तितली उड़तीं
रँग रँग का मधुरव भर मन में,
जुगनूं हरे स्वरों में
लिपपुत जाते वन में !
तरु मर्मर की मोती की झर
सीप फेन सी
उफनाती क्षण क्षण में !

चुक् चुक्
पूँछ हिला खग गाते,
पंखों पर सौ रँग बल खाते !
फूल परी आती मुसकाती
आँगन में सौरभ भर जाती !
भौंरे गुन गन पढ़ते पाती,—
मुझे स्मरण उनकी प्रिय बातें,
चुक् चुक्
चोंच मिला खग गाते !

(३)

कौन देव कन्याएँ जाने
स्वप्नों में आ मुझे रिझातीं,
स्वर्गिक सुख, आशा की मधु स्मिति,
अधरों पर चित्रित कर जातीं!

वह परियों का प्रिय जग निरुपम
भू जीवन का था लघु उपक्रम:
चाँद मोह लेता चुपके मन,
मधुर चतुर्दिक् था आकर्षण!
ज्ञात न था तब, सँग सँग उठ-गिर,
तुम पथ करते थे निर्देशन!

[दो]

मुग्ध, स्वप्नचारी शैशव की पग ध्वनि
बनी गीत-कैशोर-चपल,—
नव वय मणि!

(२)

हिमगिरि प्रांतर था दिग् हर्षित,
प्रकृति क्रोड़ ऋतु शोभा कल्पित,—
गंध गुँथी रेशमी वायु थी,
मुक्त नील गिरि पंखों पर स्थित!
हरित जलधि-से थे निर्जन वन
जिनमें घुसने में लगता भय,
भाव मौन गहरी छायाएँ
कँप कँप उर में भरतीं विस्मय!

नीरवता की मूर्ति शिलाएँ
गुह्य बोझ सा अंतर में धर
स्तंभित कर देतीं चंचल पग,
नव वय को मंत्राभिभूत कर!
शृंग नाद कर झरते निर्झर
भारी कौतूहल भर मन में,
दूध फेन के स्रोत उफनते
गिरि के गीत मुखर आँगन में!

विजन वीथि में मिलतीं परियाँ
इंद्रधनुष अंचल फहराए,
धूपछाँह रँग सारी पहने
स्वर्ण गंध-कुंतल छहराए!

लिपटा रहता गिरि पंजर से
मांसल कलि कुसुमों का मार्दव,
फूल माल सी उड़ विहगावलि
रंग पंख बरसाती कलरव

देवदारु के हरित शिखर उठ
भू की जिज्ञासा-से ऊपर
तारों से हँस बातें करते
नभ का नील रहस्य चीर कर!
भू की परिक्रमा कर ऋतुएँ
वहाँ वास करतीं प्रति वासर,
वह कुसुमित शृंगार कक्ष था
गंध वर्ण ध्वनि ग्रथित मनोहर!

(३)

कब बिचरा मैं नव किशोर बन
अनगढ़ पग धर अविदित भू पर,—
परिवर्तन पथ भू विकास का
चलता काल अदृश्य चरण धर!
मध्य वित्त गृह सुख में जन्मा,
धर्मप्राण पा पिता महा मन,
शिखर अपर वात्सल्य स्नेह के
गौर, शंख मंदिर सा प्रिय तन!

मातृहीन, मन से एकाकी
सलज बाल्य था स्थिति से अवगत,
स्नेहांचल से रहित, आत्म स्थित,
धात्री पोषित, नम्र, भाव रत!
फूफी के सूने नभ का मैं
चंदा, बरसाता स्नेहामृत,
संन्यासी वन गए दयित थे,
छोड़ नवोढ़ा को संतापित!

नयनों के नीरव जल में थी
तिरतीं गत मधु स्मृतियाँ विस्मृत,
भावी की दारुण भय छाया
चितवन को रखती विस्फारित!
प्रकृति क्रोड़ में छिप, क्रीड़ा प्रिय
तृण तरु की बातें सुनता मन,
विहगों के पंखों पर करता,
पार नीलिमा के छाया वन!

रंगों के छींटों से नवदल
गिरि क्षितिजों को रखते चित्रित,
नव मधु की फूलों की देही
मुझे गोद भरती सुख विस्मृत !
कोयल आ गाती, मेरा मन,
जाने कब उड़ जाता वन में,
षड् ऋतुओं की सुषमा, अपलक
तिरती रहती उर दर्पण में !

(४)

पुण्य तीर्थ प्राचीन हिमालय
पावन तपोवनों से शोभित,
जहाँ साधु जन आते, आत्मिक
शांति खोजने, तत्त्व लाभ हित !
चंचल रंग प्रकृति की शोभा
हृदय स्पर्श करती दिङ् मुकुलित,
ध्यानावस्थित मूर्ति योग की
उर को विस्मय संभ्रम मोहित !

पग पग पर ग्रामीण सरल मन
नव वय का करते अभिनंदन
शिखरों का वैभव, समतल का
दैन्य चित्त में चुभता अनुक्षण !
नहीं भूलता सहज मनुज मन
प्रिय किशोर वय के स्मृति दंशन,
मनोग्रंथि निर्माण काल वह
रंजित जिससे जीवन दर्शन !

(५)

आरोही हिमगिरि चरणों पर
रहा ग्राम वह,—मरकत मणि कण,
श्रद्धानत,—आरोहण के प्रति
मुग्ध प्रकृति का आत्म समर्पण !
साँझ प्रात, स्वर्णिम शिखरों से
आभाएँ बरसातीं वैभव,
ध्यान मग्न निःस्वर निसर्ग निज
दिव्य रूप का करता अनुभव !

कौश हरित, तृण श्वसित तल्प पर
सातप वन श्री लगती सुंदर,
नील झुका सा रहता ऊपर
अमित हर्ष में उसे अंक भर!
वह अधित्यका थी भू मन की
आरोहों से जहाँ उतर कर
स्वर्ग दूत विचरण करते नित
रजत चाप स्मित स्वप्न चरण धर!

धरती उसे उठा कर ऊपर
अंबर को करती थी अर्पित,
अपनी अनुपम सुंदरता में
अपर स्वर्ग था वह स्थल निश्चित!
शुभ्र हरित परिवेश घिरा वह
स्फटिक मुकुर लघु जनपद प्रांगण
हिम सित शांति हृदय में भरता
वन मर्मर प्राणों में मादन!

(६)

भेद नील को, मौन शृंग उठ
जाने क्या कहते अंतर में,
निर्निमेष नयनों से पीता
सुन अनंत के नीरव स्वर मैं!
दृग शोभा - तन्मय रहते नित
देख क्षीर शिखरों का सागर,
उर असीम बन जाता, अंत:
स्पर्श शुभ्र सत्ता का पाकर!

अमरों के सँग अंतरिक्ष में
मन शृंगों पर करता विचरण,
निर्मल था कौमार, भावना
स्वप्न पंख करती आरोहण!
उस पवित्र प्रांतर की आत्मा
हुई निविष्ट हृदय में अविदित,
प्राणि मात्र में व्याप्त प्रकृति की
गोपन सत्ता रहती निश्चित!

प्रकृति मातृ शिशु क्षितिज अंक में
खेल कूद हँस पला अलक्षित,
नैसर्गिक शोभा से परिवृत
गुह्य अदृश्य शक्ति से रक्षित!

शोभा चपल हुए किशोर पग
गरिमा विनत बना गभीर मन,
रंग भूमि थी प्रकृति मनोरम
पृष्ठ भूमि हिमवत् की पावन!

(७)

अनजाने सुंदर निसर्ग ने
किया हृदय स्पर्शों से संस्कृत,
उज्ज्वल स्वर्णिम उच्छ्रायों में
अंतर्मुख मन को कर केन्द्रित!
ऋषियों की एकाग्र भूमि में
मैं किशोर रह सका न चंचल,
उच्च प्रेरणाओं से अविरत
आंदोलित रहता अंतस्तल!

निज प्रकाश इंगित से कोई
आकर्षित करता उत्सुक मन,
कब डूबा मैं ज्योति जलधि में
अवचनीय था वह गोपन क्षण!
वयः सन्धि की ओट खड़ा था
संघर्षों का पर्वत यौवन,—
मधु रँग रस फूलों में लिपटा
पावक का दीपित ग्रह नूतन!

[तीन]

नयी वयस का था भावुक रण
वह जिज्ञासा मंथित मन से,
नव इच्छाओं का संघर्षण
स्थितियों से, जग से, जीवन से!
रहता चित्त अधीर क्षुब्ध नित
आवेगों से आत्म पराजित,
एक अतृप्त विषाद हृदय को
करता रहरह गोपन प्रेरित!

स्वर्गिक श्रृंगों पर मँडरा मन
दुःख गर्त में गिरता जाकर,
अधः ऊर्ध्व गतियों से कुंठित
आत्म विमुख रहता हत अंतर!

हिम शिखरों की शुचिता का वह
जन भू में करता अन्वेषण,
लगता सूर्य प्रकाश उसे तब
भू रज में लिपटा विषण्ण मन!

हेम शिखा से दग्ध शलभ शिशु
जन भू मन से हो संस्पर्शित,
अंधकार से घिर जाता फिर
राग द्वेष भय स्पर्धा पीड़ित!
वस्तु स्पर्श से कुम्हला जाता
क्यों सात्विक ऐश्वर्य भाव-गत?—
भाव वस्तु में विपर्यास क्यों,—
सोचा करता तब मन संतत!

(२)

रामकृष्ण औ' रामतीर्थ के
वचनामृत से थी भू प्लावित,
पुनर्जागरण का युग था वह
भारतीय दर्शन का जग हित!
खोल मध्य युग के अवगुंठन
पौराणिक संस्कृति के बंधन,
गरज रहे थे अंतर उर्वर
दीप्त विवेकानंद वचन घन!

कर्म-त्याग, वैराग्य ध्येय हो
हृदय न तब करता था स्वीकृत,
भू जीवन से पृथक् भागवत
जीवन मुझे न भाता किंचित्!
कनक कामिनी के वर्जन में
मध्य युगों की भीरु प्रतिध्वनि
मिलती, चिर निष्काम भक्ति ही
मन को लगती स्वयं प्रभा मणि!

जीवन इच्छा के अहिफन पर
धर प्रकाश मणि अंतर्भास्वर
सोचा करता प्रायः,—क्या हो
मानव जीवन लक्ष्य धरा पर?

उपनिषदों के मंत्र श्रवण कर
अंतर होता रहता झंकृत,
ब्रह्म, सत्य, शाश्वत, ईश्वर क्या,—
जिज्ञासा पूछा करती नित!

(३)

इन्हीं दिनों तब विश्व युद्ध की
दिग् ध्वनि प्रथम पड़ी कानों में,
निर्मम विस्मय कौतूहल बन
रही घुमड़ती जो प्राणों में!
'पराधीन यह भारत माता
हमें काटने दुख के बंधन,
नव युवकों को देश भक्ति हित
अर्पित करने उभते जीवन!'—
जागृति का संदेश लिए नव
मंचों से नित होते भाषण,—
जनपद से मैं नगर वास में
करता विद्याध्ययन छात्र बन!

देश भक्ति के साथ मोहिनी
मंत्र मातृ भाषा का पाकर
प्रकृति प्रेम मधुरस में डूबा
गूँज उठा प्राणों का मधुकर!
गूढ़ विधान प्रकृति का निश्चित,
नियत पंथ जग में सबके हित?
संचित कर्म उदय हो उठते
भव जीवन स्थितियों से प्रेरित?

फूलों की ढेरी में मुझको
मिला ढँका अमरों का पावक,
युग पिक बनना भाया मन को
जीवन चिन्तक, जन भू भावक!
नैसर्गिक सौन्दर्य, पुष्प सा,
खुला दृष्टि में निर्निमेष दल,
प्रथम छंद उर लगा गूँथने
फूल हार, मधु रँग ध्वनि कोमल!

प्राणों को था स्पर्श मिल चुका
कवि गुरु रस मानस का मादन,
मेघदूत के छंद हृदय में
प्रेम मंद्र भरते गुरु गर्जन!
नव युग के सौन्दर्य बोध से
भारत आत्मा को कर भूषित,
कवि रवीन्द्र के स्वर्ण पंख स्वर
श्रवणों में रहते मधु गुंजित!

(४)

प्रथम चरण था नव यौवन का
शोभा स्वप्नों से दृग अपलक,—
देही धर लाई हो कविता
रूप शिखा सी नख से शिख तक!
केश नील घन, इंद्रधनुष की
सद्यः शोभा में लिपटा तन,
तड़ित् लता,शशि लेखा सी वह
चकित कर गई दृष्टि, मुग्ध मन!

भाव पंख मधु प्रेम विहग उड़,
लगा कूजने हृदय डाल पर,
सुख के तृण, दुख के खर से चुन,
स्वप्न नीड़ आशा का सुंदर!
धरती से अंबर तक छाई
छबि की ज्योत्स्ना तारांचल स्मित
सीमा को निःसीम कर गई
वह असीम को निज में सीमित!
बाहर भीतर केवल वह थी
फूल, हिलोर, किरण में प्रतिक्षण,
शत भावों स्वप्नों में स्पंदित
उर की उर, जीवन की जीवन!

(५)

कलमष - लांछन के काँटों में
खिला प्रेम का फूल धरा पर,
उसको छूना मोह द्रोह के
भू कर्दम में गिरना दुस्तर!

प्राण कामना का पंकिल मुख
जन भू मन को धोना निश्चित,
मनुष्यत्व के सँग ही वह भी
होगा विकसित, पूर्ण प्रस्फुटित !

हो न सका चरितार्थ प्रेम का
धरा स्वर्ग नारी उर में स्थित,
हृदय नहीं विकसित शोभा के,
देह भाव से मन अवगुंठित !
गुंजित उर की करुण प्रतिध्वनि
मधुर 'ग्रंथि' में, ध्वनि लय गुंफित,
प्रणय सरोवर में नव यौवन
प्रथम हुआ जब पावक मज्जित !

हृदय-पुष्प रस का प्रेमी मन,
हृदय उसे न मिला जन भू पर,
बिना हृदय के देह प्राण मन
दारुण वन पशु कानन दुष्कर !
रुको अभी—तब कहा मर्म ने,
मोड़ लिया मैंने निर्मम मन,
मानव भावी के स्वप्नों हित
किया मुग्ध कवि हृदय समर्पण !

प्राणों की सौन्दर्य स्पृहा वह
मधु गीतों में हुई गुंजरित,
उधर छिड़ा स्वातंत्र्य युद्ध तब
नव यौवन को कर आंदोलित !
नई चेतना की हिल्लोलें
जनगण मन को करतीं प्लावित,
सुनता मैं गंभीर प्रतिध्वनि
युग चरणों की भू पर कंपित !

(६)

राष्ट्र भावना से प्रेरित मन
जग जीवन में हुआ समाहित,
विश्व सभ्यता संस्कृति का मुख
मनोदृगों में हुआ अनावृत !

दिखा पूर्व, सामंत युगों का
जर्जर खँडहर, मानस पंजर,
पश्चिम, शतियों से जीवन का
मन का जीवित मंच धरा पर !

बदल रहा था वृद्ध विश्व द्रुत
यांत्रिक युग का कर दिग् घोषण,
जड़ विज्ञान प्रकृति जग के नित
नए सत्य करता अन्वेषण !
नव सक्रिय भौतिक स्थितियों से
परिवर्तित गत निष्क्रिय चिन्तन,
युग संस्कृति, सौन्दर्य बोध में
भू जीवन प्रति था आकर्षण !

जाग रहा था सोया भारत
नव युग स्पर्शों से स्थिति चेतन,
महा ह्रास से निखर रहा था
भावी का नव भुवन, दीप्त मन !
संधि काल में, वह युग युग से
जीवन विरत, दरिद्र, आत्महन्
लगता, छाया ग्रह द्रंष्ट्रा से
कृच्छ्र उबरता पांडुर पूषण !

(७)

आदि काल से ऋषि मुनियों की
साधन भूमि रहा जो भारत,
उसके भस्मावृत शरीर में
ढंकी अग्नि ऋत चित् की भास्वत !
जड़, जीवन, मन को अतिक्रम कर
शाश्वत के पा अंतर्दर्शन
रुका हुआ वह, भू जीवन की
स्थितियों का हो सके उन्नयन !

भक्ति, ज्ञान, श्रद्धा, तप, संयम
भू की मर्यादाएँ प्राक्तन,
त्याग, धैर्य, निष्काम कर्म ही
लोक प्रेम, सेवा के साधन !

आत्म तोष मय सात्विक जीवन
परंपरा संतों की पावन,—
मध्य युगों से रहा उपेक्षित
भू जीवन मूल्यों का वितरण!

(८)

उसी धरा पर उदय हुए थे
जन नायक, जगवंद्य महात्मन्
जिनके निश्छल स्फटिक हास्य से
मौन गुंजरित जन मन प्रांगण!
देव विनय, श्रम शुभ्र वेश मय,
आत्म शक्ति के पर्वत अविजित,
वे फिर से चेतन के वर से
जड़ को करने आए संस्कृत!

लोक पुरुष पहचान गए थे
प्रथम दृष्टि में भारत का मुख,
बढ़ते भौतिक युग प्रवाह में
मिले न जन हित श्रेय शांति सुख!
रक्त नेत्र पश्चिम में उनको
दिखा भव्य प्रासाद विभव का,
पशु बल के भुज दंड पर खड़ा
जो निवास था युग दानव का!

(९)

प्रथम युद्ध के खर तांडव से
जन भू अंतर था मर्माहत,
भव सेवा हित लिया धीर ने
सत्य अहिंसा का पवित्र व्रत!
पशुबल से हो मनुज पराजित,
सह न सका युग मानव का मन,
विश्व मुक्ति हित छेड़ा निर्भय
देश मुक्ति का वह नैतिक रण!

इंगित पा, सदियों का खँडहर
जाग उठा फिर जीवन मोहित,
एक-भिन्न मत भूमि युगों की
जन बल में हो उठी संगठित!

उन्हें इष्ट था भौतिक मद को
आत्मिक बल से करना शासित,
धरा चेतना के विकास को
नैतिक संस्कृति के रख आश्रित!

पर, नैतिकता को अतिक्रम कर
भौम मनुज को होना विकसित,—
धरा वृक्ष फल मानव जीवन
उसे पक्व होना, रस पूरित!
मनश्चक्षु में विहँस रहा नव
धरा चेतना का रूपांतर,
जड़ में चेतन, तन में आत्मा
मूर्त हो रही, पूर्ण रूप धर!

(१०)

प्रथम भेंट में मिला हृदय को
सूक्ष्म स्पर्श, दृग विस्मय प्रेरित,
स्फुरित इंद्रधनु अर्चि विनिर्मित
हुआ मनोमय वपु उद्भासित!
श्रद्धार्पित हो किया हृदय ने
प्रभु को भू जीवन इच्छा फल,
प्रकट हुई मानव आत्मा के
ज्योति मंच पर शक्ति तपोज्ज्वल!

विश्व चेतना में जब नव गुण
होते उद्भव हेतु अवतरित,
लोक अस्मिता से संघर्षण
करना पड़ता उन्हें अतंद्रित!
गत शुभ अशुभ विवर्धित होते
विश्व प्रगति के युग से प्रेरित,
समदिक् संवर्धन में रहता
ऊर्ध्व उन्नयन भी अंतर्हित!

(११)

क्षेत्र बनाने आए थे वह
नव मानवता के हित विस्तृत,
भौतिक युग की दुर्मद गति को
बना सौम्य, संयत, मनुजोचित!

नवोन्माद था भौतिकता का
मनुष्यत्व था आत्म पराजित,
वणिकों का साम्राज्यवाद था
भू देशों को दुह कर जीवित!

भौतिक पशुता से लोहा ले
मनुज हृदय करना था विगलित,
पूर्ण अहिंसक बन मानव को
भू दानव करना था संस्कृत!
पराधीनता में भी जिसकी
मुक्त रही नित आत्मा शाश्वत
अणु मृत भव जन के मंगल हित
उस भू को होना था जाग्रत्!

(१२)

वह पहिला ही असहयोग था
बापू के शब्दों से प्रेरित
बिदा छात्र जीवन को दे मैं
करने लगा स्वयं को शिक्षित!
बाहर था नव युग संघर्षण
भीतर अंतर्मन का मंथन,
पथ दर्शक था केवल ईश्वर,
पद नत करना था आरोहण!

(१३)

इन्हीं दिनों मोहांध क्षुब्ध मन
मुक्त हो गया भव बंधन से,
बिला गई हो भौतिक सत्ता
गुंठन सा उठ गया नयन से!
दृढ़ प्रस्तर प्रासाद पिता का
मेघ खंडवत् लीन गगन में
बता गया,—जड़ में जीवन की
नींव न गहरी, वह चेतन में!

दुर्विपाक घटता भू पथ पर,
चलते स्वयं फिसल जाते पग,—
सहसा प्रात: उठ कर जाना
अब घर द्वार नहीं, निर्जन मग!

ज्ञात नहीं कब हुआ, क्या हुआ
स्वजनों के हित दुख का कारण,—
वृद्ध जनक थे, पक्व निधन था,
अब मैं था, मन था, दुख का वन!

पिता, बहिन भाई का तन धर
मरण मूर्त हो आया सम्मुख,
कैसा निष्ठुर परिवर्तन था
वही अंग सब,—बाहु, वक्ष, मुख!
मृत्यु न गुह्य रही किशोर भय
गुंठन हटा हुई दृग्गोचर,
अश्रु ग्रथित सित पट से हँसती
जीव नियति थी दारुण सुंदर!

(१४)

इसी समय कालाकाँकर के
स्नेह द्वार खुल गए अचानक,
शांति वास था मुझे अपेक्षित
जीवन का था पांथ गया थक!
गंगा तट था, श्यामल वन थे,
तरु प्राणों में भरते मर्मर,
जल कल कल, खग कलरव करते,
प्रकृति नीड़ था जनपद सुंदर!

टेसू के पावक मन में युग
बीता, खग पशु तरु थे सहचर,
मनन अध्ययन रत रहता मन,
भीटे पर नक्षत्र था सुघर!
'गुंजन-ग्राम्या' का था युग पट,
प्रकृति मनोरम, भू जन निर्धन,
सरल हृदय, अति नम्र आचरण,
जीवित तुलसी कृत रामायण!

गृह सम्मुख हँसता सूर्योदय
मंगल कनक कलश-सा उठ कर,
'ग्राम्या' की 'खिड़की' से' दिखते
पार्श्व दृश्य सब परिचित सुंदर!

ताड़ - नीम के पेड़ क्षितिज में
तने अहं-से, झुके शील नत,—
गंगा उर के सित पालों के
जल बिहार अब हुए स्वप्नवत्!

रक्त पलाशों की प्रिय मधुऋतु
आम्र मौर मद भृंग गुंजरित,
इंद्रधनुष मेघों के पावस
मोरों के पिच्छों पर नर्तित,
साँझ प्रात भाते जाड़ों के,
चल रेशम कुहरों से आवृत
शरद चाँदनी के पंखों पर
उड़ते गंध भरे वन पुलकित!

(१५)

मानस तल में ऊपर नीचे
चलता तब संघर्षण अविरत,
तम पर्वत, सागर प्रकाश का
मंथित रहते शिखरों में शत!
करवट लेता भावी नव युग
गत भू मन को कर क्षत विक्षत,
भय संकट, आशा, सुख दुख से
संकुल था प्रभविष्णु अनागत!

दुखतीं घायल मनः शिराएँ
जग के आघातों से निष्ठुर,
स्वप्नों के स्वर्दूत उतरते
सुख विस्मित, आंदोलित कर उर!
अविदित भय से कँपता अंतर
स्वर्गिक संकेतों से पोषित,
स्वर्ग नरक मानुष तन मन में
प्रलय मचाते विश्व विजय हित!

मुँह तक तम से भर जाता मन
उपचेतन आवेगों से श्लथ,
कुचल सूक्ष्म भावों को देता
भव चक्रों का युग विकास रथ!

तम प्रकाश की युग संध्या में
होता उर में मौन अवतरित
'ज्योत्स्ना' का जीवन प्रभात नव
भू पर श्री सुख शोभा कल्पित !

(१६)

मन के राजा थे सुरेश - से
सुहृद, शील के स्वच्छ सरोवर,
श्री प्रकाश गृह-दीप शिखा थीं,—
दोनों के प्रति उपकृत अंतर !
भाई बहिन, सखा मंत्री हम
प्रेम डोर में गुँथे परस्पर,—
कुँवर स्नेह से देते आदर,
उनका घर मेरा ही था घर !

कालाकाँकर के भूपति थे
देशभक्त, गांधी जी में रत,
नम्र, स्वाभिमानी, जन सेवक,
बापू रहते थे अभ्यागत !
जल वेणी के बाहु पाश में
राज भवन था गंगा तट पर,
नृप जन प्रिय थे, जीर्ण राज्य था
जर्जर सामंती भू पंजर !

मैं कृतज्ञ उस ग्राम राज्य का
जहाँ कटे सुख से संकट क्षण,
वे मानस मंथन के दिन थे—
भरा सुनहली स्मृतियों से मन !
(देश दासता मुक्त हुआ अब
ओ ग्राम्या के स्नेह प्राण जन,
सर्व प्रथम, नव युग प्रभात में
सुख स्वर्णिम हों श्रीहत प्रांगण !)

(१७)

जन स्वतन्त्रता के उस रण ने
किया विश्व चेतस् आकर्षित,
भारत की ऐतिह्य देन वह
नव युग पृष्ठों पर स्वर्णांकित !

रक्तहीन रण क्षेत्र रही भू
आहत नहीं हुआ मानव तन,
रुधिर - स्रवित हो उठा धरा उर
कँपा सभ्यता का पाहन मन!

निश्चय रे वह समर नहीं था
वह था संस्कृति पर्व सनातन,
अमृत स्पर्श मानव आत्मा का
जड़ पशुता को करता चेतन!
पर, मानव पशु खर नख द्रंष्ट्रा
शृंगी वन पशु से नृशंस मन,
स्थापित स्वार्थों हित नित शंकित
मनुज रूप में दानव भीषण!

(१८)

मनुज वृत्तियों में था युग रण,
पाप पुण्य में, घृणा प्रेम में,
दंभ शील, अन्याय न्याय में,
आत्म स्वार्थ औ' लोक क्षेम में!
शनैः सौम्य आत्मिक स्पर्शों से
वज्र धरा उर होता विगलित,—
नव भौतिकता नयी शक्ति थी
लोक क्षेम संवर्धन के हित!

भौतिक गति से आध्यात्मिक जग
हुआ ऊर्ध्व के सँग भू वितरित,
जैव चेतना से अनुप्राणित
हुए गहन मन के स्तर दीपित!
नित नव वैज्ञानिक खोजों से
हुई मनुज क्षमता शत वर्धित,
नव जीवन रचना संभव थी
जड़ चेतन को कर संयोजित!

(१९)

सत्यों की कर शोध पूर्व ने
किया तत्त्व का रूप निरूपित,
तथ्यों को खोजा पश्चिम ने
विकसित तन्त्र दिया भू जन हित!

सत्य तथ्य, विज्ञान ज्ञान, दो
पक्ष, एक बहु के द्योतक नित,
लोक श्रेय, जीवन उद्भव हित
रहें विषम सम चरण समन्वित !

भौतिक गतियों के विकास का
दिया मार्क्स ने जीवन दर्शन,
वैज्ञानिक जन तंत्र जगत के
सम्मुख रख, जन भावी दर्पण !
संप्रति, सह अस्तित्व, शील रत,
विश्व शांति का केवल साधन,
वर्ग हीन हो जन समाज, पर,
व्यक्ति मुक्ति का हो न अपहरण !

(२०)

साम्य क्रांति ने आ, की युग की
धनिक सभ्यता की गति कुंठित,
जग जीवन की बाह्य परिस्थिति
विश्व प्रगति हित बनी संतुलित !
आर्थिक पद्धति में विरोध थे
युद्धों में धन जन की दुर्गति,
सामूहिक स्थिति में न सुलभ थी
व्यक्ति मुक्ति गत आत्मिक परिणति !

विश्व युद्ध का गूंजा दारुण
फिर विषण्ण निर्घोष गगन में,
दिखा सभ्यता उर का घातक
विष व्रण जग के संकट क्षण में !
अहो भाग्य, विद्वेष भूल कर
मिले सिंह वृष ऋक्ष परस्पर,
जन्म मरण का प्रश्न रहा वह
मानव संस्कृति का,—शुभ दुष्कर !

(२१)

युग की भौतिकता के मुख पर
देख मृत्यु छाया, विषाद घन,
एकांगी जीवन विकास के
विमुख हो उठा अंतर्मुख मन !

भौतिक आर्थिक उन्नति ही का
प्रश्न न था अब जग के सम्मुख,
क्षुधा काम से तृप्त,—बुभुक्षित
मनुष्यत्व था रे आत्मोन्मुख!

संस्कृति पीठ न हो क्यों जन भू
उतरी मन में स्वर्ण प्रेरणा
पंखों में ले लोकायन का
स्वप्न, पर न साकार वह बना!
ज्योति, कला, संस्कृति, जीवन के
द्वार न तब खुल पाए भू पर,
हृदय द्वार थे राग द्वेष से
युग के मुँदे, घिरा तम बाहर!

(२२)

नव मानवता को निःसंशय
होना रे अब अंतः केन्द्रित,
जन भू स्वर्ग नहीं युग संभव
बाह्य साधनों पर अवलंबित!
वैयक्तिक सामूहिक गति के
दुस्तर द्वन्द्वों में जग खंडित,
ओ अणुमृत जन, भीतर देखो,
समाधान भीतर, यह निश्चित!

देख रहा मैं, विश्व सभ्यता
आज देह मन ही में सीमित,
हृदय हीन मानवता जाती
अंध गर्त की ओर पराजित!
निश्चय निज प्रच्छन्न शक्तियाँ
ऊर्ध्व मनुज को करनी जागृत,
आत्म ज्ञान से शून्य मनुज मन
शिखा रहित मृण्मय दीपक मृत!

चंद्र चूड़ भौतिक सौधों में
घूक रहेंगे या युगांध जन?
खंडहर तुम्हें नहीं दिखते क्या
भैरव नीरवता के निर्जन!

विश्व क्रांति का यह दारुण क्षण
हुआ युगों के बाद उपस्थित,
भू जीवन मन को अतिक्रम कर
नव मानव को होना विकसित !

ऐसे ही संक्रांति काल में
अशुभ और शुभ में छिड़ता रण,
सहज न भरता आसुर असि का
धरा चेतना का गहरा व्रण !
सत् से असत्, असत् से सत् फिर
कृच्छ्र जन्म लेता भव भावक,
दारुण सुंदर विश्व सत्य रे,
पावक में जल, जल में पावक !

(२३)

देश काल गत मानस ही में
मानव की चेतना न सीमित,
वैश्व ह्रास में अंतवेत्ता
चेता आते लोक श्रेय हित !
सारथि श्री अरविन्द रहे तब
ऐसे भगवत् द्रष्टा भू पर,
विश्व ग्लानि कर गए विलय जो
अति मानस से धर्म हानि भर !

प्रातः रवि सा स्फुरत् रश्मि स्मित
था भगवत् चैतन्य तपोज्ज्वल,
भू मानस में पूर्ण प्रस्फुटित
अंतः स्वर्णिम हो सहस्र दल !
ज्योति पंख उस दिव्य दृष्टि ने
दीपित अंतर्भुवन कर दिए,
ऊर्ध्व स्पर्श के स्वर्ण तीर से
भू मन के जड़ पाश हर लिए !

(२४)

नए भुवन का जन्म हुआ था
जो अंतश्चैतन्य अगोचर,
विश्व ध्वंस बल से रखता जो
अंतः रचना शक्ति महत्तर !

अशुभ असुर से अतिशय शुभ वह
विजयी होगी ज्योति तमस पर,
मर्त्य लोक को नव जीवन का
पिला स्वर्ण संजीवन निर्झर!

पर, वह रे अध्यात्म संचरण
जिसे जगत् में होना मूर्तित,
स्थूल सूक्ष्म को नव प्रकाश में
जीवन में होना संयोजित!
शुद्ध बने गांधीजी साधन,
साध्य सिद्ध युग के योगेश्वर,
देगा जड़ विज्ञान उपकरण,—
गढ़ना भू जन को नव चेतन!

[चार]

भारत अब स्वाधीन हो चुका,
(शेष अभी मानवता का रण!)
बहिरंतर गृह रचना कर नव
उसे सँजोने भू दिक् प्रांगण!
महीयसी घटना यह युग की
जन भू के जीवन मंगल हित,
यह अधिमानस भूमि धरा की
जहाँ शांति तप बल से अर्जित!

(२)

स्वर्ग दूत की नर बलि दे फिर
रक्त पूत क्या हुए धरा कण?
भ्रांति मुक्त हो सका शप्त क्या
मध्य युगों का शील रुग्ध मन?
नम्र अहिंसक को हिंसा की
क्रूर विदा! रे दैत्र दग्ध क्षण!
हिंसा यदि उठ जाय धरा से
तो जन भू का भरे आर्द्र वृण!

ऐसे ही आए थे ईसा
सिर पर काँटों का किरीट धर,
दिव्य प्रेम के देवदूत-से
स्वर्ग राज्य का लाए थे वर!

द्रष्टा थे, कवि हृदय, फूल में
पढ़ते थे वे प्रभु के प्रवचन,
अशुभ न रोको—सर्व क्षेम रत
रहो, परम साहसिक थे वचन!

मनुज हृदय खग, विद्ध तभी से
चढ़ा क्रूर तम की सूली पर,
आसुर शर का रक्त सिक्त क्षत
भरना मर्त्य धरा का दूभर!
देश जाति की मोह भित्तियाँ
रोके भू मानव विकास क्रम,
मुक्त नहीं चेतना, त्रस्त मन,
मँडराता सिर पर यम,—अणु बम!

(३)

अंतरिक्ष युग अब दृग सम्मुख,
उपग्रहों में परिभ्रमण कर
चंद्र, भौम, उशना के प्रांगण
छूने को, लो, दिग् विजयी नर!
सर्वक्षेम के स्वर्ण बीज क्या
बोएगा वह जन धरणी पर!
मन को यह विश्वास न होता,
जीवन-शंकित जग का अंतर!

भीम विरोधी शिविरों में अब
बँटा भाग्य-हत भू जीवन मन,
होड़ लगी भीषण अस्त्रों में
आग्नेयों ब्रह्मास्त्रों का रण!
द्वन्द्व छिड़ा अब सृजन प्रलय में
वैज्ञानिक युग का अभिवादन!
दग्ध धरा मानस में घिरती
महामृत्यु छायाएँ प्रतिक्षण!

(४)

अन्न वस्त्र गृह के अभाव में
नग्न कुरूप बहिर्जग जीवन,
सर्वक्षेम का स्वर्ग दूर रे
घिरे अविद्या से दरिद्र जन!

भू देशों में द्रोह भयंकर
विज्ञानाऽमृत बना गरल वत्,
कामधेनु बहु यंत्र सुलभ,—पर
मानव तृष्णा फन खोले शत!

नाश उगलने को ज्वाला गिरि
अग्नि प्रलय का यह नव प्लावन,
सोच रहा मानव भविष्य पर
नाश छोर पर खड़ा मूढ़ मन!
युग जीवन मन के अंतर्गत
समाधान सूझता न संभव,
आत्म पराजित मानव के हित
बहिर्विश्व में भी रे परिभव

(५)

अंतर्भुवनों के नभ में यदि
विचरण करे बहिर्मुख युग मन
ज्ञात सत्य हो उसे अखंडित
एक निखिल बहिरंतर जीवन!
इंद्रिय विमुख मनुज आत्मा ज्यों
द्वार रहित मृत गृह तमसावृत,
आत्म हीन मानवता त्यों ही
दानवता की प्रतिमा कुत्सित!

भू खंडों में भग्न, विभाजित
बहिर्मुखी युग मानव का मन,
स्थापित स्वार्थों में शत खंडित
मानव आत्मा का हत प्रांगण!
देश खंड से भू मानव का
परिचय देने का क्या क्षण यह?—
मानवता में देश जाति हों
लीन, नए युग का सत्याग्रह!

(६)

मध्य युगों की नैतिकता के
पूर्वग्रहों से पीड़ित भू मन,
अति भौतिक तृष्णा प्रमाद से
लक्ष्य भ्रष्ट युग का जग जीवन!

बाह्य नियंत्रण से भी समधिक
आज चाहिए आत्म संयमन,
शांति प्रतिष्ठित हो जग में तब
जब हो बहिरंतर संयोजन!

विविध ज्ञान विज्ञान समन्वित
विश्व तंत्र हो साधन-विकसित,
भेद मुक्त हो दृष्टि हृदय की,
पूरित हो भू जीवन इच्छित!
प्रीति युक्त जन, शील युक्त मन,
उपचेतन प्रांगण रुचि संस्कृत,
मनुज धरा को छोड़ कहीं भी
स्वर्ग नहीं संभव, यह निश्चित!

भू विकास मानव स्तर पर रे
चेतन मनसों पर अवलंबित,
बहिरंतर उन्नति हो युगपत्
मिटे दैन्य तन मन का गर्हित
बागडोर जीवन की थामें
भू जन, हों परिवार नियोजित,
ज्योतिवाह बन सकें नवागत,
हृष्ट पुष्ट स्मित, शिक्षित, संस्कृत!

अति मानव, सामूहिक मानव
ये युग के अतिवाद भाव स्थित,
सहज राशि गुण सार ग्रहण कर
मानवता विकसित होती नित!
सतत दूर के तीर सुनहले
जन मन को करते आकर्षित,
सूक्ष्म मनः सिद्धांत बदल कर
स्थूल जगत में होते मूर्तित!

आज विशेषीकरण समाजी—
करण साथ चल रहे धरा पर,
महत् धैर्य से गढ़ने सबको
मन के मंदिर, जीवन के घर!
यह दीक्षा का युग न कला में—
बृहत् लोक शुभ से हो प्रेरित
भू रचना के स्वर्णिम युग के
कला शिल्प स्वर शब्द हों अमित!

संस्कृति का जब वृत्त संचरण
होता क्रमशः पूर्ण प्रस्फुटित,
तब भावों के सूक्ष्म रहः स्तर
गुह्य अर्थ निज करते व्यंजित!
ऐसे युग होते दीक्षा युग
मंत्र, तंत्र, शैली में विकसित,
युग जीवन—आदर्श, नीति, विधि,
दर्शन में हो उठता केन्द्रित!

(७)

युद्ध क्षेत्र अब नहीं बाह्य जग,
बाहर का रण हुआ समापन,
प्रणत प्रकृति मानव के सम्मुख,
विकसित भू जीवन के साधन!
अंतर के मानव से लड़ना
लोक व्रती को आज प्राण प्रण,
भीतर की भित्तियाँ चूर्ण हों,—
आलोकित हो जन भू प्रांगण!

अंतः क्षमता सतत अपेक्षित
जन भू जीवन के विकास हित,
बाह्य शक्तिमत्ता का प्रवचन
अणु अस्त्रों में आज पराजित!
भू संघर्षण प्रभु पद पूजन
यदि वह जन मंगल हित प्रेरित,
स्थायी शुभ के लिए चाहिए
शील शुद्ध साधन मनुजोचित!

भू पर संस्कृत इंद्रिय जीवन
मानव आत्मा को रे अभिमत,
ईश्वर को प्रिय नहीं विरागी,
संन्यासी जीवन से उपरत!
आत्मा को प्राणों से विलगा
अधिदर्शन ने की जग की क्षति,
ईश्वर के सँग विचरे मानव
भू पर, अन्य न जीवन परिणति!

एक शब्द में परम मंत्र यह,
जीवन का जो सत्य सनातन,—
विविध धरा पथ,—पर सब में रे
बहिरंतर चाहिए संतुलन!
योग समत्व, अहिंसा कहती
शुद्ध साध्यवत् हो सम साधन,
सत्य, प्रेम, आनंद सतत
कहते मत खोओ आत्म संयमन!

स्वर्ग नरक, इह पर लोकों में,
व्यर्थ भटकते धर्म मूढ़ जन,
ईश्वर से इंद्रिय जीवन तक
एक संचरण रे भू पावन!
जन भू पर निर्मित करना नव
जीवन बहिरंतर संयोजित,
एक मनुज हो, एक धरा हो,—
यही भागवत जीवन निश्चित!

(८)

देव दनुज को सम द्रष्टा ने
दी सम शक्ति जगत विकास हित,
यह मानव मति गति पर निर्भर,
वह हो देव दनुज के आश्रित!
ज्योति प्रीति तप, शांति श्रेय धृति
शील न्याय-देवों के प्रतिनिधि,
घृणा द्वेष भय, कलह कलुष रुज्,
रोष दर्प दुख—दानव की निधि!

व्यक्ति रहे ईश्वर के सँग नित,
वही साध्य, भू जीवन साधन,
उससे युक्त जगत् सत् सुखमय,
उससे विरत मृषा, दावा वन!
सामाजिक जन, विश्व रूप जो,
रहें एक में बहुमुख जीवित,
अधः ऊर्ध्व को, बहिरंतर को
मनुष्यत्व में करें समन्वित!

मनुज ऐक्य हो खंड-धरा पर
ईश्वर के चरणों पर स्थापित,
मातृ लोक सत्ता में मूर्तित—
वहुविधि जन रुचियाँ हों आदृत!
मुक्त समांतर रेखाओं—से
व्यक्ति समाज, एक बहु विकसित
लोकोदय में मिलें परस्पर,—
भू जीवन मंगल से प्रेरित!

कवि उपदेष्टा नहीं,— और फिर
मूढ़ नहीं जन, ढीठ न यह मन,
मनुज प्रेम का लाया स्वर्णिम
मूर्त भागवत पावक पावन!
दृढ़ श्रद्धा विश्वास,--स्वयं ही
जन भू आशा के चिर जीवन,—
जीवन चर्वित ज्ञान नहीं रे
आत्म मुक्त आनंद संचरण!

... ...

(६)

पंचाशदुपरि! सात वर्ष मैं
रहा नाभसी से संबंधित,
गीति नाट्य से, स्वरित शब्द से
रहे प्राण आकंठ गुंजरित!
वह जन शिक्षा माध्यम सक्षम,
कवि रुचि मुक्त, समय क्रम बंधन,
विद्युत् ध्वनि लहरों पर वाहित
विश्व यंत्र मन, तुझे शत नमन!

पूर्ण नहीं कर सका अभी तक
मैं प्रणिहित कवि कर्म धरा पर,
मानव उर में अंकित करने
गुह्य सत्य के अलिखित अक्षर!
आखर केवल कूल,—चेतना
जिन्हें डुबाती भर नव प्लावन,—
जन मन तृण पिंजर में रखना
श्री स्वर्णिम भगवत् पावक कण!

(१०)

मध्य वयस का शरद मनोरम
सौम्य गगन अब प्रांजल प्रांगण,
जीवन स्वप्नों में शोभा रत
मधु के स्वर्णिम पावक का मन!
जग जीवन के मेघ घुमड़ कर
प्राणों में झर अनुभव श्यामल
इंद्रधनुष स्मित अंतरिक्ष नव
खोल गए मानस में उज्ज्वल!

व्यक्ति विश्व के संघर्षण से
निखर उठा मन में नव मानव,
जो विकास पथ में अब भू पर
अंतर में ले अक्षर वैभव!
जन्म पीढ़ियों में ले नव-नव
मर्त्य अमर को होना विकसित,
भू जीवन मन को अतिक्रम कर
स्वर्ग धरा पर रचना जीवित!

(११)

नए हृदय का जन्म हुआ अब
स्वर्ग पद्म शोभित भू मानस,
पार्थिव इंद्रिय दल से परिवृत
पावक रज पुट में भगवत् रस!
जीवन शोभा की सरसी में
हँसता वह आनंद नाल पर,
इच्छाओं के स्वर्णिम मधुकर
उपकृत, तृप्त,—अमृत मधु पीकर!

अक्षय रस का सिन्धु उमड़ता
लोट रहीं लहरें लहरों पर,
मदिर शीत लपटों से पुलकित
अतल हर्ष में मज्जित अंतर
निखिल निषेधों को अतिक्रम कर
मुक्ति ज्वार पर कर आरोहण,
बहिर्भ्रमण करता अंतः स्थित
मन, इंद्रिय रथ धावित अनुक्षण!

रंग स्पर्श रस गंध स्वर रचित
रूप हर्म्य मरकत मणि दीपित,
इंद्रधनुष वर्णों का ऊपर
नील गोल शत रश्मि प्रज्वलित !
केन्द्र निखिल स्विणम द्वारों का
हृदय कक्ष, अंतः श्री ज्योतित,
बहिरंतर की बहुमुख गतियाँ
होतीं नित जिससे परिचालित !

(१२)

मन के गाते सोपानों पर
विचरण कर, जाने कब भू पर
उतर पड़ा मैं जीवन मोहित
मधु स्वप्नों से उर डाली भर !
सम्मुख खड़ी विहँसती निश्छल
नव जीवन चेतना प्रौढ़ बन,
फूलों की सौन्दर्य चंद्रिका,
अमित नील दृग, अतल सिन्धु मन !

वह अपनी स्विगक गरिमा में
प्रकट हुई अब बाहर भीतर,
विश्व एकता के मंदिर में
आत्म एकता की अक्षय वर !
दे स्विणम चैतन्य अग्नि नव
(जो नवनीत-हिमालय भास्वर !)
भू जन में वितरण करने को
मुझे कह गई,--स्मित इंगित कर !

कोटि सूर्य जलते रे उज्ज्वल
उस माखन पर्वत के भीतर,
मनुष्यत्व नव, बहिर्दीप्त वह
अंतः संस्कृत, आत्म मनोहर !
लोक प्रेम वह, मनुज हृदय वह
इंद्रिय मन जिसमें संयोजित,
अणु विनाश को अतिक्रम कर वह
निज रचना प्रियता में जीवित !

सामाजिकता के कर पुट में
प्राणों का पावक अभिषेकित,
निज मनुजोचित गरिमा में वह
अंतः शोभित, शील संयमित!
काम द्वेष से मुक्त लोक वह
दीप्त प्राण जिसमें नारी नर
आत्म नग्न नक्षत्रों-से हँस
प्रीति ज्योति बरसाते भू पर!

(१३)

आत्मा, मुक्ति, निवृत्ति मुझे सब
रिक्त चित्रपट लगे शुभ्रतर,
स्नेह वर्तिका हीन शिखा-से
शून्य गगन में टँगे ब्रह्मवर!
मृद् भाजन विज्ञान,—सुरा के
बदले जिसमें भर क्षेमाऽमृत
जड़ चेतन से करना अब नव
हीरक दल भू जीवन निर्मित!

(१४)

कल्याणी सी, शस्य हरित छवि,
पक्व फलों से भर उर अंचल,
सुरधनु बाँधे घन कवरी में,
वितर हास्य से जीवन मंगल,—
बोली वह, बौद्धिक दर्शन से
जीवन दर्शन पट दिग् विस्तृत,
उसके भीतर जड़, आत्मा, मन,—
धरा पुष्प वह स्वर्ग बीज स्मित!

वह समग्र, मन सीमित, उसको
खंडित कर नित करता चित्रित,
ह्रास विकास मयी गतियों से
सामाजिक दर्शन बस परिचित!
धर्म नीति श्रुति स्मृति सत्यों को
कर्म वचन मन को वह अविदित,
ज्ञान भक्ति, विज्ञान शक्ति से
अति, अमेय, अज्ञेय, अखंडित!

रूप मूर्त रे प्रेम चेतना
सृजन हर्ष से निज संचालित
जन्म मरण के गोपन स्वर्णिम
द्वारों से आती जाती नित!
भावहीन जन उसे खोजते
सुख दुख द्वन्द्वों से कर विरहित,
प्रीति युक्त मन उसको पाते
जीवन द्वन्द्वों में अंतर्हित!

स्वयं पूर्ण वह, स्वतः प्रस्फुटित,
मानव मूल्यों से अति विकसित,
पाप पुण्य गति में भगवत् गति!
तम प्रकाश उर में आत्म-स्थित,
मन से पर जीवन लक्ष्मी को
चिर श्रद्धा आस्था कर अर्पित
शांत सौम्य,—उत्तर बेला में
कर्म निरत मन भू जीवन हित!

... ...

(१५)

दिशा काल के हरित हर्म्य में अनुक्षण
सुनता हूँ पद चाप तुम्हारी निःस्वर,
तुमसे आ, तुममें ही लय होते नित
सृजन हर्ष से प्रेरित विश्व चराचर!
आज रुपहले अंतर हिम शिखरों पर
सुनता मैं स्वर्णिम रथ चक्रों का स्वर,
उतर रहे भावी के भुवन अगोचर
सप्त अश्व रवि कवि पंखों पर भास्वर!

●

पंक्ति-सूची